深圳大学高水平大学二期建设项目资助成果

国家社会科学基金教育学2019年度国家一般课题
"粤港澳大湾区中小学国家认同教育课程共生研究"阶段性成果

深圳市教育科学重大招标课题
"综合实践活动课程区域推广研究"阶段性成果

综合实践活动课程实施研究

李臣之 潘洪建 著

中国社会科学出版社

图书在版编目（CIP）数据

综合实践活动课程实施研究 / 李臣之，潘洪建著.—北京：中国社会科学出版社，2019.12（2023.2 重印）

ISBN 978-7-5203-5725-8

Ⅰ.①综⋯　Ⅱ.①李⋯②潘⋯　Ⅲ.①活动课程—教学研究　Ⅳ.①G423

中国版本图书馆 CIP 数据核字（2019）第 269985 号

出 版 人	赵剑英
责任编辑	周晓慧
责任校对	无　介
责任印制	戴　宽

出　　版	中国社会科学出版社
社　　址	北京鼓楼西大街甲 158 号
邮　　编	100720
网　　址	http://www.csspw.cn
发 行 部	010-84083685
门 市 部	010-84029450
经　　销	新华书店及其他书店

印　　刷	北京明恒达印务有限公司
装　　订	廊坊市广阳区广增装订厂
版　　次	2019 年 12 月第 1 版
印　　次	2023 年 2 月第 2 次印刷

开　　本	710×1000　1/16
印　　张	19.75
插　　页	2
字　　数	266 千字
定　　价	99.00 元

凡购买中国社会科学出版社图书，如有质量问题请与本社营销中心联系调换

电话：010-84083683

版权所有　侵权必究

目　　录

前　言 …………………………………………………………… （1）

第一章　深度理解综合实践活动课程实施 ……………………… （1）
　第一节　综合实践活动课程新发展 ……………………………… （1）
　　一　综合实践活动课程新样态 ………………………………… （2）
　　二　综合实践活动课程的本质内涵与特征演变 …………… （9）
　第二节　素养导向教育变革：综合实践活动课程实施的
　　　　　时代机遇 ……………………………………………… （21）
　　一　人工智能时代与核心素养导向的教育 …………………（21）
　　二　核心素养导向的教育与综合实践活动课程实施 ………（24）
　第三节　理性把握综合实践活动课程实施取向 ………………（31）
　　一　理解"课程实施" …………………………………………（31）
　　二　理解课程实施取向 ………………………………………（37）
　　三　理解综合实践活动课程实施取向 ………………………（43）
　第四节　系统把握综合实践活动课程实施的影响因素 ……（49）
　　一　综合实践活动课程的清晰性、适宜性直接影响其实
　　　　施过程 ……………………………………………………（49）
　　二　教师始终是课程实施成功的关键 ………………………（51）
　　三　世界即课程：综合实践活动课程资源的系统升级 …（53）
　　四　课程领导与管理："群众是真正的英雄" …………（55）

第二章　综合实践活动课程内容与教学过程 ………………… （57）
　第一节　综合实践活动课程内容的规定性 ……………………（57）

一　综合实践活动课程内容的基本性质 …………………… (58)
　　二　综合实践活动课程内容的主要特点 …………………… (59)
第二节　预设内容校本调适的可能空间 ……………………………… (64)
　　一　调研设计 ……………………………………………………… (64)
　　二　调研结果与讨论 ……………………………………………… (66)
第三节　基于地方文化的综合实践活动课程内容体系校本
　　　　建构 ……………………………………………………………… (76)
　　一　将地方文化作为综合实践活动课程内容的重要原料
　　　　和精神营养 …………………………………………………… (77)
　　二　综合实践活动课程内容的结构 ……………………………… (79)
　　三　综合实践活动课程内容校本建构策略 …………………… (86)
第四节　综合实践活动过程 …………………………………………… (89)
　　一　过程：综合实践活动展开的逻辑基点 …………………… (89)
　　二　综合实践活动过程如何实现 ……………………………… (96)
第五节　综合实践活动方案设计 ……………………………………… (103)
　　一　综合实践活动方案设计的价值与理念 …………………… (104)
　　二　综合实践活动方案的基本框架与设计流程 ……………… (107)

第三章　考察探究与职业体验活动指导 ……………………………… (126)
第一节　考察探究 ……………………………………………………… (126)
　　一　考察探究的性质与价值 …………………………………… (127)
　　二　活动设计 …………………………………………………… (131)
　　三　活动实施 …………………………………………………… (141)
　　四　活动评价 …………………………………………………… (145)
　　五　活动指导 …………………………………………………… (150)
第二节　研学旅行 ……………………………………………………… (157)
　　一　研学旅行性质与价值 ……………………………………… (158)
　　二　活动方案设计 ……………………………………………… (160)
　　三　活动实施 …………………………………………………… (165)
　　四　活动评价 …………………………………………………… (168)
　　五　活动指导 …………………………………………………… (169)

第三节　职业体验 (178)
一　职业体验活动的内涵、性质与价值 (178)
二　职业体验活动设计 (181)
三　活动实施 (186)
四　活动评价 (189)
五　活动指导 (192)

第四章　社会服务与设计制作活动指导 (196)
第一节　社会服务 (196)
一　社会服务的特点与价值 (196)
二　活动设计 (199)
三　活动实施 (213)
四　活动评价 (215)
五　活动指导 (219)

第二节　设计制作 (223)
一　设计制作的性质与价值 (224)
二　活动设计 (227)
三　活动实施 (231)
四　活动评价 (233)
五　活动指导 (237)

第五章　综合实践活动评价与教师发展 (240)
第一节　活动评价的价值与理念 (240)
一　综合实践活动评价的价值 (240)
二　综合实践活动评价的理念 (241)

第二节　活动评价的维度与观测点 (243)
一　活动方案评价的维度、观测点 (244)
二　活动过程评价的维度、观测点 (246)
三　活动结果评价的维度、观测点 (248)
四　学生综合素质评价 (252)

第三节　活动评价的方法与操作 (253)

一　档案袋评价 ………………………………………… (254)
　　二　表现性评价 ………………………………………… (256)
　　三　成果展示评价 ……………………………………… (261)
　　四　评语评价 …………………………………………… (266)
第四节　综合实践活动课程教师素质要求 ………………… (268)
　　一　"懂不懂"：深刻理解 明确态度 ………………… (269)
　　二　"能不能"：多元能力持续发展 …………………… (272)
　　三　"信不信"：情感深厚 信念坚定 ………………… (275)
第五节　岗位研修：综合实践活动课程教师成长重要
　　　　路径 ……………………………………………… (278)
　　一　岗位研修的特征 …………………………………… (278)
　　二　岗位研修的运行 …………………………………… (281)
　　三　岗位研修的保障 …………………………………… (287)
第六节　综合实践活动课程教师指导共同体建设 ………… (291)
　　一　教师指导共同体建设的依据：为什么 …………… (291)
　　二　综合实践活动课程教师指导共同体的特点及构成：
　　　　是什么 …………………………………………… (293)
　　三　活动课程指导共同体建构举措：怎么建 ………… (295)

参考文献 ………………………………………………………… (299)

后　记 ………………………………………………………… (309)

前　　言

实践活动育人是世界教育改革与发展过程中沉淀下来的宝贵经验。2001年《国家基础教育课程改革指导纲要（试行）》将综合实践活动作为一门独立课程，明确法定课程地位，由此拉开了综合实践活动课程实施的序幕。培养综合素质，发展实践能力，培育情感态度价值观，不再是一句口号。2017年教育部基于对16年综合实践活动课程实施经验的总结与反思，正式颁发了《中小学综合实践活动课程指导纲要》，这赋予综合实践活动课程深度实施以法定依据和明确指针。

在国际上，不同阶段课程改革的成败往往归因于课程实施。我国16年综合实践活动课程实施虽然取得了前所未有的巨大成就，但也出现了一些值得注意的问题。正如有调查所表明的，还有不少学校没有真正开课，开课的学校有的也很不规范，不少学校感到活动类课程设计难度较大，不知道该怎么开设。[①] 其关键原因同样与课程实施的系列因素有关。教师队伍是影响综合实践活动课程有效实施的关键因素。此外，还有教材、评价制度、社会支持等因素也对综合实践活动课程实施影响深远。值得注意的是，《中小学综合实践活动课程指导纲要》正式颁发，对综合实践活动教师队伍建设、内容组织、实施保障等做出了细致、明确的规定。

然而，政策层面的课程要转化为学生的获得课程，仍然有很长的路要走，需要经历教师领悟、课堂运作、学生经验三个课程层级，只有逐级有效转化，减少落差，方能取得最大成效。因此，教师需要深

[①] 冯新瑞、郝志军：《主题选择的依据与原则——〈中小学综合实践活动课程指导纲要〉活动主题解读》，《人民教育》2018年第Z1期。

度理解综合实践活动课程在新的历史阶段的内涵与使命，明确其课程实施取向及可能的挑战，掌握课程内容校本建构的基本规律，明了综合实践活动课程特殊的教学过程，以便智慧地驾驭不同的活动类型、活动环节与活动方式的策略与方法。

为此，特撰写《综合实践活动课程实施研究》一书，供广大教师在综合实践活动课程实施过程中参考。本书致力于深度理解综合实践活动课程的关键特征、素养导向教育变革背景，确证其课程实施创生取向和关键影响因素；揭示综合实践活动课程内容的规定性及其校本建构基本策略，探索综合实践活动的过程特性、活动要素结构及活动方案设计，结合案例分析升华综合实践活动方案设计的基本框架、流程和要求；从价值、设计、实施、评价四个层面分别就考察探究、设计制作、社会服务、职业体验活动指导进行深入剖析；系统分析综合实践活动课程的评价维度、观测点和操作方法，探讨综合实践活动教师素质要求、岗位研修组织和指导教师共同体建构路径。这些内容大致围绕综合实践活动课程实施的理论解读、实践操作和条件保障三方面展开。

第一章 深度理解综合实践活动课程实施

世界各国课程发展的历史表明：课程实施是课程改革成功的关键。对课程实施理解不同，课程实施过程与成效也各异。2017年9月25日，教育部正式颁布《中小学综合实践活动课程指导纲要》，标志着综合实践活动课程实施进入了一个新的历史发展阶段[①]，综合实践活动课程的法定地位进一步得到巩固，其课程内涵得到丰富与发展。国际教育界素养导向教育变革催生了综合实践活动课程实施的诸多新机遇，与此同时，综合实践活动课程实施也遭遇了更多的复杂性，其实施取向与影响因素需要给予深度解读。

第一节 综合实践活动课程新发展

深度理解"课程"，是教师有效实施课程的逻辑前提。2001年《国家基础教育课程改革指导纲要（试行）》将综合实践活动纳入国家课程整体结构中，[②] 综合实践活动课程迅速成为基础教育课程研究

---

① 香港大学原副校长程介明认为"很少有国家出台这样的政策，是一个重要的里程碑"（参见柳习浪《正确把握"四个关系"，着力推动课程形态变革——〈中小学综合实践活动课程指导纲要〉解读》，《课程·教材·教法》2018年第11期）。

② 2000年《全日制普通高级中学课程计划（实验修订稿）》首次提出了"综合实践活动"概念，并将研究性学习、劳动技术教育、社区服务、社会实践四个部分设定为主要内容。

与实践的热点和亮点。经过十多年的不懈努力，人们对综合实践活动课程的理解与认识不断丰富，日渐深化。2017年国家教育部正式颁发《中小学综合实践活动课程指导纲要》，综合实践活动课程有了正式的"官方"定义，其课程的实质内涵也有了新的变化和发展。

一 综合实践活动课程新样态

尽管与2001年《国家基础教育课程改革指导纲要（试行）》相配套的《综合实践活动课程指导纲要·总则》《国家九年义务教育综合实践活动课程指导纲要》（3—6年级）、《国家九年义务教育综合实践活动课程指导纲要》（7—9年级）还没有正式颁发，[①] 但其对综合实践活动课程的相关规定，通过研究者在解读综合实践活动课程过程中的引述、阐释与发挥，也逐渐得到传播，并成为广大实施者理解综合实践活动课程的权威性知识来源。借助《国家基础教育课程改革指导纲要（试行）》所赋予的综合实践活动课程的法定课程地位，相关研究与实践工作者开始了划时代的综合实践活动课程理论与实践探索。但是，这些探索伴随着《中小学综合实践活动课程指导纲要》的正式颁发，需要加以升级与重构，以有利于综合实践活动课程实施的再出发。

（一）总体特征

相比2001年《国家基础教育课程改革指导纲要（试行）》《综合实践活动课程指导纲要·总则》及学段设计对综合实践活动课程的相关规定，2017年《中小学综合实践活动课程指导纲要》在综合实践活动课程定义、基本理念、总目标、内容、实施、管理、保障方面有了明显变化，其中还有不少创新之举：整体设计课程，贯

---

① 教育部曾经组织2001年《综合实践活动课程改革指导纲要（试行）》的研制工作，分总则、学段设计，但文稿没有印发。究其原因，有专家认为："综合实践活动课程是21世纪初新一轮基础教育课程改革所设置的一门新型课程，充满了挑战性，需要有一个不断探索、逐步完善的过程。"（参见柳夕浪《正确把握"四个关系"，着力推动课程形态变革——〈中小学综合实践活动课程指导纲要〉解读》，《课程·教材·教法》2018年11期）

通十二年学程；课程设计与时俱进，时代气息浓厚；适合中国国情，可操作性强。① 依据泰勒原理，课程的核心元素主要包括课程目标、课程内容、课程实施、课程评价，综合实践活动课程样态也需要从此四个核心元素出发去讨论。教育部前后两次相关文件所规定的、被广泛采用但没有正式颁发的《综合实践活动课程指导纲要·总则》及学段纲要要点的粗略比较见表 1-1 所示。

从总体上看，2017 年《中小学综合实践活动课程指导纲要》将综合实践活动课程始设年级从三年级提前至小学一年级，12 年一贯，全面设置，并对中小学所有学段综合实践活动课程进行整体规划，强调"综合实践活动是国家义务教育和普通高中课程方案规定的必修课程，与学科课程并列设置，是基础教育课程体系的重要组成部分"，从而充分确立了综合实践活动课程在国家课程设置层面的地位与意义。

(二) 具体变化

1. 课程目标

《中小学综合实践活动课程指导纲要》以培养学生综合素质为导向，在强调"学生综合运用各学科知识，认识、分析和解决现实问题，提升综合素质，着力发展核心素养，特别是社会责任感、创新精神和实践能力，以适应快速变化的社会生活、职业世界和个人自主发展的需要，迎接信息时代和知识社会的挑战"的理念指导下②，分三层（总目标—学段目标—具体目标）、三阶段（小学、初中、高中），从四维度（价值体认、责任担当、问题解决、创意物化）立体、具体地描述了 12 年一贯的综合实践活动课程目标体系。这些课程设计充分吸取了课程发展的历史经验，相对于 2001 年综合实践活动课程

---

① 潘洪建：《〈中小学综合实践活动课程指导纲要〉的创新、问题与改进》，《当代教育与文化》2018 年第 2 期。

② 教育部关于印发《中小学综合实践活动课程指导纲要》的通知，教育部文件教材 [2017] 4 号，下引该文件相关内容，不再一一标注。

表1-1 2001年与2017年相关课程政策要点比较

	开设学段	课程性质	课程目标	课程内容	课程实施	课程评价
2001年《国家基础教育课程改革指导纲要（试行）》、2001年《综合实践活动课程指导纲要·总则》	从小学三年级至高中	国家课程必修	密切学生与生活的联系，推进学生对自然、社会和自我之内在联系的整体认识与体验，发展学生的创新能力、实践能力以及良好的个性品质	指定领域：研究性学习；社区服务与社会实践；劳动与技术教育；信息技术教育非指定领域：班团队活动，校传统活动（科技节、体育节、艺术节），学生同伴间集体性在活动、学生个人或群体的心理健康活动，等等	正确处理学生的自主选择、主动实践与教师有效指导的关系；恰当处理统筹规划与综合实践活动的具体展开过程中的生成性目标、生成性主题的关系；课时集中使用与分散使用相结合；整合校内外课程；以融合的方式设计和实施四大指定领域；把信息技术与综合实践活动的内容和实施过程有机整合起来	反对通过量化手段对学生进行分等划类的评价，主张采用"自我参照"标准，引导学生对自己在综合实践活动中的各种表现进行"自我反思性评价"，强调师生之间、学生同伴之间对彼此个性化的表现进行评定、进行鉴赏
2017年《中小学综合实践活动课程指导纲要》	从小学一年级至高中	国家课程必修	学生能从个体生活、社会生活及与大自然的接触中获得丰富的实践经验，形成并逐步提升对自然、社会和自我之内在联系的整体认识，具有价值体认、责任担当、问题解决、创意物化等方面的意识和能力	根据综合实践活动课程的目标、活动主题的实际需求，基于学生发展的实际需要，设计活动主题和具体内容，并选择相应的活动方式。内容选择与组织原则：自主性、实践性、开放性、整合性、连续性原则	要避免仅从学科知识体系出发进行活动设计。学校在课程规划时要处理三对关系："综合实践活动课程的预设与生成"、"综合实践活动课程与学科课程"、"综合实践活动课程与专题教育行政部门、教研部门、学校、教师、家长等不同主体分别负有课程责任	规定了学生活动评价的意义、原则、方法及其要求，倡导多采用质性评价的方式，避免将评价简化为分数或等级。在活动过程中，教师要指导学生代表性的整理、遴选具有代表性的重要活动记录、典型事实材料以及其他有关资料，对之进行分类汇总、归档，形成每一个学生的综合实践活动档案袋，并纳入学生综合素质档案中

目标的规定，体现出较为明显的继承与发展的关系，更加切合中国的教育现实，符合世界教育发展大势。2001年综合实践活动课程目标注重学生"获得亲身参与实践的积极体验和丰富经验；形成对自然、社会、自我之内在联系的整体认识，发展对自然的关爱和对社会、对自我的责任感；形成从自己的周遭生活中主动地发现问题并独立地解决问题的态度和能力；发展实践能力，发展对知识的综合运用和创新能力；养成合作、分享、积极进取等良好的个性品质"。2017年综合实践活动课程总目标提出"学生能从个体生活、社会生活及与大自然的接触中获得丰富的实践经验，形成并逐步提升对自然、社会和自我之内在联系的整体认识，具有价值体认、责任担当、问题解决、创意物化等方面的意识和能力"。前后两个文件的精神保持高度一致，但也有了很大的发展。2017年指导纲要中的规定更加有助于学生在学习过程中走出静态的符号世界，使学习与社会、自然、学生生活发生实质性联系，有助于改变教育与生活、教育与社会脱节的弊端。对许多具体目标的描述与时俱进，充分体现了我国新时代教育的要求，如小学阶段"价值体认"目标注重"培养对中国共产党的朴素感情，为自己是中国人感到自豪"；"责任担当"目标强调学生"能处理生活中的基本事务，初步养成自理能力、自立精神、热爱生活的态度"等，既符合小学生认知发展规律，又反映出当下生活教育、爱国教育从娃娃抓起的紧迫需要。此外，诸如初中阶段"形成国家认同，热爱中国共产党""初步形成对自我、学校、社区负责任的态度和社会公德意识""发展实践创新意识和审美意识，提高创意实践能力"，高中阶段"国家认同、文化自信""有中国特色社会主义共同理想和国际视野""体悟个人成长与职业世界、社会进步、国家发展和人类命运共同体的关系"，等等，这些目标规定与当今世界各国教育的总体追求保持一致，同时也体现出鲜明的中国特色。21世纪，世界教育发展注重适应快速变化的社会生活、职业世界和个人自主发展的需要，迎接信息时代和经济社会发展的挑战，反映全球范围内对核心素养、关键能力的总体追求，对此，我国基础教育改革与发展也与时俱进，与世界同步。

2. 课程内容

相比课程目标，2017年《中小学综合实践活动课程指导纲要》没有就综合实践活动课程"内容"做出细致规定，而是强调"课程开发面向学生的个体生活和社会生活"，着重要求"面向学生完整的生活世界，引导学生从日常学习生活、社会生活或与大自然的接触中提出具有教育意义的活动主题，使学生获得关于自我、社会、自然的真实体验，建立学习与生活的有机联系。要避免仅从学科知识体系出发进行活动设计"。至于综合实践活动课程的具体内容，2017年指导纲要则强调"由地方统筹管理和指导""以学校开发为主"。该指导纲要要求综合实践活动课程内容建设应坚持自主、实践、开放、整合和连续性五大原则，既从国家层面提出了统一的原则性规定，也为地方和学校层面创生性课程实施留出了很大的自主空间。尽管如此，2017年指导纲要也就综合实践活动课程的内容设计提出了一些具体要求："基于学生可持续发展的要求，设计长短期相结合的主题活动，使活动内容具有递进性。要促使活动内容由简单走向复杂，使活动主题向纵深发展，不断丰富活动内容，拓展活动范围，促进学生综合素质的持续发展。要处理好学习之间、学年之间、学段之间活动内容的有机衔接与联系，构建科学合理的活动主题训练。"该指导纲要基于内容选择与组织基本原则，提出活动内容之间的递进发展、学段内容的衔接关联，十分匹配综合实践活动课程的性质与特点，充分体现出综合实践活动课程内容的开放性，为地方和学校开发体现自身特点和现实性的"适合"课程提供了法定依据。尤其是明确不能将学科实践活动、专题教育活动与综合实践活动课程等同视之，有利于综合实践活动课程实施落到实处。

综合实践活动课程属于三级共管、逐级转化的课程，国家赋予其法定地位，地方督导，学校开发，其内容面向学生的个体生活和社会生活，注重面向学生完整的生活世界。2017年指导纲要如此规定，符合综合实践活动课程性质，也反映出国际趋势。学校层面可以引导学生从日常学习生活、社会生活或与大自然的接触中提出具有教育意义的活动主题，使学生获得关于自我、社会、自然的真实体验，建立学习与生活的有机联系。要避免仅从学科知识体系出发进行活动设计。需要指出的是，2017年指导纲要附录部分所推荐的活动主题，似乎想从"推介"角度实现国家层面对综合实践活动课程内容建设的更为细致的引导，吸取了2001年综合实践活动课程内容主线过于"宏观"，学校层面无所适从的教训，这些推介活动主题分类与纲要所描述的"活动方式"相对应，活动主题分为考察探究类、社会服务类、设计制作（劳动技术和信息技术）类、职业体验及其他活动类。[①] 究竟该将这些主题类型视为"活动方式"还是"活动领域"，或者既理解为活动方式，也作为活动领域？对此需要进一步深入研究。此外，综合实践活动课程内容仍然与少先队活动课程、研学旅行、劳动教育相交叉，义务教育阶段与高中阶段的课程内容衔接需要进一步加强。普通高中课程方案规定，高中阶段综合实践活动课程由研究性学习、社会实践和志愿服务三部分组成，主要通过考察探究、社会服务、职业体验等方式进行，而2017年指导纲要只是规定按照高中执行课程方案的相关要求，完成规定学分，这势必会造成综合实践活动课程内容建构连贯性的缺乏，影响课程整体功能的发挥。

3. 课程实施

2017年指导纲要将学校层面综合实践活动课程"规划"与"实施"联系起来考虑，说明综合实践活动课程实施与学科课程实施显著不同。学科课程有国家已经规划好的课程标准以及依据标准编制、审

---

① 潘洪建认为，2017年指导纲要的正文部分将"活动领域"排除出去，而附件部分又将"活动领域"请了回来，这也表明，活动领域不可能被简单废除，是难以回避的。问题不是要不要划分活动领域，而是如何划分活动领域，如何命名，如何处理活动领域之间的内在逻辑。这些是综合实践活动课程规划与设计绕不开的基本问题，值得关注与研究。

定、通过的教材,有非常确定的"实施对象",但综合实践活动课程实施没有这些确定的课程对象,需要学校层面立足于实际予以"量身定做"。如果学校没有统筹规划,也就意味着没有课程对象可以实施。这样的课程实施规定,便于实施者明确综合实践活动课程实施的特殊性,看清眼前的挑战,不要再"等米下锅",而是要"生火煮饭",而这种"煮饭"的过程实质上就是综合实践活动课程内容校本建构的过程,具体内容在第二章将予以详细讨论。

2017年指导纲要提示学校在进行课程规划时要注意处理好三大关系,即"综合实践活动课程的预设与生成""综合实践活动课程与学科课程""综合实践活动课程与专题教育"的关系,这是为了保障综合实践活动课程的独立地位,避免将综合实践活动课程变相作为专题教育,或上成学科课程。同时,也告诫我们在课程实施过程中,要注意在预设活动主题与生成的活动主题之间保持平衡,既不能按照预设活动主题"一意孤行",也不能信马由缰地任意驰骋。为确保课程实施到位,2017年指导纲要指出,学校是综合实践活动课程实施的"主体",要求学校明确"课时安排""实施机构""人员""组织方式""教师指导"五个事项,要求教师加强对活动准备、活动实施、活动总结的指导,这对教师设计主题活动方案有启发作用,对应教师指导要求,活动方案设计最好也从活动准备—活动实施—活动总结三个环节进行整体考虑,每个环节要系统思考相关活动要素。同时也为学校构建相应教学模型提供了指引,为教师教学提供了"支架",也明确了不同主体的课程责任。这些规定相比2001年纲要的规定更为细致,为学校层面合理分析综合实践活动课程实施的影响因素,促进常态化实施十分有帮助。2017年指导纲要还进一步对学时、学分做了切合实际的调整与明确规定,高中执行方案规定了学分(由原来的23个学分调整为14个学分),义务教育明确小学1—2年级平均每周1课时,小学3—6年级和初中平均每周2课时,同时明确规定集中使用和分散使用应有机结合,确保了课时的落实;有助于学校层面评估教育部推介活动主题对学生的适应性，进而从学生成长的需要出发，选择最适合的主题开展活动，并在活动构成中加以调整与深化，也有助于课程主体责任的落实。对地方教育行政、教研、教师等主体的作用做了清晰的表述，明确了课程责任主体各自的义务与要求。

4. 课程评价

2017年指导纲要虽然没有专门阐述综合实践活动"课程评价"，但是在"课程实施"条目下对"活动评价"做出了四方面的规定，要求活动评价"突出发展导向""做好写实记录""建立档案袋""开展科学评价"。强调避免出现评价过程中只重结果、不重过程的现象，杜绝对学生的作品随意打分和简单排名等功利主义做法，形成每一个学生的综合实践活动档案袋，对学生综合素质发展水平进行科学分析，这些要求强调评价的真实性、过程性、综合性、多元性和表现性，较好地切合了综合实践活动课程的本质属性。

实际上，课程评价不等于活动评价。课程评价包括对综合实践活动课程自身的评价、综合实践活动过程的评价。课程评价有助于综合实践活动课程建设，而课程建设是课程实施的前提，没有课程建设就没有课程实施，尤其是学校层面整体的课程建设，可以避免教师"单打独斗"，有利于教师之间合作共建。有关指导纲要需要进一步加强这方面的规定。活动评价包括学生发展评价、教师指导评价、社会支持评价等，2017年指导纲要侧重于对评价的原则、方式、方法与工具的规定，而没有指出学生发展的评价维度，这为学校制定以活动促发展的指标体系提供了足够大的空间。

二 综合实践活动课程的本质内涵与特征演变

认识课程的本质内涵与特征是深度理解课程的关键，同时也是深度推进综合实践活动课程实施的必要前提。

（一）本质内涵

2001年《国家基础教育课程改革指导纲要（试行）》指出：综合

实践活动是基于学生直接经验，密切联系学生的自身生活和社会生活，注重对知识技能的综合运用，体现经验和生活对学生发展价值的实践性课程。这一界定主要聚焦"经验""生活""综合""实践""发展"五个关键词。之后，一些学者对综合实践活动的具体含义做出了进一步的演绎和发展。

总体而言，学者们所演绎的文本大都在不同程度上保留了《国家基础教育课程改革指导纲要（试行）》《综合实践活动课程指导纲要·总则》及学段设计中的关键词，也有一些发展，如落脚点为综合性学习活动、课程编制模式、课程领域等。从语言学角度看，给事物下定义不仅需要解释其是什么，还应该说清楚其应该是什么，将综合实践活动课程定义为实践性课程，并没有说清楚实践性课程到底应该是什么，似乎需要进一步探究其本质。比如将综合实践活动课程的本质理解为一种学习活动，可能比理解为一种实践活动更接近其本质。

2017年教育部颁发的《中小学综合实践活动课程指导纲要》明确提出了官方对综合实践活动课程的理解，将综合实践活动理解为：从学生的真实生活和发展需要出发，从生活情境中发现问题，转化为活动主题，通过探究、服务、制作、体验等方式，培养学生综合素质的跨学科实践性课程。

显然，2017年指导纲要再次强调"综合""生活""发展""实践"。对比2001年的总则和《国家基础教育课程改革指导纲要（试行）》的相关规定，综合实践活动课程在政策上有一些明显的变化："活动领域"变为"活动方式"；用"真实生活"代替"基于直接经验"；增加了"综合素质""跨学科"等新时期培养目标，增加了推介活动主题及其说明，其中最大的变化是强调"跨学科"。迄今为止，学者们还没有就2017年指导纲要对综合实践活动课程所做的相关规定做出新的阐释，只是着重就文件精神从不同角度进行解读。但也出现了理解综合实践活动课程的新视界，如"理解本位的综合实践

表1-2　主要研究者关于综合实践活动课程本质内涵的理解

作者	综合实践活动课程本质内涵	时间
张华	一个学习者自主选择和主动探究的领域,是一个面向生活世界和社会实践的领域,是一个基于整体论视野而开发和实施的领域①	2001
李臣之	基于学生的兴趣和直接经验,以与学生学习生活和社会生活密切相关的各类现实性、综合性、实践性问题为内容,旨在培养学生创新精神、实践能力,以及体现对知识的综合运用的综合性学习活动②	2002
李芒	是综合性学习。综合性学习指的是不强调学科的界限,为了完成某一课题,以学生的兴趣和爱好以及地区的实际情况为基础,通过学生主体性的、创造性的体验,从而获得学习效果的一种学习活动③	2002
钟启泉	是超越了传统课程的教学—学科、课堂—评分的束缚,使学生置身于活生生的现实的学习环境中,综合地习得现实社会及未来社会所需要的知识、能力、态度的一种课程编制生成模式④	2002
郭元祥	综合实践活动课程是教师引导下,学生自主进行的综合性学习活动,是基于学生的经验,密切联系学生自身生活和社会实际,体现对知识的综合应用的实践性课程。它包括研究性学习、社区服务与社会实践、劳动与技术教育等领域,并渗透信息技术教育⑤	2003
徐继存	实践性课程、经验性课程、生活性课程、综合性课程⑥	2015

活动课程"⑦,倡导"做中学""用中学"与"创造中学",透过改变世界来理解世界,突出生活、突出创造,这值得进一步深入讨论。

(二) 综合实践活动课程的特征演化

"特征"是一事物不同于其他事物的显著标志。对课程特征的不同理解,往往在深层次上决定着课程实施者的态度、情感与实施取

---

① 张华:《综合实践活动课程:理念与框架》,《教育发展研究》2001年第1期。
② 李臣之:《综合实践活动课程实施的复杂性及取向》,《课程·教材·教法》2002年第11期。
③ 李芒:《论综合实践活动课程与教师的教学能力》,《教育研究》2002年第3期。
④ 钟启泉:《综合实践活动:涵义、价值及其误区》,《教育研究》2002年第6期。
⑤ 郭元祥:《综合实践活动课程的基本规定》,《当代教育科学》2003年第4期。
⑥ 徐继存:《综合实践活动的性质与特点》,《当代教育科学》2015年第1期。
⑦ 张华:《走向生活 走向创造》,《中小学管理》2017年第12期。

向。准确把握综合实践活动课程特征的演变，对于推进新时期综合实践活动课程实施有着重要意义。自 2001 年综合实践活动课程正式进入学界讨论以来，不少研究者就对其做了不同的描述与表达，代表性看法如表 1-3 所示。

表 1-3　　　　　　　　综合实践活动课程的关键特征

序号	代表人物	特征描述	时间
1	田慧生	基于兴趣与直接经验；回归生活世界；立足实践；着眼创新；以研究性学习为主导的学习方式①	2001
2	张华	整体性、实践性、开放性、生成性、自主性②	2001
3	熊梅	课程开发主体的多元性、自律性，课程内容选择的生活性、综合性，课程实施方式的自主性、探索性，教学组织形式的个性、个别性，课程实施环境的开放性、灵活性	2001
4	李臣之	强调整合、注重实践、突出开放、关注过程、提倡自主③	2002
5	张传燧	亲历性、自主性、协同性、整合性、开放性④	2002
6	郭元祥	综合性、实践性、开放性、生成性⑤	2003
7	殷世东、龚宝成	统整性、实践性、开放性、生成性、自主性⑥	2008
8	徐继存	开放性、主题性、研究性、过程性、协同性⑦	2015

对照《综合实践活动课程指导纲要·总则》对综合实践活动课程特征的概括，相关研究大多围绕其实践性、自主性、开放性、生成性四个特性做进一步解读与发挥。尽管关于综合实践活动课程本质特征

---

① 田慧生：《综合实践活动的性质、特点与课程定位》，《人民教育》2001 年第 10 期。
② 张华：《论"综合实践活动"课程的本质》，《全球教育展望》2001 年第 8 期。
③ 李臣之：《综合实践活动课程实施指引》，海天出版社 2002 年版，第 12—13 页。
④ 张传燧：《论综合实践活动的实施模式及其特点》，《湖南第一师范学院学报》2002 年第 1 期。
⑤ 郭元祥：《综合实践活动课程的基本规定》，《当代教育科学》2003 年第 4 期。
⑥ 殷世东、龚宝成：《综合实践活动课程旨归：身心和谐发展》，《中国教育学刊》2008 年第 8 期。
⑦ 徐继存：《综合实践活动的性质与特点》，《当代教育科学》2015 年第 1 期。

的代表性说法在表述上各有不同，侧重点不同，但都强调超越传统单一的学科边界，通过学生综合运用知识，自主探究学生感兴趣的社会、自然或与自身相关的问题，最大限度地促进学生的身心发展，关注学生的学习过程。无论相关学者从哪个角度审视综合实践活动课程的本质特征，都从不同角度强调了"实践性""开放性""自主性"和"生成性"，这在一定程度上也反映出近20年来我国学者对综合实践活动课程本质特征认识的学术积淀，可以将其视为历史的阶段性的学术判断，体现出学术研究与政策研究的互动对话关系。

相比之下，2017年指导纲要更加侧重实践性、跨学科性和生活性这三个关键特征，既继承了近20年来关于综合实践活动课程本质特征的研究成果，也遵循了世界教育发展的历史规律，更反映出新时代新形势对人才培养的要求，以及对综合实践活动课程本质内涵的进一步丰富和发展。

1. 实践性

"实践"本身是"综合实践活动课程"的关键构成词汇，"实践性"是综合实践活动课程区别于学科课程最为显著的特征，"实践性课程"是2017年指导纲要对综合实践活动课程内涵界定的最后落脚点。之所以重视实践性，一方面是因为教育发展历史经验的沉淀，另一方面是因为我国的教育形势发展。

实践是主观见之于客观的活动，是认识的基础和目的。实践是人发展的基本途径，学校教育中的实践是一种教育性实践。"教育性实践是学生在教师的指导下，有计划进行的体验性实践、反思性实践、综合性实践。"[①] 教育发展的历史表明，教育领域不少学者很早就认识到实践对学生发展的重要价值，认为实践有助于培养学生的实践操作能力。众所周知，杜威"做中学"就是影响世界教育发展的教育信条。进入21世纪，"作为实践的课程"也成为新教育社会学转向的

[①] 郭元祥：《论实践教育》，《课程·教材·教法》2012年第1期。

标志，"实践育人功能逐渐得到世界各国认可，大多数国家都设置了多样化的实践活动课程"①。麦克·扬（M. Young）在其名著《未来的课程》中揭示了课程的实践取向，即"作为实践的课程"。实践课程的"出发点不是知识的结构，而是知识是如何被共同活动着的人们所生产"②，也即知识是师生合作的产物。

实践教育或活动育人是我国教育的传统。从中国古代对"学习"的理解到注重"学—问—思—辨—行"的统一，从"知行合一"到"实践论"，从"课外活动"到"第二课堂"，从"活动课"到"活动课程"，再到德、智、体、美、劳"五育并举"对劳动的重新重视，一以贯之地强调了实践之于学生发展的重要价值，可以看出，中国教育变革对"实践"精神的持续观照。综合实践活动课程以其特别的"实践"立场较好地尊重和传承了我国实践教育传统。

也应该看到，我国应试教育影响深远，分科课程教学异化发展，学生学习被工具理性和技术理性所"霸占"，学习现实中仍然呈现出疏离人与人、人与自然、人与社会的价值异态，造成学习的意义缺失与价值失落，实践活动的缺失是教育最根本的局限。随着我国基础教育课程改革的深化推进，人们日渐重视对存在方式和生活意义的理解与追寻，活动课程被纳入课程计划（1992），《国家基础教育课程改革指导纲要（试行）》（2001）赋予综合实践活动课程以历史重任，《国家中长期教育改革与发展规划纲要（2010—2020年）》指出，贯彻"以人为本，全面实施素质教育"，必须重视培养学生的"学习能力、创新精神和实践能力"，强调教育与生产劳动与社会实践相结合，提倡开发实践课程和活动课程。《中小学综合实践活动课程指导纲要》（2017）进一步将活动课程提到历史新高度。

就我国教育发展总体形势而论，更是要注重透过"劳动"强化实

---

① 郭元祥：《论实践教育》，《课程·教材·教法》2012年第1期。
② ［美］麦克·扬：《未来的课程》，谢维和等译，华东师范大学出版社2003年版，第34页。

践育人。2019年6月23日,《中共中央国务院关于深化教育教学改革 全面提高义务教育质量的意见》指出,将发展素质教育"作为指导思想,要求深化课程育人、文化育人、活动育人、实践育人、管理育人、协同育人"。作为重要的实践方式,"劳动"在该意见中受到特别关注:"充分发挥劳动综合育人功能,制定劳动教育指导纲要,加强学生生活实践、劳动技术和职业体验教育。优化综合实践活动课程结构,确保劳动教育课时不少于一半。家长要给孩子安排力所能及的家务劳动,学校要坚持学生值日制度,组织学生参加校园劳动,积极开展校外劳动实践和社区志愿服务。创建一批劳动教育实验区,农村地区要安排相应田地、山林、草场等作为学农实践基地,城镇地区要为学生参加农业生产、工业体验、商业和服务业实践等提供保障。"该意见强调将劳动作为综合实践活动课程的组成部分,并呼吁家庭教育重视劳动,强调劳动教育资源建设,有着重要的时代价值。

劳动,作为五育并举之重要元素,新时代将其作为综合实践活动课程内容结构中的重要"成员"。实际上,我国一直有着"教育与生产劳动相结合"的政策传统。进入21世纪,我国的教育政策更是从核心价值观、思想道德教育、优秀文化传承等角度,进一步强化了实践、劳动在人才培养中的地位和作用。《国家中长期教育改革和发展规划纲要(2010—2020年)》提出加强劳动教育,培养学生热爱劳动、热爱劳动人民的情感,注重知行合一,坚持教育教学与生产劳动、社会实践相结合。开发实践课程和活动课程,增强学生科学实验、生产实习和技能实训的成效。2011年教育部关于《联合相关部委利用社会资源开展中小学社会实践的通知》提出,要开展社会实践,按照实践育人的要求,以体验教育为基本途径,把对未成年人思想道德的要求内化为学生的自觉行动,把知与行统一起来。2015年,教育部联合共青团中央、全国少工委印发的《关于加强中小学劳动教育的意见》指出,通过劳动教育,提高广大中小学生的劳动素养,促进他们形成良好的劳动习惯和积极的劳动态度,使他们明白"生活靠劳动创造，人生也靠劳动创造"的道理。党的十九大报告指出："要以培养担当民族复兴大任的时代新人为着眼点，强化教育引导、实践养成……把社会主义核心价值观融入社会发展各方面，转化为人们的情感认同和行为习惯。"中共中央办公厅、国务院办公厅2017年9月印发《关于深化教育体制机制改革的意见》，再次强调践行知行合一，深入开展劳动教育。

显然，国家及各部委十分重视和强化劳动与实践，既对教育提出了新的要求，同时更为学校实践和劳动教育提供了政策支持。

2. 跨学科性

如果"实践"是综合实践活动课程的"落脚点"，"综合"则是对"实践"的规定或限定。因此，强调"综合"，是对"实践"边界和属性的进一步说明。综合，将综合实践活动同学科教学中的活动明显区分开来，既有利于课程实施者理解二者的差异，便于进行教学设计，又对探究综合实践活动课程与学科课程的互动关系有所帮助。综合实践活动课程的基本身份为"综"，强调对知识技能的"综合运用"，这是克服分科课程缺陷的理想化应对。所不同的是，2017年指导纲要用"跨学科"比"综合"更加"直接"地表达了综合实践活动课程的"对象"，较之"综合"，言说对象更加明确，也更加凸显了综合实践活动课程实施对"学科思维"的观照，避免浅层次低水平的实践活动，有利于综合实践活动课程实施走向深度教学。因此，"跨学科性"应该是综合实践活动课程的基本属性，它较好地体现出"综合"的独特"内涵"，也十分清晰地表达了综合实践活动课程与学科课程之间的内在联系，顺应了21世纪核心素养培育的教育大趋势。

当然，跨学科并非为跨而跨。设计"跨学科学习"课程的根本目的是帮助学生更好地理解学科与世界，并由此更好地发展学生的理解力。跨学科学习不是为了迎合学生的表面兴趣，牺牲学科的逻辑力量，把几门学科知识零散地杂凑起来。恰恰相反，真正的"跨学科学习"是通过建立起学科与学科、学科与生活的内在联系，促进学生的学科思维与学科理解。① 因此，"跨学科学习"肩负着促进学生理解学科、加强学科与生活联系的责任，也同样为理解学科概念提供了探究的平台。

当然，对于中小学开展跨学科学习也有不同的看法。有学者反对把跨学科学习作为一种基本教学模式落实到大部分学生身上，但不反对一些天分确实很高、对教科书内容"吃不饱"的高中生尝试一些新的学习方式，让这些学生在学有余力的情况下，做一些小的研究课题，可以"给天才留出一条发展通道"②。也有学者指出，我国基础教育改革中跨学科教学实施表现为内容的拼盘化、形式的杂糅化、方法的研究化③，误认为跨学科教学可以代替分科教学，可以教授"跨学科知识"，将跨学科教学等同于跨学科研究。实际上，跨学科学习应该基于问题解决来增进学科间的内在联系，从"多学科"教学实现"跨学科"教学，并且要正视跨学科教学的局限性，加强教学与生产、生活的联系。实际上，学校课程编制基本上以学科课程、活动课程为主要形态，前者体现出学科逻辑，后者体现出"主题"逻辑，体现出主题逻辑的课程则通过综合实践活动类课程来实现，其具体形式可以是项目学习，也可以是劳动学习、现象本位学习等。

综合实践活动课程注重跨学科，也强调自身的相对独立性。综合实践活动课程具有独特的育人价值，它既独立存在，又与学科课程相互联系、相互影响，"学科课程是实施综合实践活动的必要基础，综合实践活动反过来又促进学科课程的发展"④。具体而言，综合实践活动课程与学科课程的"相互联系"表现为：学科知识可以在综合实践活动课程中延伸、综合、重组与提升；综合实践活动课程实施中

---

① 张华：《跨学科学习：真义辨析与实践路径》，《中小学管理》2017年第11期。
② 参见清华大学刘栋教授在教育部学校规划建设发展中心主办的论坛上的讲话稿，见中国教育智库网（2019年8月27日）。
③ 田娟、孙振东：《跨学科教学的误区及理性回归》，《中国教育学刊》2019年第4期。
④ 田慧生：《综合实践活动的性质、特点与课程定位》，《人民教育》2001年第1期。

所发现的问题、所获得的知识技能可以在各学科领域的教学中拓展和加深；在某些情况下，综合实践活动课程也可以和某些学科教学打通进行。① 这说明学科与综合实践活动二者不能互相替代，只能互补、联系、整合。② 综合实践活动与学科的区别表现为学习内容和解决问题的差异，前者的学习内容是生活世界，所解决的问题是学生的心理经验与生活的关系，后者的学习内容是学科知识，所解决的问题是学生的心理经验与学科逻辑的关系。③ 不过，也有学者指出，无论学科课程还是综合实践活动课程，都是在学习中组织"知识"和"经验"的课程，两者的差异不是"知识还是经验"的问题，而在于"知识"与"经验"组织方式的差异。学科课程是以学科内容为核心组织"知识"与"经验"的，而综合实践活动是以现实的主题为核心组织"知识"与"经验"的。④ 这种理解有助于我们不仅从"课程内容"角度而且从"课程组织"层面思考综合实践活动与学科之间的联系和区别，这对理解综合实践活动课程的"跨学科"性很有借鉴意义，跨学科既有课程内容层面的跨界，又是一种课程组织方式，甚至是一种领导方式，体现出分布式课程领导的基本特征，因为综合实践活动课程的组织，贯穿着"生成性"以及多方课程主体的"参与性"。

3. 生活性

教育不仅需要立足人类创造的知识，也要面向学生的真实生活，这是教育发展历史所积淀的优秀经验。杜威关于"教育即生活"的观点是教育面向生活最经典的理论解读，教育是生活的过程，要求学校教育与社会生活相结合，与儿童的生活相联系。无论是陈鹤琴的"活教育"理论，还是陶行知的"生活教育"理论，都十分重视教育与生活的密切联系，深深地印刻着杜威生活教育理论的烙印。传统的

---

① 张华：《论"综合实践活动"课程的本质》，《全球教育展望》2001 年第 8 期。
② 张华：《综合实践活动课程的问题与意义》，《教育发展研究》2005 年第 1 期。
③ 张华：《综合实践活动课程的问题与意义》，《教育发展研究》2005 年第 1 期。
④ ［日］佐藤学：《课程论评》，东京：世织书房 1996 年版，第 446—447 页。

学科课程，远离学生生活，学生学得死，学习乏味，学生兴趣受到削弱。综合实践活动课程强调学习的生活性，实际上是对教育优秀传统的继承和发展，可以说"让儿童自由探究生活"是对综合实践活动课程之本质的基本概括。综合实践活动课程与学科课程共同为学生打开符号世界与生活世界沟通的大门，为学生奔向美好的未来生活服务。① 近年来，世界上大力提倡各种类型的项目学习，其核心理念也就是强调教育面向生活。甚至有一些项目学习直接提出像科学家一样做研究，像农民一样做农活，追求真实学习，关注真实生活。我国20世纪90年代以来开展的活动课程、研究性学习、活动教学、自主学习、探究学习、开放教育的研究等，以及新一轮基础教育课程改革所确立的"综合实践活动"，大体上都属于这个范畴。"这些课程和研究虽然名称各异，结构、内容有所不同，但基本价值取向和秉承的宗旨却有共同之处，即都注重学生创新精神、科学精神和实践能力的培养，重视学生的自主探究与主动实践，强调学生学习生活与社会生活的紧密结合。"②

不少学者在论及综合实践活动课程性质、特点时，大都承认或极力主张"生活性"，或主张综合实践活动是一种向学生生活领域延伸的综合性课程③，或强调综合实践活动"是一门生活课程……价值追求至少包括回归生活世界、运用学科思维、践履社会责任"④。"学科源于生活并为了生活，生活具有整体性，真正的综合学习必然是建立起学科与生活的内在联系的学习。"⑤ 实际上，"综合实践活动"课程的开发和实施就是要克服教育脱离学生生活和社会生活的弊端，帮助

---

① 张华：《让儿童自由探究生活——兼论综合实践活动课程的本质》，《全球教育展望》2007年第4期。
② 田慧生：《综合实践活动的性质、特点与课程定位》，《人民教育》2001年第1期。
③ 郭元祥：《综合实践活动课程的基本规定》，《当代教育科学》2003年第4期。
④ 张华：《体现时代精神的综合实践活动课程：理念与实践》，《人民教育》2017年第22期。
⑤ 张华：《跨学科学习：真义辨析与实践路径》，《中小学管理》2017年第11期。

学生"从生活世界中选择感兴趣的主题和内容，要注重学生对生活的感受和体验，引导学生热爱生活，并学会健康愉悦地、自由而负责任地、智慧而富有创意地从事生活"①。综合实践活动课程的逻辑起点就是"生活"。

相比 2001 年《国家基础教育课程改革指导纲要（试行）》对综合实践活动课程性质的规定，2017 年指导纲要尤其突出"生活"的地位与要求，直接用"从学生的真实生活和发展需要出发，从生活情境中发现问题"，表达了对"生活"的重视与期许。而 2001 年指导纲要仅仅用"增进学校与社会的密切联系"间接表达综合实践活动课程的"生活"取向，其目的也仅仅聚焦于"培养学生的社会责任感"。此外，2017 年指导纲要还强调将"生活情境中发现问题""转化为活动主题"，从"内容"角度落实综合实践活动课程的"生活"旨趣。

2017 年指导纲要不仅从课程性质角度注重"生活"，而且从"基本理念"上进一步强化综合实践活动课程的生活追求，强调"课程开发面向学生的个体生活和社会生活，面向学生完整的生活世界，引导学生从日常学习生活、社会生活或与大自然的接触中提出具有教育意义的活动主题，使学生获得关于自我、社会、自然的真实体验，建立学习与生活的有机联系。要避免仅从学科知识体系出发进行活动设计"。2017 年指导纲要将课程基本理念落实到课程目标中，在规划综合实践活动课程总目标时，把"学生能从个体生活、社会生活及与大自然的接触中获得丰富的实践经验"作为首要的课程追求，进而将"综合实践活动课程面向学生的整个生活世界，具体活动内容具有开放性"作为综合实践活动课程内容选择与组织原则。同时，在规定综合实践活动课程实施教师指导环节时，也注重在"活动实施阶段"让学生"在现场考察、设计制作、实验探究、社会服务等活动中发现

---

① 张华：《论"综合实践活动"课程的本质》，《全球教育展望》2001 年第 8 期。

和解决问题，体验和感受学习与生活之间的联系"。显然，2017年指导纲要在课程性质—课程理念—课程目标—内容组织—课程实施的一贯设计中，都贯穿着"生活性"追求，不仅将"生活"的地位提得很高，课程过程也将如何有效体现"生活性"在每一个环节描述得十分具体。

第二节 素养导向教育变革：综合实践活动课程实施的时代机遇

人工智能超乎想象的快速发展，影响了人类生活的方方面面。教育与人工智能的关系也迅速成为世界教育的热点。人工智能对教育提出了多方面的时代课题，教育需要重新理解其目标、内容、方式、评价和治理体系，为素养导向的教育变革提供了新的需求和崭新视界。在教育内部，以美国、芬兰、日本为代表的国家均将核心素养发展作为其打造21世纪教育的重要抓手。在落实核心素养导向教育的具体路径和环节上，不少国家和地区都十分重视跨学科学习、STEM、实践活动学习、项目统整学习等，这些成为世界课程改革的一大新趋势，为综合实践活动课程实施带来了前所未有的新的历史机遇。

一 人工智能时代与核心素养导向的教育

（一）人工智能时代已经来临

《人类简史》告诉我们：70000年之前，人类出现认知革命，语言的诞生是其标志；10000年前出现农业革命，游牧生活结束，定居生活开始；500年前出现科学革命，世界文明飞速发展；60年前人工智能概念被创造出来。不难看出，从70000年到10000年，到500年，再到60年，人类出现重大变革的时长越来越短，而时长最短的则是人工智能阶段。所谓人工智能就是能够自动地感知世界、学习知识、主动演绎判断、主动决策的系统。人工智能与原子弹同人类生活的关系之区别在于：人工智能是势不可挡的。原子弹也是人造物，它很危险，不到万不得已时不能用，而人工智能则很有吸引力，可以解决人类生活中的诸多问题，不得不用。对于智能，应该有一个正确的态度，与其挡，不如主动迎接，合理设计，科学控制，为人所用。

但是，智能物的出现的确也给社会带来了不可逆转的挑战：今天上学的孩子，等到其大学毕业时，据保守估计，65%的工作已经不存在了。花旗银行与牛津大学发布的一项研究显示，到2040年左右，在中国，现有的77%的工作岗位将被淘汰或被智能机器人所替代。在未来20年里，出租车司机、保安职业的失业率将超过80%，程序员、记者的失业率分别为48%和11%。[1] 因此，处于极具变化的时代，学校教育到底应该教些什么？学生需要学些什么？这些问题的确很难回答，但又必须回答。

在中国教育论坛上，主持人——新浪网创始人王志东抽到一个小学生提出的问题："我是一名小学生，以后我们应该学习什么内容？"奇点大学投资人——关新给出的答案是"我觉得应该学习你所有想学习的东西，而不要为了一份工作，为了一个老师，为了一个学校的荣誉，为了一次补考，为了你爸爸妈妈而拼命学习你不喜欢学习的东西。我认为将来的孩子，应该精准教育，但是选择精准教育的那个人是你自己。"[2] 企业家给出的答案强调学生学习兴趣，但没有回答那位小学生的问题。毕竟，这位小学生所提出的问题并不是十分容易回答的。

变，是唯一的"不变"。为迎接极具变化的时代，教育需要寻求相对的"不变"，这种不变姑且可以理解为"素养"。素养导向的教育，似应成为智能时代教育变革所追求的新样态。教什么？如何教？怎样学？怎样评？等等，都是素养导向教育需要重新建构的。

---

[1] 朱永新、袁振国、马国川：《人工智能与未来教育》，山西教育出版社2018年版，第144页。

[2] 朱永新、袁振国、马国川：《人工智能与未来教育》，第139页。

有报告显示，在人类可能被人工智能刷掉的各个行业的排名中，教育被替代的风险为 18%—25%。① 这种假设来源于将教师定位为知识的传授者角色，尤其是事实性和程序性知识的传授者。如果教师成为课程研究者和开发者，而不是知识的传授者，则难以被替代，毕竟，知识传授可能会被人工智能所替代，但哪些知识可以作为课程并被科学地组织为课程，智能物是不能决策的。

（二）以核心素养为导向的教育

而今，STEM 教育日渐受到重视，其主要原因在于它跟未来的工作紧密相关。STEM 核心教学内容包括编程、排序、建造、传感器、变量等，注重培养解决问题和合作的能力，这些是人工智能难以替代的。也有学校将 STEM 与艺术、历史和其他课程融合起来，特别是与阅读和识字结合在一起，更有助于多方面能力的培养，这样的学校教育更加对接未来社会变革的步伐。实际上，STEM 教育就是教学生如何联系世界，如何联系社会生活，如何找到问题，将所学过的知识，通过技能转化成探究世界联系的能力，科学方法、科学精神、好奇心在 STEM 教育过程中备受重视。这些在未来社会更加受重视的能力、态度和品格就是世界上普遍强调的核心素养，STEM 教育本质上可以被理解为素养导向的教育。我国 2017 年 3 月已经将 STEM 教育放进小学科学中。清华大学师生曾就人工智能时代的到来进行了全校讨论，其结果聚焦在培养具有表达能力、社交能力、有全球视野和国际竞争力的人才，培养有新的价值观和新的能力、新的知识结构的领军人才，这样的人才有创造性、有想象力。② 奇点大学的办学宗旨也强调通过对领袖的教育，激励及赋予能力去利用指数级增长的科技迎接人类社会的巨大挑战。有学者认为，未来的教育是"人性为王"的教育，"培养人的组织能力、领导能力将是一项重要的任务，我们需

---

① 朱永新、袁振国、马国川：《人工智能与未来教育》，山西教育出版社 2018 年版，第 104 页。
② 朱永新、袁振国、马国川：《人工智能与未来教育》，第 33 页。

要把握人类社会发展的战略和方向，否则我们失算一步，很可能整个人类就要全盘皆输"①。从数次人工智能与教育变革的讨论中，人们发现学校的价值不再是单纯地传授知识，也不是单纯的能力培养，还包括价值观的塑造，要培养健全人格、有创新思维、有全球视野、有社会责任感的新一代人才。②可见，面对未来，无论学校教育实践还是相关研究都不约而同地关注着人的核心素养的培育。

核心素养是促进个人自我实现以获得"成功的个人生活"，进而建立"功能健全的社会"所必须具备的不可或缺的"关键素养"。既是个人生活所必备的素养，也是现代社会公民的必备条件，对于个人的自我实现与发展、社会融合、积极公民权及就业，具有"关键的、必要的、重要的"核心价值条件。③联合国教科文组织将核心素养界定为"个人获取更好的生存机会，社会实现健康运行不可或缺的素养"④。经济合作与发展组织（OECD）提出了"核心素养"结构模型，解决面向21世纪要培养的学生应该具备哪些核心知识、能力与情感态度问题，并在满足个人自我实现的同时推动社会发展。我们正在步入社会发展新的历史阶段，"各个社会之间相互联系和相互依存，各种复杂性、不确定性和张力达到了前所未有的程度"⑤。我们需要怎样的教育？核心素养导向教育应是对教科文组织所提问题的根本性回答。

二 核心素养导向的教育与综合实践活动课程实施

核心素养导向的教育是一种世界趋势，必将深刻影响学校课程与

---

① 朱永新、袁振国、马国川：《人工智能与未来教育》，山西教育出版社2018年版，第157页。

② 朱永新、袁振国、马国川：《人工智能与未来教育》，第31页。

③ 蔡清田：《课程发展与设计的关键DNA：核心素养》，台北：五南图书出版公司2012年版，第156页。

④ 张娜：《联合国教科文组织的核心素养研究及其启示》，《教育导刊》2015年第7期。

⑤ 联合国教科文组织编：《反思教育：向"全球共同利益"的理念转变》，联合国教科文组织总部中文科译，教育科学出版社2017年版，第7页。

教学，在此背景下，综合实践活动课程实施迎来了空前的机遇。

（一）关注核心素养已成为世界教育改革共同的主题

在当今强调"创造性适应"的时代，美国和新加坡把核心素养理解为21世纪素养，日本则将其称为21世纪能力，类似这些理解，都明确显示出相关国家对核心素养教育的高度关注（见表1-4）。

表1-4　　　　　　　　**不同国家核心素养的关键内涵**

国家/组织	核心素养
DeSeCo	（1）能互动地使用工具沟通。（2）能自律自主地行动。（3）能在异质社群中进行互动
OECD	（1）知识：学科知识、跨学科知识、与认识有关的知识、程序知识。（2）技能：认知与元认知技能、社会与情绪技能、实践与身体技能。（3）态度与价值：个人层次、地方层次、社会层次的态度与价值
日本	（1）作为思考工具的基础素养：读写、计算能力与资讯素养。（2）协作思考与问题解决能力：问题发现与解决、创造力、批判与逻辑思考、元认知及学习适应力。（3）在世界中行动的实践能力：独立与自主行动、建立关系、社会参与建立永续未来的责任、知识与科技应用
芬兰	（1）思考如何学习。（2）文化素养、互动与表达。（3）自我照顾及管理日常生活。（4）多重读写能力。（5）资讯、通信与科技素养。（6）生涯规划与创业精神。（7）分享、参与及建构永续未来
美国	（1）学习与创新素养，包括批判性思考和解决问题的能力，沟通与协作能力，创造与革新能力。（2）数字化素养，包括信息素养、媒体素养、信息与通信技术素养。（3）职业和生活技能，包括灵活性与适应能力、主动性与自我导向、社交与跨文化交流能力、高效的生产力、责任感、领导力等
新加坡	（1）核心价值：尊重、负责、正直、关怀、弹性与和谐。（2）自我觉知、自我管理、社会觉知、关系管理、做决定的责任。（3）沟通、协作与资讯技能，批判与创新思考，公民素养、全球意识与跨文化技能
韩国	（1）自我管理。（2）知识、资讯处理。（3）创造思考。（4）美感情绪素养。（5）沟通素养。（6）公民素养
新西兰	（1）思考。（2）使用语言、符号和文本。（3）自我管理。（4）建立与他人的关系。（5）参与和贡献
法国	（1）法语的运用能力。（2）外语的运用能力。（3）数学、科学与科技的基本素养。（4）一般资讯通信科技的运用能力。（5）人文素养。（6）社会和公民素养。（7）自动自发精神

续表

国家/组织	核心素养
西班牙	（1）语文沟通素养。（2）数学素养。（3）关于物理世界的知识及与其互动的素养。（4）资讯处理与数位素养。（5）社会和公民素养。（6）文化与艺术素养。（7）学习如何学习。（8）自动自发精神
丹麦	（1）社会素养。（2）读写素养。（3）学习素养。（4）沟通素养。（5）自我管理素养。（6）民主素养。（7）生态素养。（8）文化素养。（9）健康、运动与身体素质。（10）创造与创新素养

资料来源：杨俊鸿《素养导向课程与教学》，台北：高等教育文化事业有限公司2018年版，第60—62页；"Advancing 21st Century Competencies in Japan," by D. Kimura and M. Tatsuno, 2017, retrieves from http：//asiasociety.org/files/21st-century-competencies-japan.pdf；"Advancing 21st Century Competencies in Singapore," by P. L. Tan, E. Koh, M. Costes-Onishi and D. Hung, 2017, retrieves from http：//asiasociety.org/files/up/loads/522files/advancing-21st-century-competencies-in-singapore-education.pdf.

"迈向2030年教育与技能的未来"计划强调素养导向教育，以协助每一位学习者发展为"全人"，达成建构个体幸福与社会和谐。该计划提出了"转型素养"（transformative competences），包括创新价值、系统思考、承担责任三个未来范畴。[①] 创新价值。人要有能力创造性地与他人合作，思考并发展新的产品、程序、方法、模式等，适应性（adaptability）、创造力（creativity）、好奇心（curiosity）、开放心态（open-mindeness）是创造能力发展之基础。系统思考，调适对立与困境，以一种统整的方式思考与行动，思考相互矛盾的理念、逻辑之间的关联性，成为系统的思考者。承担责任。有能力考量行动后果，评估风险与报酬。自我调整与控制、责任感、问题解决和适应性是承担责任的基础素养。反省、期望是负责行动的基本前提。

在我国，核心素养被置于深化课程改革、落实立德树人目标的基础上，成为下一步深化教育改革的"关键"因素和未来基础教育改

---

① 杨俊鸿：《素养导向课程与教学》，台北：高等教育文化事业有限公司2018年版，第20页。

革的灵魂。核心素养引发了许多有意义的讨论，其核心内涵聚焦于人的终身发展和适应社会生活的必备品格和关键能力①，对学生全面发展和终身发展有利，并能够为学生的学习生涯和未来生活、工作奠定基础。② 在内容结构上，学生核心素养不只是知识的堆积、技能的训练，而是高度概括了知识、能力、态度与价值观等多方面要求的综合化形态；在实现路径上，核心素养关注学生全面发展，贯穿于学生学习与生活的始终，具有持续发展性。同时，全程关注学生在不同情境中的感受和体悟。③ 尽管这两年的国家政策都是提"素质教育"，似乎没有出现过核心素养这个词语，有关核心素养至今还没有政策文本，教育部也没有出台关于核心素养的文件，但已经颁布的高中课程标准却是以学科核心素养为依据的，下一轮义务教育课程标准和教材的主导精神也是核心素养。同时，很多时候也说核心素养是落实立德树人的过程，其上位依据是由国家倡导的。可以说，我们以课程改革为主线的教育变革总体上是以核心素养为导向的。2015年3月，《教育部关于全面深化课程改革 落实立德树人根本任务的意见》明确提出了各学段学生发展的核心素养体系，明确了学生应具备的适应终身发展和社会发展需要的必备品格和关键能力，突出强调个人修养、社会关爱、家国情怀，更加注重自主发展、合作参与、创新实践。④ 核心素养的提出为课程教学及评价改革指明了方向，要求以发展学生个性、观照学生兴趣与发展潜能、以合作能力与沟通交流能力、创新精神与实践能力培养与发展为核心。

（二）综合实践活动课程实施是核心素养培育的关键路径

核心素养培育对学校教育提出了很大考验。素养不只是知识技

---

① 教育部：《中国学生发展核心素养（征求意见稿）》，2016年2月22日。
② 钟启泉：《"核心素养"赋予基础教育以新时代的内涵》，《上海教育科研》2016年第2期。
③ 林崇德：《21世纪学生发展核心素养研究》，北京师范大学出版社2016年版。
④ 《教育部关于全面深化课程改革 落实立德树人根本任务的意见》，http://www.moe.edu.cn/publicfiles/business/htmlfiles/moe/s7054/201404/xxgk_ 167226. html. 2014 - 03 - 30.

能的获得，还包括面对复杂需求情境，关于知识、技能、态度与价值的可迁移性（mobilization）。学生应对未来复杂多变的世界，不仅仅需要具有学科知识，还需要具备跨学科知识、程序性知识以及学习科学家是如何思考的知识；学生不仅需要具备认知与元认知技能、社会与情绪技能如协作、同理心等，还要具备实践与身体技能；学生不仅需要具备个人层次的态度与价值，还要具有在地、社会、全球层次的态度与价值。因此，针对素养要求，教育需要提供学生活学活用、交互关联的机会。在中国传统文化语境下，素养由"素""养"构成，"素"表现为本真、自然的状态，"养"可演绎为养成、养育之意，类似父母养育孩子般的身体力行的实践和修养。因此，素养培育，需要"养"，需要"育"，需要"过程""体悟"以及"自然生长"，单一的知识讲授难以奏效。与"素养"相关的词汇是"修养"，是见识、德性、价值观等融合体，是知识、能力、技能、动机和情感倾向等交互作用的结果。作为融合体，修养的获得不能够依靠单一课程内容与教育方式，是要利用综合性的教育活动，让学生活学活用，在互动、综合的过程中，学会融会贯通、自在自为和系统思考。

OECD 在 2030 年教育框架中指出，人们为了参与世界，经过反思、期望与行动的历程，以活用知识、技能、态度与价值，而且在这个过程中，人们必须发展不同素养之间的连接关系。[①] 这进一步强化了素养之间的关系，进而对素养结构的形成提出了更高的要求。如果把素养比喻为冰山，外显与水面之上的素养是可观察到的知识、能力和行动，而素养的内隐成分是素养之中较为深层的态度、情感、价值、动机等，即使在不同的生活情境或职务工作中，也可解释或预测人的认知思考技能与情意的行动表现，有如水面下的冰山，是内隐的、难以看见的甚至是看不见的。照这样理解，素养的生成与学生学

---

① 杨俊鸿：《素养导向课程与教学》，台北：高等教育文化事业有限公司 2018 年版，第 20 页。

习方式就有了很大的关系,类似水面下冰山一样的素养成分难以用知识讲授、能力训练的方式获得,而需要更多地利用感悟、理解、整合等方式,让学生有丰富的综合使用知识、情感、能力的机会。

综合实践活动课程实施可以为核心素养培育提供丰富的交互关联、活学活用的机会。相比之下,学科课程尽管可以通过学科内部项目的学习、大单元整合等方式,在学科内部提供"融会贯通"的机会,但受学科边界和自身严密的知识体系的限制,也难以满足学生发展性核心素养生长的必要条件,真正能够担当核心素养培育责任的莫过于综合实践活动课程。

蔡清田提出在核心素养培育的六大层面中,"政府可透过课程纲要之研拟,规划以核心素养为主的课程、教学、学习与评量""进行核心素养为主轴的幼儿园与中小学课程垂直连贯与水平统整之课程发展"[①],考虑到了课程的贯通性设计。日本为实践素养导向教育,出台新的学习指导要领,强调主动学习、互动学习、积极学习和深度学习,特别重视跨领域课程(cross curriculum)设置,强调"学生能够将所习得的知识付诸时间的历程,透过发生什么、为什么会发生以及各项事物如何影响真实社会等的探究,让学生能够将各科目所习得的知识与生活情境相互连接"[②]。韩国强调统整学习经验、创造力与跨学科思维,规划有助于学生进行知识与技能统整、连接不同学科与单元之间关系的班级活动,提供学生将知识应用于真实的生活情境的机会以促进学生深度理解,透过学生参与体验式的学习活动,强化核心素养的发展。[③] 新加坡推行 21 世纪素养导向学习,倡导运动与户外教育(sports and outdoor education)以及表演与视觉艺术(performing and

---

① 蔡清田:《课程发展与设计的关键 DNA:核心素养》,台北:五南图书出版公司 2012 年版,第 156 页。

② D. Kimura and M. Tatsuno, *Advancing 21st Century Competencies in Japan*. Retrieves from http://asiasociety.org/files/21st-century-competencies-japan.pdf, 2017.

③ 杨俊鸿:《素养导向课程与教学》,台北:高等教育文化事业有限公司 2018 年版,第 68 页。

visual arts），注重以创意、愉悦及自然的方式进行体验学习。芬兰从2016年开始注重发展学校文化及统整取向的教学，重视培养学生理解不同学习内容之间的关联性及相互依赖性，"多学科学习"（multi-diciplinarny learning）成为统整学习的重要工具。而新近推出的"现象本位学习"（phenomenon based teaching and learning）涵盖社会文化学习（social cultural learning）、进步探究学习（progressive inquiry learning）和问题本位学习（problem-based learning），学习者被视为动态的知识建构者，学生在真实的情境中，提出与自己相关的问题，自行规划属于自己的学习历程，采用协同合作方式建构知识。这些主张和做法实质上都注重综合学习、实践学习、问题解决学习、生活学习等，而这些学习方式恰恰是综合实践活动课程的重要内容、活动方式甚至组织形式。

我国新近的教育决策也提出了一系列相关要求①，如"坚持知行合一，让学生成为生活和学习的主人""深化课程育人、文化育人、活动育人、实践育人、管理育人、协同育人""注重保护学生好奇心、想象力、求知欲，激发学习兴趣，提高学习能力""充分发挥劳动综合育人功能……加强学生生活实践、劳动技术和职业体验教育。优化综合实践活动课程结构，确保劳动教育课时不少于一半。家长要给孩子安排力所能及的家务劳动，学校要……组织学生参加校园劳动，积极开展校外劳动实践和社区志愿服务"。"坚持教学相长，注重启发式、互动式、探究式教学……引导学生主动思考、积极提问、自主探究。……重视情境教学；探索基于学科的课程综合化教学，开展研究型、项目化、合作式学习。"这些规定从深化"活动""实践""劳动"在教育变革中的地位和作用，强化"情境""探究""合作"等学习方式，为综合实践活动课程实施提供了明确的政策保障，立足"幼小衔接"，强调在"小学一年级设置过渡性活动课程"，为12年

---

① 《中共中央、国务院关于深化教育教学改革 全面提高义务教育质量的意见》，2019年6月23日。

贯通设计综合实践活动课程提供了政策补充。所有这些规定再一次为通过综合实践活动课程实施落实核心素养培育任务提供了更多的可能性和法定依据。

第三节 理性把握综合实践活动课程实施取向[①]

课程实施取向（curriculum implementation orientation）决定着课程实践的方向、过程、路径与策略，也对课程实施研究者的视域、视点与方法产生了重要影响。课程实施影响因素是理解和确立课程实施取向的基础和前提，把握好课程实施影响因素，也直接决定着课程实施的路径、方式与成效。综合实践活动课程实施欲取得预期成效，必先高度重视其实施取向和影响因素，以控制、利用、协调、优化影响实施的诸因素，有效促进综合实践活动课程实施的规范化、常态化和有效化。课程实施是课程变革活动的关键环节，课程设计理想需要透过课程实施得以实现，学生课程体验不能从课程设计中直接获得，综合实践活动课程实施取向与课程实施的理解密切相关，不同的课程实施理解决定不同的课程实施取向，不同的课程实施取向决定学生不同的课程体验。

一 理解"课程实施"

对课程实施的理解，取决于对课程实施意义的认识，凡是重视课程实施者，自然对课程实施有着独特的理解。同时，理解课程实施的意义有助于提升实施者的课程意识，重视课程实施过程中学生和教师的参与。只有正确理解和把握课程实施的实质，实施者才能促进课程实践的有效开展。研究课程实施有利于及时发现课程实施中的问题，有效指导课程实践，有利于完善课程理论，有利于设计新的课程改革方案，有利于课程实施方案的推广。

[①] 本节内容参见李臣之《课程实施的意义与本质》和《综合实践活动课程实施：复杂性及取向》（《课程·教材·教法》2001年、2002年第11期）。具体内容有修改。

(一) 关于课程实施观的代表性看法

人们对课程实施的本质有着不同的理解，归结起来，主要有下述观点。

1. 课程实施是将课程方案付诸实践的过程

在有关课程实施的定义中，这是一种比较具有代表性且为人们所普遍接受的观点。诸如："课程实施是把某项改革付诸实践的过程，它不同于采用某项改革（决定使用某种新的东西），实施的焦点是实践中发生改革的程度和影响改革程度的那些因素。"[①] "课程实施是指把新的课程计划付诸实践的过程。课程实施的研究所关注的焦点是课程计划在实际中所发生的情况，以及影响课程实施的种种因素。"[②] "课程实施是指把课程计划付诸实践的过程，它是达到预期的课程目标的基本途径。"[③]

将课程实施理解为方案付诸实践的观点，基本上可以看作对富兰（M. Fullan）等课程学界先驱在20世纪80年代对课程实施本质理解的转译。富兰认为，课程实施是指任何课程革新的实际使用状态，或者说是革新在实际运作中所包括的一切。这种定义指出了课程方案与课程实施的差异和区别。事实上，课程实施不仅包括把新课程计划付诸实践的过程，还包括课程制度化的过程，不管一个人采用的方法是什么，实施实质上由三个阶段组成：起始阶段、实施阶段和维护阶段。这说明，将课程方案付诸实践理解为课程实施，尽管能够厘清部分相关概念，但却难以反映课程实施的全部本质。

2. 课程实施就是教学

这是人们在处理课程与教学，或者处理课程论与教学论关系问题

---

① ［日］江山野主编：《简明国际教育百科全书·课程》，教育科学出版社1991年版，第156页。
② 施良方：《课程理论：课程的基础、原理与问题》，教育科学出版社1996年版，第128页。
③ 李子建、黄显华：《课程：范式、取向和设计》，香港中文大学出版社1994年版，第311页。

时出现的观点。坚持"大课程论"的学者,趋向于课程实施就是教学,认为"站到人和儿童的本性是'活动'的高度,把课程看成是'一段教育进程',课程将不仅仅是存在于'观念状态'的可以分割开的'计划'、'预期结果'或'经验',课程根本上是生成于'实践状态'的无法分解的、整体的'教育'活动"。"课程实质上就是实践形态的教育","课程实施实际上也就是教学"[1]。也有学者认为,"教学过程是对课程计划的实施过程",认为凡是依照教育部公布的课程标准施教的教学就是正常化的教学,凡是未按照课程标准施教的,都是不正常的教学,是应该加以改变的。[2] 这实质上是将课程实施过程与教学过程等同视之。

3. 课程实施是教师、教材、学生的互动过程

我国学者夏雪梅等从教师、学生和方案互动的视角考察课程实施过程,对每个维度再从时间、地点、行为和态度方面进行进一步深入分析,建构了一个学校课程实施过程互动理论模型。[3] 课程实施是课程设计者、教师和学生三者之间相互体认、理解和平等对话的"视域融合"的过程。[4] 但是,这种理解似乎还需要放在一定的具体情境中。课程实施是在一定的现实条件下发生的教师、课程、学生的互动过程,其现实性生根于环境。不同环境所赋予课程实施的现实性不同,教师、课程、学生的互动过程就不同。它是一个立体的交互网络,不是单向度的线性过程。Aoki(2005)采用现象学和批判理论分析课程实施,试图将课程实施"再概念化",将课程实施视为教师的情境性实践(situational praxis)。这种课程实施观更加重视师生的主动性和创造性,尝试建构一种学校课程实施过程互动理论模型,该模型立足于学校一级的课程实施,从教师、方案、学生三者

---

[1] 黄甫全:《大课程论初探》,《课程·教材·教法》2000 年第 5 期。
[2] 黄政杰:《多元社会课程取向》,台北:师大书苑发行 1995 年版,第 131 页。
[3] 夏雪梅、崔允漷:《学校课程实施过程互动理论模型的建构》,《教育发展研究》2013 年第 24 期。
[4] 张增田、靳玉乐:《论解释学视域中的课程实施》,《比较教育研究》2004 年第 6 期。

的互动方面促进学生的学习与发展来刻画学校教育过程，以此解释一个学生在学校里获得了哪些学习机会以及这些学习机会质量如何的问题。①

（二）对课程实施的深度理解

"课程实施就是教学"与"课程与教学整合论"也是内在关联的。20世纪，欧美教育研究领域多以课程研究见长，相反，我国教育研究领域则是教学论优于课程论。但在总体上，20世纪的教育研究领域是以课程与教学的分离为特征的，实质上也是内容与过程、目标与手段的二元对立，认为课程即学习内容或教材，教学则是内容的传递过程与方法，内容与过程、教材与方法是分离的、独立的。随着研究的深入，人们越来越认识到，二元对立是将完整的教育或过程人为地割裂开来，不利于人的完整的教育活动的设计与展开。毕竟，教学总是特定内容的教学，它内在地包含着内容，课程作为内容，是教学的内容，脱离了教学的课程是"空置"的内容。从概念外延上看，课程实施内在地包含着教学，教学是课程实施的主要途径。只有教师把教学建立在已有的课程计划的基础上，把课程计划作为自己选择教学策略的依据，并寻求能促使学生吸收课程内容的有效的教学方法，课程才可能得以实施。实施还需要教学活动中诸要素包括教师、学生、课程内容等的协同作用方能达成。② 概而言之，教学与课程是内在统一的，课程实施就是教学。

课程实施就是教学的观点，的确能够解决课程与教学分离的困境，有助于教育过程的展开。但是，课程实施不可能与教学画等号，彼此都有不可以包容的范畴，有着来自不同方向的规定。人们的认识始终在接近本质。研究课程实施可以从课程实施与外部关系上展开，也可以从课程实施内部予以探讨。

---

① 夏雪梅、崔允漷：《学校课程实施过程互动理论模型的建构》，《教育发展研究》2013年第24期。

② 崔允漷：《课程与教学》，《华东师范大学学报》（教育科学版）1997年第3期。

从外部整体上看，课程发展不是一个事件，而是一个过程，是一项包括课程计划、课程实施和课程评价三个主要环节的综合性的系统工程。在这个系统中，课程实施是一个关键的环节。从课程实施与课程计划的关系来看，两者是理想与现实、预期结果与实现结果的过程之间的关系。课程计划制定得越完善，就越便于实施，实施的效果也越好；但课程计划制定得再好，若不付诸实施，也不会有什么实际意义。而且，即使将课程计划付诸实施，也不一定能够收到预期的效果，因为影响实施的因素极为复杂。从课程实施与课程评价的关系来看，课程实施过程可为课程评价提供内容，课程评价要考察课程实施的可能性、有效性及其教育价值等，而这些都要通过课程实施阶段才能获得；同时评价又可为课程实施提供反馈信息以便及时对各种课程要素进行调整。

从课程实施内部看，它包括课程采用、课程调适、课程应用三个环节。采用不等于实施的完成，调适代表一种努力，"应用"的方案才是实际运作的课程方案，这种方案与最初的课程方案相比，已经发生了根本的变化，是一种发展了或者发展中的行动计划。

因此，课程实施是复杂的、系统的和整体的，整个实施过程有着许多不可预期性和不确定性，这与影响课程实施因素的复杂程度是显著相关的。譬如，课程实施价值取向、教师的支持程度及综合素质基础、地方教育当局的保障、新课程方案与原有方案的冲突、课程实施附加利益等，都会使课程实施产生许多复杂性。所以，在目标上，课程实施就是在众多复杂性中求得平衡，系统考虑影响课程实施的现实因素，最大限度地发挥和协调每一个因素的功能，以期产生最大功效，或创造性地利用复杂性。在操作上，课程实施是一种采纳、调适和应用的再创造过程。由于对复杂性把握、利用程度不同，出现不同程度水平的课程实施。在效果上，课程实施是课程理想的落实、变革以接近区域教学文化的过程。因此，就整体而论，课程实施是在其现实性上调和影响课程实施的诸因素，平衡课程理想与实施情境的系列关系，创造教学新文化的过程。① 下面是几点补充说明。

第一，"现实性"，是指课程实施的现实情境性。在"其现实性上"是指在一定的具体的现实条件下，一切都要从课程实施的现实情境出发，包括充分开发和利用一切课程资源，尽有限的课程资源，做无限的探索。在课程发展的历史长河中，"现实性"表现为"具体的课程历史条件"。在我国三级课程管理政策这一条件下，"现实性"还包括不同层级之间的关系。如相对于国家课程管理而言，地方课程管理需要充分理解和把握国家课程指导纲要和标准的实质，同时有责任依据地方课程的现实情境，对国家课程指导精神做出"调适"，这实质上就是最大限度地、最优化地实施国家课程纲要和标准。同样，相对于地方而言，学校课程管理在对国家课程改革精神进行系统把握的基础上，对地方课程管理的精神实质做最优化处理。正是因为这样，课程改革只有落到学校一级，才开始与学生的实际联系起来。换言之，课程改革不与学校联系，就不存在真实的课程实施。

第二，课程实施是教师根据实际情况对课程目标、内容和方法进行调适的过程。教师最了解课程实施的情境因素及实施中所遇到的具体困难，最容易调适或最不想调适，或得过且过。如果教师对课程实施缺乏兴趣、担心新课程实施会影响自己业已形成的教学优势（没有"安全感"），就不可能主动参与课程实施过程，就不可能有效利用课程资源，积极、有效地调适课程实施方案。我国学者对小学数学课程实施过程进行了研究，结果表明，教师课程实施情况与有关文件对课程的规定有很大差别，在目标、内容和方法方面都体现出教师的不同作用。就目标而言，教师只是部分地体现了文件中所规定的教学目标，而忽视了其他部分的目标。②

第三，课程实施是一个再创造过程，教师是自己课堂上的课程决策者，是一个将现有材料转变为课堂上具体教学计划的设计者与开发

---

① 李臣之：《课程实施的意义与本质》，《课程·教材·教法》2001 年第 11 期。
② 马云鹏：《小学数学课程实施的个案研究》，《课程·教材·教法》2000 年第 4 期。

者。在这个转变过程中,教师缺乏课程实施所需要的知识和能力,因而课程实施最终只能是一句空话。譬如,新课程实施要求教师具有综合能力,然而,现在的教师基本上是专门化的教师,对某一个专业知识掌握得较多,对其他相关学科的知识则非常有限,教师的"再创造"程度有多高,就是很容易想象的了。因此,教师发展愈充分,按照实施的具体情境进行调适的可能性就愈大,课程实施水平也愈高。教师的课程再造,包括对课程内容的选择、增删,对课程内容进程的改变,对课程时间的微调。只不过教师对课程的再造,主要是从"教学法"或从"学科"角度切入的,而不像课程专家那样从"课程"入手。所以,教师之于课程实施,实质上就是教学新文化的创造过程,此过程甚至可以包括重构(restructuring)或再概念化,在这个过程中需要引发实施者的内在动机,使他们理解变革的目的或意图、实质、真正的和潜在的利益,并能在实施中获得良好的感觉,真正参与到实施的过程中,主动改变旧教学文化,创造新文化。从此种意义上讲,促进教师的专业发展将成为课程实施的关键所在。课程实施从一种工具性的行动(instrumental action)变成情境性的实践(situational praxis)。①

二 理解课程实施取向

经过近40余年的探索,人们对课程实施过程本质的理解不断加深,对课程实施取向的研究也积淀形成一些经典性的解释,目前正处于不断发展之中。

(一)传统经典理解

课程实施取向是人们对课程实施本质认识的反映。"课程实施取向是指对课程实施过程本质的不同认识以及支配这种认识的相应的课程价值观。"②课程学者富兰与庞弗雷特(Fullan & Pomfret, 1977)对

---

① 欧用生:《课程理论与实施》,台北:学富文化事业有限公司2006年版,第197—225页。

② 李子建、黄显华:《课程:范式、取向和设计》,香港中文大学出版社1994年版,第314—315页;张华:《论课程实施的含义与基本取向》,《外国教育资料》1999年第2期。

20世纪70年代的15项有代表性的课程实施研究进行了细致的分析，并据此提出了课程实施的两个取向：忠实取向和相互调适取向。① 在此基础上，辛德等人（Snyder, Bolin & Zumwalt, 1992）于20世纪90年代进一步回顾了9项重要课程实施研究，归纳出忠实取向（fidelity orientation）、相互调适取向（mutual adaptation orientation）和课程创生取向（enactment orientation）三种实施取向。这三种实施取向被世界范围内课程实施研究者广为引述。

1. 忠实取向

把课程实施看成是忠实地执行课程方案的过程，认为课程实施是教师执行课程变革计划的线性过程，教师需要做的事情就是在课堂上落实课程的原本意图。根据这一取向，预期课程方案的实现程度就是衡量课程实施成功与否的基本标准。课程方案实现程度高，则课程实施成功。课程方案实现程度低，则课程实施失败。显然，坚持忠实取向把课程当作产品，将课程实施的本质理解成忠实执行，按部就班，不需要对课程方案做出变革。

2. 相互调适取向

该取向源起于20世纪70年代中期伯曼和麦克劳夫林（Berman & McLaughlin）所主持的兰德变革动因研究。相互调适取向强调课程方案的使用者与学校情境之间的相互适应，主张根据学校或班级实际情境在课程目标、内容、方法组织形式诸方面对课程方案进行调整和改变。它包括两方面的内容，即课程计划为适应具体实践情境和学生特点而进行的调整，课程实际情境为适应课程计划而可能发生的改变。持这种取向的课程实施者，容易将课程实施的本质理解为"协调中的变革"，人们相信，课程实施不可能只是一个事件，更重要的是一个过程，在过程中实施者不可能不对课程方案做出修订，甚至改变，以适合其自身的目的。

---

① M. Fullan, A. Pomfret, "Research on Curriculum and Instruction Implementation," *Review of Educational Research*, 1977, 47 (2): 335.

3. 课程创生取向

该取向把课程实施过程看成是师生在具体情境中联合缔造新的教育经验的过程。在缔造过程中，已经设计好的课程方案和教学策略仅仅是教师和学生进行或实现"再造"的材料、工具或背景，是一种课程资源。借助这种资源，教师和学生不断发生变化和获得发展。随着教师和学生的发展，课程本身也不断进步着。创生取向的课程实施研究关注缔造经验的内容、师生缔造经验的方法、影响课程缔造的外部因素、实际缔造的课程对学生的影响、怎样赋权师生以及隐性课程的影响。

实际上，20世纪70年代末期，侯斯（House）提出了三种与辛德等人课程实施取向相对应的课程实施观，即技术观（technical perspective）、政治观（political perspective）和文化观（cultural perspective）。技术观主张把课程实施看作执行预定计划的过程，通过改革教材和教学方法，以及引进新的技术来提高课程实施成效，其衡量标准是目标达成的程度，以"研究—发展—传播"为路径把课程方案转化为可应用的技术和知识，由教师贯彻执行，运用问卷等量化手段研究课程实施。这种观点"支配了20世纪60年代的课程改革运动，并且在课程实施研究中一直延续下来"[1]。政治观强调人际互动在教育变革中的关键作用，重视学校的具体情境，认为同技术与外部机构的限制相比，学校情境对教师行为的影响更大。[2] 文化观认为，社会中有很多亚文化群体，群体之间则缺乏一致性，采取共同行动比较困难。因此，课程方案所代表的研究者文化和教师群体所代表的实践者文化之间存在着很多冲突，需要沟通、诠释与融合。所以，课程实施可以理解为一种文化再生的过程，目的在于促使学校成员重新思考课程、

---

[1] 尹弘飚、李子建：《再论课程实施取向》，《高等教育研究》2005年第1期。
[2] E. R. House, "Three Perspectives on Innovation: Technological, Political, and Cultural," R Lehming, M. Kane, *Improving Schools: Using What We Know*, Beverly Hills: Sage Publications, 1981, p. 22.

教学以及学校教育的本质和目的等问题。

尽管辛德等人的三种实施取向与侯斯的课程实施"三观"有一些差异,但他们二者的课程实施取向分类之间的共性较多,辛德等人侧重于描述课程实施形态的基本特征,侯斯则从不同的学科领域考察课程实施,尽管二者的角度和出发点不同,但并"没有造成两种分类方式本质上的分歧,反而增强了它们之间的互补性"[①]。

辛德等人的课程实施取向研究在对课程知识的产生、对课程变革的假设、研究方法以及教师角色的理解上有很大差异,不同的课程实施取向各有其适用的条件和各自的优缺点。由于教育和社会情境极其复杂,教育变革的需要多种多样,在不同的情境中课程实施取向的价值都可以得到不同程度的体现,这也可以被视为从"过程论"角度对课程实施本质的理解。实际上,课程实施可以视为课程发展(curriculum development)中的一个重要环节。在课程发展中,从课程实施者对待"课程"的态度、课程计划或课程方案在过程中的变革或变化程度、课程实施在不同情境中的实际效果,或者从课程实施过程中重"内容"或重"方法"等角度理解课程实施,均可以产生不同的实施取向。这些尝试性探究不仅对理解课程实施取向及课程实施过程有帮助,而且进一步拓展了研究课程实施本质的思路,启发人们从不同层次,立足不同角度,在不同水平上研究课程实施。

(二) 课程实施取向的新发展

课程实施的"忠实、调适和创生取向"与"技术、文化、政治观"之间有密切的联系和一定的区别。后者在"文化"与"政治"观中,更为清楚地解释了课程实施为何要调适、为何要创生,也为协商课程理论的发展奠定了一定的基础。因此,不能将课程实施取向看作相互排斥的独行者,而应视为一个相互联系的"连续体"[②]。随着人们对课程及课程实施理解的逐步深化,课程实施取向有了新的

[①] 尹弘飚、李子建:《再论课程实施取向》,《高等教育研究》2005年第1期。
[②] 尹弘飚、李子建:《再论课程实施取向》,《高等教育研究》2005年第1期。

进展。

1. 后现代转向

伴随着复杂科学、生态学被运用于课程变革与实施研究,课程变革的复杂性和变异性受到关注,富兰于1993年将具有后现代色彩的复杂科学引入课程实施研究中,认为课程变革不是一个简单的线性过程,而是充斥着许多的不确定性。[1]"课程变革是一个线性过程"之类的观点备受质疑。哈格里夫斯等人认为,后现代课程具有复杂性、多样性和不确定性,无法完全被认识,甚至其"真实性"本身也受到了质疑,据此主张课程实施是一种互动、对话、建构的过程。李子建等人强调课程实施面向教育情境、教师和学生,从本体论、认识论和方法论角度概括了后现代课程实施理论的基本特征[2],即注重课程实施的对话性、开放性和复杂性;让师生作为主体参与课程实施;尊重课程知识的建构性和境域性;倡导以多元与宽容的方法论评价和研究课程实施。也有一些研究者认为,课程是一个发展的过程,课程内容在实施过程中应得到不断充实和完善,课程实施包含学生的知识、意义和价值重构,课程实施过程是师生彼此对话合作、共同探求新知识的过程;课程实施不再强调知识的积累,而是更注重知识的发现和创新。[3] 这些理解和看法都从不同角度丰富了课程实施及其取向的观点,对于综合实践活动课程实施取向的确立具有积极意义。

2. 基于标准的教学

崔允漷反思了关于课程实施取向的研究成果,进一步主张历史上课程实施取向虽然在理论上具有广泛的解释力,但是在现实中却难以操作,进而提出"基于标准的教学"。该观点认为,忠实执行、相互

---

[1] M. Fullan, *Change Forces: Probing the Depth of Educational Reform*, New York: Falmer Press, 1993.

[2] 李子建、尹弘飚:《后现代视野中的课程实施》,《华东师范大学学报》(教育科学版)2003年第3期。

[3] 吉标、吴霞:《课程实施:理解、对话与意义建构——一种建构取向的课程实施观》,《西南师范大学学报》2005年第1期。

调适、创生取向几乎囊括了课程实施中的一切情况，但其不切实际也难以操作。毕竟，师生是活生生的课程实施主体，教学离不开他们的情感、动机与价值观，何况课程实施情境差异很大，需要灵活应对，调适、创生的依据、标准与工具也难以确定，进而提出了具有本土性意义的课程实施取向分类，即课程实施主要有三种类型：基于教师经验的课程实施，基于教科书的课程实施和基于课程标准的教学，提倡"基于课程标准的教学"，强调教学目标、课程标准、评估设计、教学设计之间的逻辑关系[①]，对拓展课程实施取向研究有新的启发意义，尤其是他提出的教师要"像专家一样""整体地思考标准、教材、教学与评价的一致性问题"，为课程实施的创生取向注入了新的角度和思路。

3. 课程实施取向研究的现实选择

课程实施是旅程，不是一个蓝图。因此，课程实施不可能是一个线性的过程，而是一个发展变化的动态过程。历史上，不同的课程实施取向理论在当时的历史条件下有其特殊的历史地位，也对今天课程实施研究有所启发。后现代课程实施观取向，更加突显课程实施的开放性、民主性、交互性，尤其值得借鉴。课程实施的确是一个复杂的现实过程，处理好实施过程中的各种复杂关系，找到一段切合实际的旅途供师生一起奔跑，共同创造，让实施主体分享收获的喜悦，享受教学的获得感，应该是研究课程实施取向的追求。所以，处于日益复杂的社会文化环境、差异巨大的自然环境、瞬息万变的技术环境中的学校课程实施研究，有必要倡导"关系思维"。课程实施实质上是一种关系性存在，处于纵横交错的立体的实施网络之中。关系和谐是课程有效实施的必要前提，课程实施取向偏差，使实施关系紧张，滋生实施冲突，必然会影响课程实施的执行力，最终导致课程实施成效低下。

---

① 崔允漷：《课程实施的新取向：基于课程标准的教学》，《教育研究》2009 年第 1 期。

第一，需要处理好不同课程要求、形态、内容同课程实施取向的关系。不同课程要求似乎也对应于不同的课程实施取向，不同的课程形态与内容在不同程度上需要采用适宜的实施取向。对于意识形态范畴的课程要求，以及相对应的课程内容，忠实执行课程实施取向仍然是必要的，在课程目标落实、课程内容的传递过程中，尽可能做到基于目标和内容的教学，但是在活动方式的匹配、教学资源的开发上则可能应更加注重联系社会生活，充分考虑学生的学习特点，灵活、艺术地处理相关课程资源，如融入社会事件，选择影视资源进行教学，否则难以帮助学生很好地理解和领悟。

第二，需要处理好课程实施与不同课程性质的关系。对于科学、数学、生物、化学等数理类课程的实施，则需要围绕课程标准，基于学生的学习实际，强调课程目标、内容的调适，注重技术、工具和环境的创生，力争让课程实施适合每一个学生。

第三，需要处理课程规划同课程现实之间的关系。课程实施的现实性是课程地理环境、课程实施历史、课程资源空间、地域文化、学校办学现实条件的集合体。对于一些"留白"空间较大的课程，如综合实践活动、校本课程开发，则尽可能地立足学校自身的现实性，充分调动师生的课程参与积极性，创生适合本校学生学习的"新课程"。从此意义上讲，的确需要教师"像专家一样"，整体地思考和解决课程标准、教材、教学与评价之间的逻辑关系问题。

第四，需要处理好课程实施主体、参与者、协作者之间的关系，打造课程实施共同体。

总体上，课程实施取向的确立与运用，应该因课程而异，因课程实施环境与情境而异，因课程实施主体而异，总归要注重符合需要，切合实际，以学生最大限度地获得为依归。

三 理解综合实践活动课程实施取向

综合实践活动课程实施取向，同其他课程实施取向总体上是一致的。只因综合实践活动课程的特殊性质及其实施的复杂性,其实施取向在侧重点上就有所不同。因此,只要理解综合实践活动课程的实质和实施的复杂性,就可以较为准确地把握其课程实施取向,进而理解综合实践活动课程实施的方向和过程,克服实施中的困难,确保综合实践活动课程的有效实施。

(一) 综合实践活动课程实施的复杂性不可忽视

课程实施是课程设计付诸现实的重要环节。任何课程改革缺少了课程实施都难以完成,综合实践活动课程也是一样的。综合实践活动课程与学科课程有着本质上的不同,因此,其实施自然也有着不同的取向,影响因素也会因为综合实践活动课程在实施过程中的不同际遇而不同。

尽管综合实践活动课程实施有了教育部颁发的《综合实践活动课程指导纲要》,但综合实践活动课程自身特性的复杂性并没有变得更加简单。[①] 这主要表现为:第一,综合实践活动课程是所有课程领域综合程度最高的课程;第二,综合实践活动课程是所有课程领域开放性最大的课程;第三,综合实践活动课程实施过程较之其他课程领域蕴藏着更多的不确定性和关联性;第四,综合实践活动课程的过程较之其他课程涉及更加宽泛、复杂的课程资源。

若要积极有效地应对这些复杂性对课程实施所带来的挑战,就需要从根本上提升教师的素质,改变教师劳动分工形态,需要权利再分配以及文化重建,需重新理解教学过程的本质,重新确立师生地位与角色,重新调整地方教育支持政策,等等。同时还应该看到,由于我国长期自上而下的课程管理体制一贯采用分科教学这一学校教育惯性,以及一贯重视分数这一社会现实的影响,综合实践活动课程的广泛、常态、有效实施,任重而道远。综合实践活动课程实施,除课程发展的复杂性外,其课程实施情境、文化环境等方面的复杂性集中体

---

① 李臣之:《综合实践活动课程实施:现实复杂性及其取向》,《课程·教材·教法》2002 年第 11 期。

现在如下方面。

1. 课程调适与创生空间大

就课程自身的完整性、确定性而言，现有课程实施者对课程的理解、把握、运作难度较大。课程的清晰性是影响课堂教学成效的关键因素，尽管2017年指导纲要尽可能地体现"推介主题"以突出其课程的清晰性，但由于课程自身本质特性的规定，综合实践活动课程不可能像学科课程那样清晰，否则就有悖于综合实践活动课程自身的性质。

2. 对实施者综合素养和实践能力要求高

在师范教育的"分科"体制下，教师普遍缺乏跨学科素养的专门训练，难以应对"跨学科实践性课程"的实施需求。以考试为导向的基础教育，侧重于知识授受，实践能力成为故意被忘却的角落，在某种程度上造成了中小学对综合实践活动课程的冷落。失去了扎实的教师职业技能训练、浓郁教育情感培养的大学教育，导致学科教育高水平、教师教育低水平之间的巨大矛盾，难以造就仁师与经师兼容的新型师资。伴随着教师资格证制度促生速成的"准教师"进入教育实践行列，加大了校本教师培训的难度，也在一定程度上为综合实践活动教师队伍建设增加了不少"麻烦"。

3. 实施情境多元，安全难保障

综合实践活动课程实施现场的具体性十分突出。不同的现场，由于空间、时间、资源、文化等要素复杂多变，导致综合实践活动课程实施需要付出更多的努力，如安全保障、资源供给、人力协调、社会参与、文化营造、基地建设、团队打造等，都不是在既有的课堂上单纯讲授语文或数学那么简单。综合实践活动课堂教学超越学校空间，需要融入更加具体的现场，才能真实地发生。这个融入的过程，需要多方面的配合，以及实施者从设计到评估全过程的考量。从文化观、政治观出发，具体场域的多元文化背景需要综合实践活动课程实施注重交流、沟通和理解。不同场域的政策背景，要求课程实施者在课程实施过程中服从地方政策的要求。当课程实施者的价值追求与地方课程政策出现不一致时，课程实施的难度必然会加大。

但是，复杂性本身也意味着机会。课程本身的调适和创生为师生提供了丰富的空间。对教师素质的考验，也为老师专业发展提供了真实的现场。

（二）确证综合实践活动课程实施的取向

综合实践活动课程实施充斥着复杂性，有效实施的关键在于整体把握现实复杂性，确立恰当的实施取向，最大限度地平衡影响课程目标实现的诸多因素，创造个性鲜明的教学文化。

1. 综合实践活动课程实施需要但不能停留在"忠实"与"相互调适"取向上

不同课程要求、内容、形态决定着不同的实施取向。如对社会主义核心价值的体认、伦理关怀，需要得到忠实落实。对于推介主题需要采用相互调适取向。但仅此还远远不够，综合实践活动课程实施必须基于必要的"忠实"和"相互调适"取向，但又要尽可能地走出忠实和调适取向。

第一，忠实取向观强调课程实施者"忠实地"再现课程设计者的意图，依据设计者所预设的一套现成的程序、材料和方法实施课程，而课程评价就是检测课程设计所预期的结果是否达到。这种取向实质上是将课程设计者与课程实施者完全分开。课程设计者规划课程的目标、内容和方法，课程实施者将这些规定予以落实，这两者的吻合度就是课程实施的有效度。然而，综合实践活动课程虽然有设计者的"意图"，其价值取向和开发理念值得忠守，但却不可能有固定的程序，不可能有现成的材料，更没有能够复制的具体方法，课程实施者无法忠实执行某种"课程方案"，更何况综合实践活动课程方案原本就不存在。同时，综合实践活动课程实施者在很大程度上是设计者，设计者也是开发者，开发者又是实施者。

第二，相互调适取向强调课程实施本身的变化过程，注重课程设计和课程实施之间的相互调适。按照此种取向，综合实践活动课程实施不仅需要牢记《中小学综合实践活动课程指导纲要》的使命，也要关注师生在课程实施过程中的感受和行为，关心学校层面的实践情境、实践假设和实际价值。尽管相互调适取向允许实施者对课程设计进行部分调整和改变，以适应学校具体的课程情境，或者是课程设计者和课程实施者双方都发生改变，以适应双方各自不同的情况。但是，相互调适取向仍然强调设计（或规划）的课程与具体实施的课程之间的差异，只是用一种调适的眼光看待这种差异，这实质上仍然将课程设计与课程实施看作两件事情，与综合实践活动课程实施有着本质的不同。尤其是在对待推介活动主题的态度和行为上，怎样看待学校课程实施的现实性，就有怎样的活动主题设计。

2. 综合实践活动课程实施要努力坚持"创生取向"

创生取向强调，课程实施之前不存在完整的、设计好的一成不变的课程，可以将课程实施视为课程形成的一部分。关注师生共同建构课程，认为师生是课程知识的创造者，可以根据实际情况确立课程目标和内容。因此，它特别注重课程实施过程中的文化背景、价值认同、批判性对话和主体意识的觉醒等。比较而言，创生取向最具有生成性、过程性，最注重师生自主性、能动性和创造性的充分发挥，对教师课程开发能力提出了很高的要求，强调教师不仅是课程的实施者，而且是课程的设计者。这些特征正是综合实践活动课程实施的理想追求。

第一，综合实践活动课程实施涉及前述诸多复杂性，行政命令和精细设计无助于有效实施，综合实践活动课程实施是课程建构的过程，需要开发利用校内外各种相关课程资源，注重对实施的"现实性"把控，依托具体的实施情境，灵活应对复杂的"具体情况"，创造性地对待整个活动过程。

第二，综合实践活动课程不可能是单纯的"国定课程"，课程性质、目标、类型、方式等课程的基本元素由"国定"，而具体实施包括主题设计、活动资源、活动实施策略等则带有明显的区域性特征和学校本位特征，属于"地定"和"校定"。即使存在着推介活动主题，也需要课程实施者充分考察"现实性"，通过科学的方法考证推介活动主题对于学生的适合性，凡不适合者，需结合学生的生活实际，开发新的活动主题。

第三，综合实践活动课程实施要求重建学校文化，如果简单地将课程理想嵌入旧的文化中，预期的课程变革目标就很难实现。当然，课程文化重建与旧文化改变是相互关联的，重建文化不是打倒一切旧文化。学校新文化建设至少应包括教师赋权增能，赋权学生建构课程，积极倡导团队协作，强调校长、教师和学生之间互相尊重、理解、友爱、信任、民主、平等，将学校看作一个学习型组织，主张教师是知识的生产者和传播者，学校是开放的学习空间，学校与家庭、社区关联一体。尤其是学科课程实施更多地面临着多级主体协同参与这一现实，分布式课程领导呼吁文化重塑。

第四，教师是课程实施过程的直接设计者和参与者，教师要真正将个体生命发展的主动权还给学生。在课程实施中，教师需要善于引导学生进行体验、探究、发现性学习，要保护学生的探索和创新精神，努力营造崇尚真知、追求真理的氛围，为学生创造一个宽松愉快的学习与发展环境。同时，教师要把握社会发展的时代脉搏，把握社会团体、家长和学生的需求，善于倾听各方不同意见，做好协调沟通工作。

第五，综合实践活动课程实施创生取向的落实，需要重点强调三点：一是科学理解"忠实"与"调适"，做到"理念忠诚""恪守原则"。基于《中小学综合实践活动课程指导纲要》的基本精神，忠实把握课程价值，以结合学情、校情、地情等的"具体性"，围绕有效实施，对《中小学综合实践活动课程指导纲要》非原则性的要求做出恰当调整，对"推介活动主题"做适性的加工转化，使其更加切合学生的生活、兴趣和学习基础，减少课程规定性"水土不服"等情况的出现。二是创新生成。在调适过程中，发现学生新的更加合乎现实性的活动主题，将其及时纳入活动主题框架中。围绕活动目标的达成，创造性地转化课程资源，创新性地利用活动手段。三是对话建构。在实施过程中，超越自上而下的线性逻辑，超越课程实施的过程逻辑，走向多元对话，让师生及相关的支援者广泛参与活动，共同建构课程。建构的主要方法是课程协商，分享课程权利，注重分布式课程领导，使课程民主成为课程协商的基础。

第四节　系统把握综合实践活动课程实施的影响因素

影响综合实践活动课程实施的因素有很多，不同的专家有不同的看法。综合实践活动课程的自身特性、教师、资源、领导与管理是十分关键的影响因素。

一　综合实践活动课程的清晰性、适宜性直接影响其实施过程

《中小学综合实践活动课程指导纲要》对各课程元素规定的清晰程度、可理解度，配套课程材料等都是影响课程实施的关键因素。如果《中小学综合实践活动课程指导纲要》很抽象，教师并不知道实际上应该做些什么，或者《中小学综合实践活动课程指导纲要》让老师感到非常复杂，或含糊不清，教师则常常回避纲要精神而取容易应对之策。课程材料的难度、实用性、清晰程度、与学生接受水平之间的协调性等，常常容易改变教师实施新课程以及学生学习新课程的态度。此外，"课程材料及其组合方式应该反映一种新的教学观念，具有一定的理论基础，有新意，而且能够达到课程发展的目标"，在"课程材料体系内部符合循序渐进的规律，外部与其他学科能够相互配合""课程材料要符合科学性，避免各种偏见"[①]。综合实践活动课

---

① 钟启泉：《课程设计基础》，山东教育出版社1998年版，第457页。

程实施没有学科课程实施那样丰富的配套材料，但所推介的活动主题及其解释，可以被视为重要的配套材料，将对综合实践活动课程内容建构产生直接的影响，至少学校会将此作为内容的来源甚至依据。

"课程"本身的复杂性还包括"新课程"对"旧课程"革新的程度和范围。如果新课程革新力度大，范围宽广，而教师队伍的整体素质和数量不能很快适应其要求，或者说，教师进修体制和机制落后，不能满足教师对新知识渴求的需要，那么，新课程实施就会面临巨大挑战，在实施过程中会困难重重。美国20世纪60年代所设计的课程，力图将学科的本质教给学生，理想是美好的，但实际的教师队伍的状况却难以满足需要，结果并没有达到预期的目的。我国2001年开始的科学课程实施改革的失败就是明显的例子，因为科学课程跨越物理、化学、生物学科，综合性强，大学也没有为科学课程实施培养数量足够、素质较高的教师，很多区域的科学课程实施最终"回到从前"。综合实践活动课程更是如此。

其跨学科性、开放性、创新性让老师望而生畏。因为教师队伍建设难以跟上课程实施的需要，科学课程实施没有取得大范围预期成效。好在这一问题在《中小学综合实践活动课程指导纲要》中有了明确的规定性，不过，仍然需要政府部门高度重视，落实编制，增加经费，否则会重蹈覆辙。

2001年综合实践活动课程指导纲要没有正式颁发，但它提出的三大主线、指定领域和非指定领域，伴随着《基础教育课程改革指导纲要（试行）》的推进，也成为中小学综合实践活动课程实施的重要课程依据。不少课程实施基础较好的学校，充分利用这些课程规定，取得了良好的成效。但大多数学校，因为国家设置此类课程时所留出的拓展空间过大，加之教师对传统课程实施材料的惯性依赖，综合实践活动课程被看作"三无课程"，实施起来步履艰难。2017年《中小学综合实践活动课程指导纲要》在课程实施的对象即课程内容的规定上则更为明确，直接推介152个活动主题，供学校在课程实施过程中加以选择。这些主题为课程实施者提供了重要参照。但也有一些主题需要结合地方文化和学校的现实性进行调适和创生,这一点将在后续章节中进行深入分析。毕竟,综合实践活动课程实施面临着其他形态的课程所没有的复杂性。

二 教师始终是课程实施成功的关键

几乎所有人都认为教师是影响课程实施的核心和关键,综合实践活动课程实施更是如此。研究者们早已指出,教师的力量是导致成功的课程实施的主要因素之一,不同的因素包括教师的参与、教师的投入感、合作的工作关系、行政人员的清楚指示、持续的支援和训练等均对教师的力量有着正面的影响。[1] "改革的方案可能是理想的……问题在于具体的实施过程中,是怎样做的,教师是否按照方案中所规定的内容去执行……可见,教师在课程实施的过程中,是一个不可忽视的起着重要作用的因素。" "教师履行着与课程材料的创造和实施有关的多种功能。不论教师是自己编制课程还是运用现有的课程材料,教师总是一个'课程的决策者',因为课程的发展和运用总是要依靠教师的思维和行动。"[2] 一些研究机构或课程研究运动同样为肯定教师在课程实施中的作用做出了贡献。教师、学生都被认为是课程实施的重要参与群体,在三者的关系理解中出现了多种观点,但总的趋势是不断增强课程、教师、学生三者间的互动关系。正如泰勒(Taylor)所言,课程实施越来越被看作教师不断评估学生的需求和学生共同调整、建构课程的过程。[3]

---

[1] 李子建、黄显华:《课程范式、取向和设计》,香港中文大学出版社1996年版,第326—327页。
[2] 马云鹏:《中国城乡小学数学课程实施的个案研究》,学位论文,香港中文大学,1999年。
[3] M. W. Taylor, "Replacing the 'Teacher-proof' Curriculum with the 'Curriculum-proof' Teacher: Toward More Effective Interactions with Mathematics Textbooks," *Journal of Curriculum Studies*, 2013, (3): 295–321.

如何引导实施者对课程改革产生积极的态度，也是课程实施的关键。有研究指出，人们对课程实施的态度一般呈现出常态分布：反对者（5%）、推延者（25%）、沉默者（40%）、支持者（25%）、热诚者（5%）。① 这说明课程实施者对实施的总体态度是非常复杂的，课程实施要达到理想的目标，必须引导实施者对课程改革产生积极的心境，主动参与，善于创造。正是因为这样，举凡课程发展历史上变革力度很大的课程改革，总是难以实施，其原因就在于，这种课程实施对实施者改变传统价值取向的要求更加强烈，导致课程改革难度过大，难以实施。

具体而言，可以从不同角度理解教师在综合实践活动课程实施中的地位和作用：

第一，综合实践活动课程实施首先是教师的学习过程，在此过程中，教师需要理解综合实践活动课程的理念、目标、内容、管理、评价等，这是课程实施的前提。"理想的实施，至少应当包括参与者要理解改革所包含的先决条件、价值和改革方案的具体假设，因为参与者理解了这些内容，才能决定在自己的班级、学校或区域内拒绝、接受或修改这个方案。"所以"无论改革来自学校的内部或外部，最终决定改革是否合适的是教师。"② 教师拒绝学习或"假学习"课程方案，课程改革从根本上就失去了前提。

第二，综合实践活动课程实施的成功实现，一定要落实到学校层面具体的主题活动过程中，一定要有教师之间的支持与合作。教师的工作位居教育最基础的部分，主题活动是综合实践活动课程政策传达的最后一站，教师教学活动拥有相当大的自主空间。这容易使每一个教师的教室自成一个"王国"，每位教师的活动教学，彼此孤立，随着时间的推移，"对于整体性的课程教学问题，当然更不愿意合作共同解决"③。问题在于，没有教师的讨论和持续努力，综合实践活动

---

① 黄政杰：《课程设计》，台北：东华书局股份有限公司1991年版，第413页。
② 马云鹏：《中国城乡小学数学课程实施的个案研究》，学位论文，香港中文大学，1999年。
③ 黄政杰：《课程设计》，台北：东华书局股份有限公司1991年版，第413—414页。

课程实施依靠谁去推进？

第三，综合实践活动课程实施是教师"观念""知识""能力"的重构过程。教师需要转变旧有观念，确立对综合实践活动课程的正确态度，如果教师将课程仅仅理解为课本，照本宣科，综合实践活动课程实施水平之低下是完全可以想象的；教师要对自己使用《中小学综合实践活动课程指导纲要》的能力树立信心，这需要行政管理人员和校长为他们提供物质和精神方面的支持；教师要学习综合实践活动课程的内容、已有的实施经验以及这些对自己在知识、技能等各方面素质的要求，进而思考自己的专业发展和谋求新的知识、概念拓展。并非所有的教师都能够主动积极地应对这些"重构"，因此，综合实践活动课程实施的最大阻力和助力都源于教师。

第四，在信息科技时代，学生可以从不同渠道学习到自己想学的东西，教师个体在面对来自班级、全校学生的智慧压力时，会感觉到自己所学实在是微不足道。于是，学生不仅越来越成为一种重要的课程资源，在课程实施中扮演着日益重要的角色，而且学生甚至可能成为教师的老师，师生角色换位。尤其是在综合实践活动课程实施过程中，由于学习时间空间的巨大变化，学生在活动过程中的获得超乎教师的想象，那么，教师又该具备怎样的素养才能满足学生在活动过程中所提出的学习需求呢？这个问题关乎教师学习方式的改进，也关系到教师如何看待师生关系，更关系到教师如何理解学生，如何理解学习的本质。这些问题也可以作为综合实践活动课程实施的研究对象。

第五，需要特别提及的是，教师对于综合实践活动课程实施的影响，往往不是通过独立个体力量的发挥而实现的。活动指导教师团队对综合实践活动课程实施的影响最为深刻而有力。

三 世界即课程：综合实践活动课程资源的系统升级

对于综合实践活动学习空间而言，可以是教室，可以是校园里大树下，也可以是山川、草原、湖泊……综合实践活动课程实施不仅仅发生在传统意义上的教室、校园里，还需要开辟广阔的第三空间，即校外五彩缤纷的大世界。只有充分开发和有效利用值得利用的课程资源，综合实践活动课程实施才能取得难以想象的成效。

近年来，研学旅行成为学校教育值得称颂的教育热点，在为旅游行业带来丰厚利润的同时，也极大地丰富了学生的学习世界，开阔其视野，锻炼其能力，增加其知识。实际上，研学旅行活动的成功，在本质上应归功于"研学"，而实际上离不开"旅行"，研学可以发生在实验室、学科教室，或者学校社团中，但研学旅行则可以成功地让课程与自然、社会互动对话，让学生走出教室，走出校园，同社会、自然充分接触，让综合实践活动课程实施散发出芬芳"野味"，这种味道得益于校外资源的教育学转化。

地方文化资源利用令综合实践活动课程实施充满着浓郁的本土味道。综合实践活动课程实施扎根大地，"定居"而不是"旅居"在土壤中，持久助力于课程实施。

社区课程资源。无论是博物馆、科学馆、图书馆、教育网络资源中心、青少年活动中心，还是学校周边的自然资源，等等，都是学校课程实施的很好资源，尤其是对于学校开展综合实践活动十分有利。

学校及社区的历史文化。改革总是与历史紧密相连的。学校存在着良好的改革传统，对推进新的改革最有帮助，相反，学校缺乏改革的风气，或者积淀着一些不利于改革的窒碍要素，反而不如新学校推进改革那么顺利。课程实施发生在学校环境里，与学校的历史文化密切相关，要推进课程实施，就必须研究学校既成的历史文化要素，分清有利和不利因素，有针对性地加以控制。同时，学校是社区的学校，社区的历史文化为学校课程实施提供了良好的背景和条件。如果社区公民对改革抱有希望，对改革持欢迎和支持态度，那么学校课程实施将会比较容易，至少，学校在开发社区课程资源方面不会遇到太多的阻碍。

学校现有教育资源，包括活动场所与设施、教育媒体和教育辅助手段，是课程实施的必要保证。离开了一定的空间和设施，课程实施就难以进行。譬如，班级规模太大，会影响课程实施水平。需要说明的是，并非教育物资条件越丰富，课程实施水平就越高，当教育物资条件达到一定水平之后，真正决定课程实施水平的还是课程实施主体，即师资和学生。

此外，学校所在社区的各种改革计划、方案、社会群体的舆论、家庭的支持程度，对教育改革可能会产生相应的影响，进而作用于课程实施，使学校课程实施处于良好的氛围之中，课程实施者感受到群体的关照，可以消除所产生的孤独情怀。

最后，在信息技术高度发达的时代，随时随地都可能发生学习的情形，学习空间无处不在，虚拟空间资源也值得进一步开发和利用。譬如基于二次生活（second life）的综合实践活动课程实施有其明显优势。[①]

所以，在今天全球即教室，世界即资源，资源开发和利用的水平直接决定着综合实践活动课程实施的水平。

四 课程领导与管理："群众是真正的英雄"

综合实践活动课程实施的创生取向对课程领导与管理提出了更高更新的要求，因为课程实施过程实质上就是师生共同创造的过程。

第一，对教师领导而言，学校需要下放权力，解放教师，由教师消费课程走向创造课程。有学者将"课程"这一因素比作服饰，认为之所以市场上有的服饰被抢购，而有的被冷落，这一方面与使用者的喜好、实际需要、服饰的价钱、竞争对手有关，另一方面服饰本身的设计是否足够完美，能否发挥其所宣扬的作用，更为重要。[②] 的确，课程实施对象之于教师，犹如卖方与买方，实施过程犹如市场运作，

[①] 方小芳、李臣之：《Second life 应用于综合实践活动的可能与局限》，《教育研究与评论技术教育》2010 年第 2 期。

[②] 黄政杰：《课程设计》，台北：东华书局股份有限公司 1991 年版，第 413 页。

卖方货物的质量直接影响到买方购销的热情和数量。但是，课程实施绝对不像市场上买方与卖方的单纯关系那样，教师在实施课程的过程中不仅是"买"的过程，而且教师要准确解读课程纲要和标准的精神，立足学生生活和经验实际，对教材进行重构。反之，"课程"本身的谬误不仅会增加教师的工作负担，而且可能直接影响到教师的课程发展，进而对教师和学生的生活构成双重威胁。

第二，对学校而言，它应倡导分布式领导。分布式领导是20世纪90年代提出的一种新的领导理论，是分布于学校组织中的领导者、追随者和特定情境交互作用网络中的一种领导实践理论，它强调领导的实现是通过赋权、协作、分享、互惠、形成共同体等，是领导者与其他因素交互作用的结果，而不是领导者个人英雄主义行为的作用。当我们以这种领导方式在综合实践活动课程实施过程中发挥作用的时候，会给学校、团队、教师、学生带来新的变革，作为综合实践活动课程实施最为重要的组织者，教师需要重新看待这种课程领导方式对课程实施所带来的积极影响。赋权增能，共建共享应该成为综合实践活动实施的重要领导方式。

第三，地方教育当局对待教育发展的态度和方法，直接影响着课程实施的难度和水平。如果采用优先发展教育的策略，并将课程改革置于教育发展的核心地位上，对课程实施的经费和人力投入则可能会很大，课程实施就有了良好的基础。教师聘用制和校长聘任制的有效实施，则会明显地影响到教师和校长参与课程实施的紧迫感和积极性。师资队伍发展的体制是否合理，保障机制是否健全，会影响教师进修和提升的主动性和积极性。督导机制的科学化，可以有效地指引课程实施朝着科学的方向前进，否则重视"管"而不重视"理"的机制往往会使教师的创造性遭受毁灭性的打击。

第二章　综合实践活动课程内容与教学过程

对于实施者而言，欲深度推进课程实施，必须透彻理解"实施对象"，谙熟其教学过程。相对于学科课程而言，综合实践活动课程实施没有出台"课程标准"，也没有国定教材作为实施对象，《中小学综合实践活动课程指导纲要》既作为实施依据，又成为实施对象，然而，真正发生在师生交往过程中的实施对象则是"课程内容"，课程内容有待校本建构。同样，由于课程性质的特殊性，综合实践活动课程实施不可能照搬学科课程的教学过程，需要在借鉴一般教学过程的理论基础上，伴随着综合实践活动课程创生性实施过程的发生，升华其教学。

第一节　综合实践活动课程内容的规定性[①]

一般而言，课程目标、课程内容和学习活动方式是课程建构需要考虑的三个核心要素。没有课程内容，课程目标形同虚设；没有活动方式，课程内容则"孤掌难鸣"。内容建构是综合实践活动课程有效实施的关键和突破口。

[①] 本节内容参见李臣之、纪海吉《综合实践活动课程内容校本建构：地方文化的视觉》，《课程·教材·教法》2018 年第 11 期。具体内容有改动。

一 综合实践活动课程内容的基本性质

谈到"课程内容",就很容易联想到三种看法:课程内容即教材,课程内容是学习活动,课程内容是学习经验。这三种看法内在地反映出不同的知识观、课程实施过程观和课程本质观对课程内容的基本看法,综合实践活动课程是活动课程发展到新的历史阶段的产物,其基本性质与活动课程应当保持一致。活动课程所坚持的课程观可以被理解为促进学生发展的一切教育性经验的总和,而《中小学综合实践活动课程指导纲要》将综合实践活动课程定位为"跨学科的实践性课程",进一步强化了"综合运用多学科知识"和"在实践中学习"这类看法,这对综合实践活动课程内容的深化理解十分有助益。因此,综合实践活动课程内容可以被理解为促进学生发展的教育性经验的总和,重视综合性学习活动和多元学习经验。对其的理解可以从以下三方面做些延伸。

(一)充分尊重学习者在活动课程学习过程中的亲身经历和切身体会

这是由"实践性课程"的本质所决定的,因为综合实践活动既是特殊的课程形态,又是学习方式,具体包含探究学习、体验学习、交往学习、服务学习、游戏学习、观察学习、制作学习、创意学习等综合性学习方式。综合实践活动课程教学注重"过程",是过程的集合体。这一教学过程又是一个特殊的体验过程,强调体验过程与认识过程的互相转化,是经验的动态转化、意义建构的过程,是一个交往/交流的过程。①

(二)注重经历和体验过程中所伴随的直接经验和间接经验的互动对话过程

因为课程内容的基本性质是知识,它具有直接经验和间接经

---

① 李臣之:《综合实践活动课程教学过程论》,《课程·教材·教法》2006年第8期。

验两种形态,"任何形式的课程都必须包括一定的直接经验或间接经验。"① 综合实践活动课程为学习者提供了这两种经验动态转化的现场。

(三) 关注间接经验对活动学习过程的引导,以及学习者对间接经验的质疑、批判和发展

学生的活动学习不可能凭空发生,不可能如同空中楼阁,间接经验是学生解决问题的重要基础,学生在利用多学科知识解决生活问题的过程中获得直接经验,并伴随着对直接经验的质疑与批判甚至有所创新和创造。如果将综合实践活动课程与学科课程内容完全对立起来,认为学科课程内容指向间接经验,而综合实践活动课程内容与间接经验无关,将给综合实践活动课程实施带来莫大的风险。

二 综合实践活动课程内容的主要特点

综合实践活动课程的本质特点决定其内容的规定性。近20年来,人们对综合实践活动课程的本质特征进行了较为深入的探讨,主要表现为整体性、实践性、开放性、生成性、自主性、② 综合性、基于兴趣与直接经验、回归生活世界、立足实践、着眼创新、以研究性学习为主导的学习方式等特征。③ 所有这些本质特征均聚焦于"让儿童自由探究生活",这是对综合实践活动课程之本质的基本概括。④ 正是在这些特征的规定下,综合实践活动课程的内容也出现了与学科课程内容明显不同的特点。⑤

(一) 非控制性

人类在实践过程中不断积累和检验知识,以证明知识"有价值",

---

① 廖哲勋、田慧生:《课程新论》,北京教育科学出版社2003年版,第183页。
② 张华:《论"综合实践活动"课程的本质》,《全球教育展望》2001年第8期;郭元祥:《综合实践活动课程的基本规定》,《当代教育科学》2003年第4期。
③ 田慧生:《综合实践活动的性质、特点与课程定位》,《人民教育》2001年第10期。
④ 张华:《让儿童自由探究生活——兼论综合实践活动课程的本质》,《全球教育展望》2007年第4期。
⑤ 李臣之:《综合实践活动课程教学论》,广东高等教育出版社2007年版,第49—54页。

在不同时空背景下，由不同责任主体通过恰当的方式"慎重选择"知识，使之成为课程内容。因此，学科课程知识选择似乎是基于"控制性"的寻求。根据国家对人才培养的要求，遵循学生身心发展规律，责任主体从已有的"知识库"中选择适合各年级段学生发展需要的知识，按照一定的逻辑序列，将选择的知识分门别类，"装订成册"而成为"课本"。可见，课程内容的确定性当置于首位。

相比之下，综合实践活动课程没有国家确定的课本，课程内容生成也没有整齐划一的"章法"。综合实践活动课程内容囊括大自然、学生生活、社会生活中的许多人、事、物，甚至学科课程未涉及的经验领域。更加值得研究的是，尽管学科课程在教学过程中的内容与学科课程内容也可能会出现不完全一致性，却能够发现一些内在的"先后"关系或明显的"预设"与"增生"内容的界限，这一点亦可以从"教材"与"教学内容"之间的不同上窥知。但是，综合实践活动课程内容与教学内容之间的边界可能更加模糊，在教学过程中也有可能产生课程内容，这就使其课程内容的不确定性更加明显。在建构主义学习理论看来，"不确定性是渐进性和有机化适应的一个必要条件，因此也是生存性和建构性变化所具备的一个必要条件"①，没有不确定性，就没有新的选择。不确定性、非控制性、选择、建构和发展之间存在着不可分割的关系。正是由于非控制性的存在，才促使选择的发生；通过选择，才能建构；而通过建构所带来的变化，才能最终促进学生的发展。由此可见，非控制性为综合实践活动课程的学习方式创造了必要条件。

此外，学科课程内容往往受到相应年级段课程标准的"控制"，原本丰富的"世界"在进入课程后，显得十分"狭小"，如知识重点、难点的明确规定，知识呈现出顺序明确的"套路"，等等。比较而论，综合实践活动课程内容空间宏大，世界即教室，社会即资源，

---

① 卡林·诺尔—塞蒂纳：《制造知识：建构主义与科学的与境性》，东方出版社 2001 年版，第 19 页。

大自然包含着丰富的课程内容；网络空间是课堂，虚拟世界的信息也成为重要的学习内容。这些内容不分学科逻辑，不分年代远近，不分课内课外，更不分知识呈现的先后顺序，而是注重学生在主题活动过程中的发现、体验和感悟，从而使综合实践活动课程教学过程成为一个知识应用、建构和发现的丰富而开放的过程。

（二）场景性

学科课程内容从专家研发到学生获得体验，学到知识，大致呈现出一条纵向的层级关系。对应古德莱德（J. I. Goodlad）五层次课程，即理想的课程（ideological curriculum）、正式的课程（formal curriculum）、领悟的课程（perceived curriculum）、实行的课程（operational curriculum）、经验的课程（experiential curriculum）。正式的课程内容是预先经过反复研究、论证之后，由政府决定的产物。在课程内容决定的过程中，不需要考虑，也难以顾及每一所学校课程实施的现实情境（尤其是我国幅员辽阔，仅义务教育阶段学校 2017 年就达 21.89 万所[①]），更难以兼顾每一次学习活动的具体场景。即使是后面三个层次的课程实施，也有政府督导室和教学研究室（院）监督引导，必须开齐开足。基于课程标准，落实课程要求，是底线。

相比之下，综合实践活动课程内容建构的现场在学校，责任主体是教师，需要因地因校因生而制宜。国家出台《中小学综合实践活动课程指导纲要》，只从总体上规定综合实践活动课程的性质、理念、目标、活动方式与内容组织，以及学校对综合实践活动课程的规划与实施、课程管理与保障，其附件中虽然有推荐主题及其说明，但也仅仅是"推介主题"，而不是"规定"。《中小学综合实践活动课程指导纲要》还就"课程内容"特别强调，学校和教师要"基于学生发展的实际需求设计活动主题和具体内容""要引导学生把自己成长的环境作为学习场所"。因此，学校和教师有必要联合专家、社会行业人

---

① 统计数据来源于教育部发布的《2017 年全国教育事业发展统计公报》，数据未包括香港特别行政区、澳门特别行政区和台湾省。

士和家长，组建课程内容建设共同体，研究学生成长环境，协作寻找和开发适合学生发展的文化资源。建设综合实践活动课程内容也需要遵循课程开发规律，立足现实场景，采用科学方法，寻找可行之"程序"。诸如，开发和利用地方文化教育资源，从区域学生实际经验和生活出发等。如此便知甲地的综合实践活动课程内容与乙地的明显不同，甚至同一地区的甲校与乙校，或者不同类型的综合实践活动课程（如研学旅行），其内容也不尽相同。毕竟，不同的地区、学校有着不同的环境、历史、现实及学情。因而综合实践活动课程内容总是在一定场景中产生的，并在一定的场景中被学生所体验与接纳。

（三）跨学科性

学科课程内容指各门学科中既定的事实、观点、原理和问题等，它源于社会文化并随之发展。学科课程内容强调知识的学科逻辑和专门化，忽视知识的关联性和综合性；强调知识的抽象化，忽视知识的生活化和实用化；强调知识的授受，忽视师生对知识意义的理解和创生；强调知识的分类，忽视知识的完整性。因此，学科课程内容因为"分科"而割裂了学科之间的联系，不利于学生解决问题，尤其是复杂问题的解决。[①] 为此，诸如 STEM 课程、基于问题的学习（problem-based learning）、基于场景的学习（phenomenon-based learning）、有组织的项目学习（project-organized learning）、实践导向的学习（practice-oriented learning）等教学模式相继出现，旨在发展学生跨越学科边界、以整体的思维多角度思考和解决复杂问题的能力。

跨学科有不同解读，相关相近的英文表述有多学科（multidisciplinary）、学科间（cross disciplinary）、学科间（interdisciplinary）、超学科（transdisciplinary）。"多学科"意味着各个学科彼此并列，学科之间有界限。如围绕"蝴蝶"做多学科主题活动：在语文课上朗读与蝴蝶有关的小诗，在数学课上计算与蝴蝶有关的题目，在美术课上画

[①] 李臣之、郭晓明、和学新、张家军：《西方课程思潮研究》，台北：五南图书出版公司 2017 年版，第 35—40 页。

蝴蝶，在音乐课上唱有关蝴蝶的歌，学生以不同的学科观点考察蝴蝶这一主题，不追求各观点之间的联系。"跨学科意味着整合"，鼓励学生把不同学科或不同学科组中所学到的知识、理解、技能和态度整合在一起，从而加深和丰富知识。① 综合实践活动课程实施中的跨学科实际上也可以分为两种水平：一是多学科意义上初级水平的跨学科，二是高级水平上以"概念"为统领以体现学科间内在联系的学科。从小学到高中随着年级的递增，高水平的跨学科实践越来越丰富，对学科概念的理解水平越来越高。

综合实践活动课程以"回归生活世界、运用学科思维、践履社会责任"为价值追求②，以"形成并逐步提升对自然、社会和自我之内在联系的整体认识"为总目标（《中小学综合实践活动课程指导纲要》），追求学生丰富的实践经验的获得，这些追求显然不是依赖某一学科知识就能够实现的。值得注意的是，《中小学综合实践活动课程指导纲要》对于综合实践活动课程"内容选择和组织原则"的描述，尤为强调"开放性"和"整合性"，并做出了相应的规定。其开放性体现在学生的"整个生活世界"方面，要求教师从学生经验、兴趣和专长出发，"打破学科界限，选择综合性活动内容，鼓励学生跨领域、跨学科学习"，以"不断拓展活动时空和活动内容"，使学生获得不断发展。其整合性强调以"促进学生的综合素质发展"为核心，均衡考虑学生与自然、他人和社会、自我的关系。此外，从方式上而言，《中小学综合实践活动课程指导纲要》所涉及的"问题解决"和"创意物化"，如果离开了"跨学科"，学生在综合实践活动过程中也很难做到"关注自然、社会、生活中的现象，深入思考并提出有价值的问题……能主动运用所学知识理解与解决问题"，很难"通过

---

① 夏雪梅：《项目化学习设计：学习素养视觉下的国际与本土实践》，教育科学出版社 2018 年版，第 187 页。
② 张华：《体现时代精神的综合实践活动课程：理念与实践》，《人民教育》2017 年第 22 期。

设计制作或装配的制作和不断改进较为复杂的制品或用品发展实践创新意识和审美意识,提高创意实践能力"。一言以蔽之,没有跨学科知识的综合运用,综合实践活动课程理念很难落地,目标很难达成。但是,也正是因为综合实践活动课程内容的跨学科性,其教学有着学科课程所没有的明显的复杂性,这对于传统的分科型教师和学校课程领导都是一个巨大的挑战。

第二节　预设内容校本调适的可能空间[①]

2017 年 9 月 25 日,教育部印发了《中小学综合实践活动课程指导纲要》,这是我国基础教育课程改革的重要突破,标志着综合实践活动课程实施步入新的时代。综合实践活动课程实施不仅有了国家政策依据,而且对"课程内容"这一影响课程实施的关键因素有了明确的要求。近 20 年的综合实践活动课程一线教师因苦于"巧妇难为无米之炊"而步履维艰,此次《中小学综合实践活动课程指导纲要》考虑到综合实践活动课程的自主性和开放性,在明确"基于学生发展的实际需求"这一原则的同时,在其附录部分提供了与四大活动方式相匹配的 152 个活动主题供学校参考。学校是学生学习活动发生的主要场所,综合实践活动课程内容建构的确需要落实到学校课程领导方面,采用恰当的策略,建构学校层面活动体系,透过教师的创意转化进行创新性实施,方能同学生的体验与获得建立有意义的联结,这是由综合实践活动课程内容的特殊规定性以及预设主题的非完全适应性所决定的。

一　调研设计

活动主题,作为综合实践活动课程内容载体,不仅内在地体现了

[①] 课程与教学论专业研究生纪海吉、阮沁沙、邓智虎参与了此次调查并撰写调查报告。

综合实践活动课程内容的实质性内涵，而且规定其学习活动方式选择的指向性。因此，"主题的选择恰当与否直接影响着活动能否顺利开展以及最终活动乃至课程实施的效果"①。探究综合实践活动课程内容，无论如何也离不开对活动主题的审视与考量。《中小学综合实践活动课程指导纲要》明确提出："学校和教师要根据综合实践活动课程的目标，并基于学生发展的实际需求设计活动主题和具体内容，并选择相应的活动方式。"该指导纲要推介了152个活动主题供学校实施参考，为考察这些推荐主题在学校层面可能的调整空间，将这些主题转化为问卷，调查不同学段的学生对于这些主题的看法和兴趣水平。

（一）研究目的和对象

根据《中小学综合实践活动课程指导纲要》中考察探究、社会服务、设计制作和职业体验四种活动方式所给定的小学、初中、高中阶段的活动主题，对不同性别、不同年龄以及不同年级的学生在活动主题兴趣水平上进行对比分析，考察中小学学生对推荐主题以及活动方式兴趣的总体水平。

笔者以东莞、广州、深圳市小学3—6年级学生、初高中学生作为研究对象，采用随机抽样，小学共发放问卷571份，回收有效问卷541份，有效率为94.75%；中学发放问卷1500份，回收问卷1007份，其中初中生问卷448份，有效问卷287份，有效率为64.06%；回收高中生问卷559份，有效问卷464份，有效率为83.01%；在学生版问卷中，样本的统计特征包括性别、年级、年龄、最喜欢的学科。

本问卷根据《中小学综合实践活动课程指导纲要》附件"中小学综合实践活动推荐主题汇总"内容编制而成，分为研究对象的基本情况及正式问卷两个部分，问卷内容主要涵盖3—12年级的学生，共

---

① 田慧生：《综合实践活动课程的理论探索与实践反思》，教育科学出版社2007年版，第139页。

152 个问题。考虑到学生群体的年龄特征，运用 SPSS 24.0 进行数据分析。

（二）信效度分析

笔者采用 Cronbach's α 系数进行信度分析，小学版问卷内部一致性 Cronbach's α 为 0.935。考察探究、社会服务、设计制作和职业体验四个分维度的信度分别为 0.845，0.882，0.894 和 0.869，显示内部一致性良好。经过 KMO 检验，得到整个问卷的 KMO 值为 0.901，大于 0.5，Bartlett 检验的近似卡方值为 13167.538，显著性 P 值为 0.000。初中学生版问卷整体内部一致性 α 系数为 0.957，考察探究活动、社会服务活动、设计制作活动、职业体验及其他活动四个分维度的信度分别为 0.866，0.845，0.927 和 0.904。初中教师版问卷整体内部一致性 α 系数为 0.974，考察探究活动、社会服务活动、设计制作活动、职业体验及其他活动四个分维度的信度分别为 0.885，0.794，0.955 和 0.934。高中学生版问卷整体内部一致性 α 系数为 0.913，考察探究活动、社会服务活动职业体验及其他活动三个分维度的信度分别为 0.829，0.798 和 0.809。高中教师版问卷整体内部一致性 α 系数为 0.900，考察探究活动、社会服务活动职业体验及其他活动三个分维度的信度分别为 0.824，0.819 和 0.711。四份问卷的 α 系数都显示出内部一致性良好。

二 调研结果与讨论

本问卷主要体现受调查学生对推荐主题所对应活动方式的兴趣总体水平，以及对推荐活动主题的兴趣水平。

（一）受调查学生对推荐主题所对应活动方式兴趣的总体水平

从表 2-1 的数据可知，受调查小学生对综合实践活动方式的总体兴趣水平的平均值为 2.20。考察探究、社会服务、设计制作（包括信息技术和劳动技术）和职业体验四种活动方式的兴趣平均值依次为 2.20，2.12，2.23 和 2.25，均在 2.00 以上，其中职业体验的兴趣平均值最高,其次是设计制作,再次是考察探究,最后是社会服务。由此可知,小学生对四种指定综合实践活动方式的兴趣总体水平高低依次为:职业体验>设计制作>考察探究>社会服务。表2-2的数据表明初中生对各个主题的具体兴趣水平平均值。

表2-1　小学生对综合实践活动方式兴趣的总体水平

活动方式	主题数量	平均值（M）
考察探究	15	2.20
社会服务	7	2.12
设计制作	24	2.23
职业体验	12	2.25
总体	58	2.20

表2-2　初中生对综合实践活动方式兴趣的总体水平

活动方式	主题数量	平均值（M）
考察探究活动	11	3.72
社会服务活动	6	3.69
设计制作活动	25	3.91
职业体验及其他活动	13	3.67
总体	55	3.79

据表2-2可知,受访初中学生对综合实践活动方式的总体兴趣水平均值为3.79,可见,初中学生的总体兴趣和热情处于中等偏上水平。

初中学生对考察探究活动、社会服务活动、设计制作活动、职业体验及其他活动的兴趣水平均值分别为3.72,3.69,3.91和3.67,均属于较高水平。其中,初中学生对设计制作活动的兴趣均值最高,其次是考察探究活动、社会服务活动和职业体验及其他活动。由此可见,初中学生对四种指定综合实践活动方式有着较高的兴趣,同时,初中生对四种活动方式兴趣程度的高低顺序依次为：设计制作活动＞考察探究活动＞社会服务活动＞职业体验及其他活动。

表2-3　　　　高中生对综合实践活动方式兴趣的总体水平

活动方式	主题数量	均值（M）
考察探究活动	12	3.63
社会服务活动	6	3.43
职业体验及其他活动	9	3.77
总体	27	3.64

据表2-3可知，受访高中学生对综合实践活动方式的总体兴趣水平均值为3.64，可见，高中学生的总体兴趣也处于中等偏上水平。高中学生对考察探究活动、社会服务活动、职业体验及其他活动的兴趣均值分别为3.63，3.43和3.77，均处于较高水平。其中，高中学生对职业体验及其他活动的兴趣均值最高，其次是考察探究活动，最后为社会服务活动。由此可见，高中学生对三种指定综合实践活动方式有着较大的兴趣，高中生对三种活动方式兴趣程度的高低顺序依次为：职业体验及其他活动＞考察探究活动＞社会服务活动。

（二）受调查学生对推荐主题的兴趣水平

1. 小学生对综合实践活动主题的兴趣

如表2-4所示，总体而言，除了"我做环保宣传员""学校和社会中遵守规则情况调查"这两个活动主题外，小学生对推荐的其他的综合实践活动主题兴趣水平平均值均在2.00以上。"学做简单的家常菜""我也能发明""走进博物馆、纪念馆、名人故居、农业基地""关爱身边的动植物"以及"带着问题去春游（秋游）"这五个活动主题兴趣平均值均在2.40及以上，"我做环保宣传员""学校和社会中遵守规则情况调查"这两个活动主题的兴趣平均值均低于2.00。

表2-4   小学生对综合实践活动主题兴趣的平均值

综合实践活动主题	均值（M）	标准差（SD）
1. 学做简单的家常菜	2.46	0.70
2. 我也能发明	2.44	0.69
3. 走进博物馆、纪念馆、名人故居、农业基地	2.44	0.72
4. 关爱身边的动植物	2.43	0.68
5. 带着问题去春游（秋游）	2.40	0.75
6. 镜头下的美丽世界	2.39	0.72
7. 创意设计与制作（玩具、小车、书包、垃圾箱等）	2.38	0.75
8. 魅力陶艺世界	2.38	0.73
9. 巧手工艺坊	2.37	0.74
10. 过我们10岁的生日	2.37	0.74
11. 创意木艺坊	2.36	0.74
12. 我们的传统节日	2.35	0.71
13. 零食（或饮料）与健康	2.34	0.71
14. 生活中的小窍门	2.34	0.70
15. 三维趣味设计	2.34	0.74
16. 我喜爱的植物栽培技术	2.32	0.76
17. 设计制作建筑模型	2.31	0.74
18. 来之不易的粮食	2.31	0.70
19. 我是尊老敬老好少年	2.30	0.72
20. 我是小小养殖员	2.30	0.73
21. 网络信息辨真伪	2.28	0.76
22. 手工制作与数字加工	2.28	0.72
23. 找个岗位去体验	2.27	0.75
24. 奇妙的绳结	2.26	0.74
25. 程序世界中的多彩花园	2.25	0.74
26. 趣味编程入门	2.24	0.75
27. 红领巾爱心义卖行动	2.23	0.74
28. 创建我们自己的银行（如阅读、道德、环保）	2.22	0.74
29. 今天我当家	2.22	0.75
30. 数字声音与生活	2.21	0.75

续表

综合实践活动主题	均值（M）	标准差（SD）
31. 我是电脑小画家	2.20	0.78
32. 红领巾相约中国梦	2.18	0.74
33. 学习身边的小雷锋	2.18	0.73
34. 走进爱国主义教育基地、国防教育场所	2.18	0.73
35. 信息交流与安全	2.17	0.75
36. 生活中的工具	2.16	0.70
37. 我看家乡新变化	2.16	0.71
38. 跟着节气去探究	2.14	0.69
39. 家务劳动我能行	2.13	0.67
40. 校园文化活动我参与	2.13	0.70
41. 我是信息社会的原住民	2.12	0.76
42. 简易互动媒体作品设计	2.12	0.73
43. 家乡特产的调查与推介	2.11	0.73
44. 生活垃圾的研究	2.10	0.73
45. 节约调查与行动	2.10	0.67
46. 我是非遗小传人	2.09	0.76
47. 走进立法司法机关	2.09	0.76
48. 合理安排课余生活	2.08	0.74
49. 电脑文件的有效管理	2.05	0.77
50. 安全使用与维护家用电器	2.05	0.71
51. 我的电子报刊	2.05	0.74
52. 我是校园志愿者	2.04	0.72
53. 打字小能手挑战赛	2.04	0.76
54. 社区公益服务我参与	2.03	0.71
55. 演示文稿展成果	2.03	0.77
56. 我是校园小主人	2.00	0.72
57. 我做环保宣传员	1.96	0.73
58. 学校和社会中遵守规则情况调查	1.96	0.73

从表2-4不难看出，受调查学生对推荐主题均有一定程度的认同，这说明从国家角度统一提出一些主题，对于学校实施综合实践活动课程有一定的参考价值和借鉴意义。尤其是对于一些缺乏综合实践

活动课程实施经验的学校，可以充分利用这些主题，或者在这些主题的基础上做相应调整和转化。总体而言，四年级和五年级对这些主题的兴趣水平最高，三年级其次，六年级再次。具体原因有待进一步透过深度访谈、观察多方求证。

仅就表2-4的数据来看，兴趣水平平均值达到80%以上的主题仅有5个（见表2-4主题1-5）。这些主题如"学做简单的家常菜""我也能发明""带着问题去春游（秋游）"很容易激发学生的活动欲望。但是，兴趣水平平均值不到70%的活动主题有11个（见表2-4主题48—58），其缘由仍值得琢磨，比如"合理安排课余生活""电脑文件的有效管理"这两个主题所涉及的具体活动方式略显单一；"演示文稿展成果""打字小能手挑战赛"之类的活动主题缺乏想象与探究空间，内容有些单调；"安全使用与维护家用电器""我的电子报刊""我做环保宣传员""学校和社会中遵守规则情况调查"之类的主题表述缺乏童趣，活动内容也可能枯燥乏味，难以激发学生参与的动机。

2. 初中生对综合实践活动主题的兴趣

如表2-5所示，总体而言，学生对所推荐的综合实践活动主题兴趣水平平均值均在3.00以上。"中西方餐饮文化对比""探究营养与烹饪""3D的设计与打印技术的初步应用""开源机器人初体验""参与禁毒宣传活动""中学生使用电子设备的现状调查""体验物联网""毕业年级感恩活动""中学生体质健康状况调查""基于激光切割与雕刻的创意设计""身边环境污染问题研究""制作我的动画片"这12个活动主题兴趣水平平均值均高于4.00，平均值达到80%以上。"'信息社会责任'大辩论""策划校园文化活动""制定我们的班规班约""种植养殖什么收益高""农事季节我帮忙""举行大队建队仪式""秸秆和落叶的有效处理""当代老年人生活状况调查"这8个活动主题的兴趣水平平均值均低于3.50，平均值在70%以下。这些活动主题留给学生的自主空间较小，与初中生生活有一定的距离，难以激发学生的学习兴趣。

表2-5　　　初中学生对综合实践各推荐主题兴趣的均值

推荐主题	均值	标准差
中西方餐饮文化对比	4.39	0.968
探究营养与烹饪	4.26	0.937
3D的设计与打印技术的初步应用	4.25	1.067
开源机器人初体验	4.18	1.045
参与禁毒宣传活动	4.18	0.972
中学生使用电子设备的现状调查	4.06	1.134
体验物联网	4.05	1.121
毕业年级感恩活动	4.05	1.081
中学生体质健康状况调查	4.04	1.078
基于激光切割与雕刻的创意设计	4.03	1.107
身边环境污染问题研究	4.01	1.039
制作我的动画片	4.00	1.119
家乡的传统文化研究	3.97	1.085
设计制作个性化电子作品	3.97	1.095
用计算机做科学实验	3.95	1.177
生活中的仿生设计	3.95	1.127
二维三维的任意变换	3.95	1.205
"创客"空间	3.95	1.149
立体纸艺的设计与制作	3.94	1.139
智能大脑——走进单片机的世界	3.92	1.105
走进程序世界	3.91	1.216
我是平面设计师	3.91	1.120
家乡生物资源调查及多样性保护	3.90	1.092
摄影技术与电子相册制作	3.90	1.139
带着课题去旅行	3.86	1.201
模型类项目的设计与制作	3.85	1.078
组装我的计算机	3.85	1.231
职业调查与体验	3.85	1.149
民族节日联欢会	3.84	1.193
创作神奇的金属材料作品	3.83	1.173
交通秩序我维护	3.82	1.072

续表

推荐主题	均值	标准差
寻访家乡能人（名人）	3.76	1.140
组建家庭局域网	3.75	1.225
生活中工具的变化与创新	3.75	1.143
多彩布艺世界	3.74	1.175
做个养绿护绿小能手	3.73	1.122
我是服装设计师——纸模服装设计与制作	3.70	1.288
举办我们的"3·15"晚会	3.68	1.261
举行建团仪式（14岁生日）	3.65	1.214
军事技能演练	3.64	1.341
现代简单金木电工具和设备的认识与使用	3.60	1.190
我为社区做贡献	3.56	1.163
走进敬老院、福利院	3.54	1.159
社区（村镇）安全问题及防范	3.53	1.196
数据的分析与处理	3.53	1.251
少年团校	3.52	1.229
走近现代农业技术	3.51	1.292
"信息社会责任"大辩论	3.48	1.226
策划校园文化活动	3.44	1.221
制定我们的班规班约	3.43	1.336
种植养殖什么收益高	3.32	1.186
农事季节我帮忙	3.29	1.228
举行大队建队仪式	3.29	1.275
秸秆和落叶的有效处理	3.29	1.108
当代老年人生活状况调查	3.14	1.229

3. 高中生对综合实践活动主题的兴趣

就表2-6数据来看，兴趣水平平均值达到80%以上的主题仅有7个。它们是"食品安全状况调查""高中生考试焦虑问题研究""18岁成人仪式""关注中国领土争端""高中生生涯规划""我的毕业典礼我设计""清洁能源发展现状调查及推广"这些主题容易激发学生的探究动机。但是，兴趣水平平均值不到70%的活动主题有10个，占全部高中推荐主题的37%，比例较高。可能与推荐主题的适应面窄有关系,如"做农业科技宣传员""农业机械的发展变化与改进""走进军营",值得进一步深化研究。

表2-6　　高中学生对综合实践各推荐主题兴趣的均值

推荐主题	均值	标准差
食品安全状况调查	4.25	0.960
高中生考试焦虑问题研究	4.21	0.967
18岁成人仪式	4.17	1.103
关注中国领土争端	4.14	0.958
高中生生涯规划	4.09	1.057
我的毕业典礼我设计	4.09	1.108
清洁能源发展现状调查及推广	4.07	1.009
扶助身边的弱势群体	3.97	0.981
创办学生公司	3.96	1.105
研学旅行方案设计与实施	3.87	1.17
中学生网络交友的利与弊	3.73	1.105
制定自然灾害应急预案及演练	3.64	1.079
走进社会实践基地	3.64	1.199
关注知识产权保护	3.62	1.079
参与公共文化服务	3.58	1.003
做普法志愿者	3.55	1.097
家乡生态环境考察及生态旅游设计	3.50	1.094
家乡土地污染状况及防治	3.44	1.035
社区管理问题调查及改进	3.43	1.070
家乡交通问题研究	3.41	1.014
考察当地公共设施	3.28	1.040
家乡交通问题研究	3.22	1.090
走进军营	3.18	1.376
业余党校	3.04	1.177
农业机械的发展变化与改进	3.04	1.131
赛会服务我参与	3.03	1.057
做农业科技宣传员	3.03	1.033

(三) 如何看待推介活动主题

1. "不是硬性规定"

由于综合实践活动是"从学生的真实生活和发展需要出发，从生活情境中发现问题，转化为活动主题"（《中小学综合实践活动课程指导纲要》），而不同地方、不同学校学生的生活环境存在着不同程度的差异，同一所学校不同学生也存在着差异，从这种意义上说，活动主题的选择需要尊重地区、学校甚至学生的具体性和差异性。进而，由于学生在活动过程中随着对主题意义的认知、活动学习环境的改变，即使学生当下认同的活动主题，在活动展开过程中也会发生兴趣增减，学生可能会放弃曾经选择的主题，而喜欢上在活动过程中发现的新的有价值的主题。因此，大凡预设活动主题，一旦落实到具体的实施环境，终究有调整的可能。至于是调整主题还是主题目标、内容、活动方式等，就需要具体问题具体分析了。对此，《中小学综合实践活动课程指导纲要》在其推荐主题"附录说明"中，也特别强调"不做硬性规定""仅供学校选择参考"，学校"根据实际情况灵活选择"，为学校层面综合实践活动课程内容建构留出了空间。但如果假设国家层面放弃推荐具体的活动主题，代之以活动领域推荐，并详细描述各活动领域的课程"标准"，进而将具体活动主题的推荐留给地方，那么效果将会怎样？显然，这有待进一步验证。实际上，关于活动主题的确立，不同课程责任主体始终在处理预设与生成的关系，尽管这并不是一件容易的事情。

2. 再设计是必要的

综合实践活动课程真正的学习内容是学生基于自己的生活经验、兴趣而生发的探究问题或主题。① 与 2001 年《国家基础教育课程改革指导纲要（试行）》中关于综合实践活动课程的相关规定相比，2017 年《中小学综合实践活动课程指导纲要》对于综合实践活动主

---

① 李树培：《综合实践活动课程核心素养与评价探析》，《全球教育展望》2016 年第 7 期。

题进行了明确的推荐。由于中小学校的具体性和差异性，综合实践活动课程内容具有浓郁的本土特点。因此，学校层面综合实践活动主题需要实现校本转化与活动过程的再生。"推介主题"是此次中小学综合实践活动主题设计在国家层面上的一大显著特点。《中小学综合实践活动课程指导纲要》从法定意义上为地方和学校课程规划与设计综合实践活动主题提供了依据。综合实践活动课程的性质和特点也决定其课程内容不可能有全国统一的规定。但对没有推荐的主题，地方和学校也失去了参考的依据和在学校及地方层面规划与设计活动主题的拐杖。相对推介活动主题而言，地方和学校都可以结合自身实际进行二次转化。正如《中小学综合实践活动课程指导纲要》所忠告的："列出的主题均有一定弹性，难度可深可浅，时间可长可短。有些主题在不同学段都可以实施，这里只呈现在某一学段，学校可根据实际情况灵活选择和安排。""表中所推荐的活动主题不做硬性规定，仅供学校选择参考。学校可结合实际开发更贴近当地学生生活、富有特色的活动。"从此意义上讲，综合实践活动课程实施需要"忠实遵循"这一忠告。

第三节 基于地方文化的综合实践活动课程内容体系校本建构[①]

学校是教育改革真实发生的现场。"任何教育改革如未真正融入学校并触及教学都难以真正惠及学生，而不能使学生投身学习并从学习中受益则是学校教育的失败。"[②]《中小学综合实践活动课程指导纲要》明确指出："中小学校是综合实践活动课程规划的主体，应在地

---

① 本节内容参见李臣之、纪海吉《综合实践活动课程内容校本建构：地方文化的视觉》，《课程·教材·教法》2018年第11期。具体内容有改动。
② 史静寰、王文：《以学为本，提高质量，内涵发展：中国大学生学情研究的学术涵义与政策价值》，《华东师范大学学报》（教育科学版）2018年第4期。

方指导下，对综合实践活动课程进行整体设计。"因此，学校需要结合自身历史、现实基础、未来愿景以及地方文化，对综合实践活动课程予以统筹规划。"学校需要对综合实践活动作整体规划，认真评估社区参与、教师资源、地方资源、学生需求、学校规模、教育督导、硬件设备等因素，系统分析优势与劣势、机遇与挑战，并在此基础上设计实施思路，把综合实践活动的开展与学校整体的改革举措紧密相连。只有对综合实践活动与学校各项改革作整体关注，综合实践活动的开展才能成为学校文化重建的契机，从而带动整个学校文化的变革。"[1]

一 将地方文化作为综合实践活动课程内容的重要原料和精神营养

（一）地方文化教育课程的价值

地方文化具有课程价值[2]，可以缩小学生与活动之间的距离。将地方文化融入课程实施，既有利于地方文化传承，又对活化课程有重要价值。英国文化人类学创始人布罗尼斯拉夫·马林诺夫斯基指出："文化不是自给自足的存在物，而是人类生活之手段，要理解一种文化，重要的不是关注文化的形式，而是它的功能。"[3] 教育部《关于印发〈完善中华优秀文化教育指导纲要〉的通知》指出："加强中华优秀传统文化教育，是培育和践行社会主义核心价值观，落实立德树人根本任务的重要基础。"作为中华优秀传统文化的有机组成部分，地方优秀文化对于培养乡土情怀、家国认同感有着重要价值，同时也为综合实践活动课程内容增添了鲜活养料和营养。综合实践活动课程内容既要有一般性、现代性，也要有民族性、地方性和国际性。

---

[1] 钟启泉、安桂清：《综合实践活动课程：实质、潜力与问题》，《北京大学教育评论》2003年第3期。

[2] 李臣之、王虹、董志香：《地方文化的课程价值刍议》，《教育科学研究》2014年第9期。

[3] ［英］马林诺夫斯基：《文化论》，费孝通译，华夏出版社2002年版，第15—18页。

因为综合实践活动课程实施作为一种教育哲学实践，它强调学习是主动活动，学习的载体不是传统意义上的教科书或教材，而是实践过程本身。将陪伴学生成长的地方文化纳入综合实践活动课程内容，将会缩小学生与活动之间的距离，使活动更加亲近学生，从而提高学生学习的主动性，培养学生探究能力，浸润乡土气息，涵养文化底蕴。学校将地方文化作为综合实践活动课程内容建构的重要素材和营养，通过课程协商共生，建设适合学校现实条件，体现学生发展需求的活动体系，这既是国家课程政策的要求，也是地方和学校建设综合实践活动课程的实际需要。可以说，学校对地方文化的关照程度，直接决定着综合实践活动课程活动体系、主题设计与生成。

（二）统整创新甚至创生地方文化

地方文化浸入综合实践活动课程内容，并不是简单的拼接、嵌入，或硬塞到综合实践活动课程里，使之杂糅、搀和，而是一种统整、创新，甚至创生的过程。地方文化浸入综合实践活动课程内容不是为了文化而文化，而是通过科学合理地教育学筛选，透过深度融合，让地方文化有机地浸入综合实践活动课程，使师生在课程内容建构过程中充分发挥主观能动性，培养其综合素养和关键能力。我们在开展"地方优秀文化与综合实践活动课程深度融合研究"的过程中，鼓励学校结合自身教育环境，探索基于地方文化的综合实践活动课程内容体系。广州市番禺区洛浦中心小学在综合实践活动课程校本开发中抓住大石地区丰富的端午文化资源，对其进行整合、创新、分层，以主题教育活动的形式进行重新设计，形成了以"端午文化"为主题的课程内容系列，成功地将端午文化融入学校综合实践活动课程内容里，① 各班根据规划的主题开展系列综合实践活动。以主题活动"浓情相约端午节"为例。通过说端午节的由来、传说和习俗，唱端午节的歌曲，演端午节的舞蹈和小品，诵端午节诗词，画端午节，赛

---

① 广州市番禺区洛浦中心小学参与作者主持的课题研究。

自制龙舟，展示自己制作的香袋，品尝自己包的粽子等一系列活动，将音乐、体育、美术、信息技术、语文等多门学科有机整合，激发了学生的学习兴趣，使他们在一种广泛的文化背景下整体感受端午，丰富了创造美、表现美、欣赏美的能力与素养。同时，注重开发多种活动形式，如与学校文化节相整合，组织开展全校"最美端午"嘉年华活动；与学校科技节相融合将传统文化与科技元素相结合，如《未来的龙船》现场绘画、"龙舟竞渡"现场龙舟制作、"万水千山粽有情"现场包粽子、"亲情香包"现场制作、"快乐端午"现场橡皮泥活动等。这些活动使学生在体验传统民俗的同时充分展示自己，有益于学生感知民俗活动的丰富性，继承和弘扬民族传统精神，锻炼和培养创新能力，增强民族情感，促进学生素质的全面发展。

二　综合实践活动课程内容的结构

这里将综合实践活动课程内容的结构分为形式结构和实质结构两个维度分别进行考察，因为内容决定形式，形式反映内容。

（一）综合实践活动课程内容的形式结构

《中小学综合实践活动课程指导纲要》指出，学校要"对学年、学期活动做出规划，要使总体实施方案和学年（或学期）活动计划相互配套、衔接，形成促进学生持续发展的课程实施方案。"这实际上是对综合实践活动课程体系的形式结构提出了要求。综合实践活动课程内容不仅要贴近学生生活、经验及本土文化，而且不能脱离学生认知水平，要使活动内容适合学生的年龄特征和发展阶段需求。此外，也要考虑到不同学段之间的有机衔接。小学低段活动设计应注意同幼儿园的活动内容相衔接，初中活动规划则需要注意同小学六年级和初中一年级活动内容的关联，而高三年级的活动则要为大学学习与生活奠基。总体上，随着学习年级的递进，活动难度逐渐加大，活动水平逐步提高。各主题活动之间也要有"跨度"，有一定的挑战性，让学生"跳一跳能摘到"，借此保障学生持续活动的动力。

台湾云林县成功小学，让学生走进紫斑蝶的世界，在校园、野外和街头上学习，"跨越学术文化和通俗文化的疆界，将通俗文化放进课程内，让学生阅读、思考、解构基本假定和知识叙说，找寻新的、更多的可能性。"① 最终让一所原本将被裁并、仅有 36 名学生的"迷你小学"，因为紫斑蝶而改变了命运，紫斑蝶成为学校的"救命恩人"。欧用生教授对此大为赞叹，认为学生在这些综合活动中不仅学到了紫斑蝶的有关知识，养成收集数据、归纳、整理、沟通、发表等能力，而且学习到了自主思考、解决问题、采取行动的能力。在本案例中，低年级段的课程设计考虑到幼小衔接，采用艺术创作的形式来激发学习兴趣，了解紫斑蝶的外观、种类、习性等，从三年级的"蝶蝶壮壮"开始训练资料整理能力，四年级开展"饲养斑蝶"活动，训练学生观察分析问题的能力；五年级借助"蝶来蝶去"训练调查和统计，以专题报告的方式提升学生对紫斑蝶种类更深一层的认识。六年级则注重专题报告，理解个人与环境的相互关系，培育关怀社会与自然环境的情感与责任（见表 2-7）。

表 2-7　　　　台湾云林县成功小学综合活动系列

	一年级	二年级	三年级	四年级	五年级	六年级
活动流程	知识启动期		行动学习期			多元展能期
活动主题	"查找紫斑蝶季""认识紫斑蝶的种类""蝴蝶精灵就是我""紫蝶巧手捏""大地蝶影"		"蝶蝶壮壮""我是名侦探"	"饲养斑蝶"	"蝶来蝶去""彩蝶比翼双双飞""紫蝶标掌"	"小小生态向导""紫斑蝶专题活动"

资料来源：欧用生：《台湾农村小学校本课程改革的省思——追求农村小校的核心价值》，《西南大学学报》（社会科学版）2010 年第 3 期。

---

① 根据欧用生论文《台湾农村小学校本课程改革的省思——追求农村小校的核心价值》[《西南大学学报》（社会科学版）2010 年第 3 期] 中的相关内容整理而成。

成功小学基于紫斑蝶文化，设计出从小学一年级到六年级的系列综合活动。分三个学习期，逐期提升活动水平和要求，同各学习领域的能力指标相结合，透过紫斑蝶活动成功地发展了学生多方面的能力。这套课程被欧用生教授称为"兼顾继续性、程序性和统整性，是很不错的螺旋状课程"[①]。

常州市实验小学依据学生年龄特点、知识储备、兴趣爱好，依托学校多年来各年级"活动主题资源库"，以及近年来常规性主题活动实施情况，整体上注重"学校文化"和"课程目标"的相互渗透、互相融合，各年级有所侧重，对本校综合实践活动主题进行统筹规划（见表2-8），并建议师生进行"二度开发"。这一活动形式值得借鉴。

表2-8　　常州市实验小学综合实践活动课程规划框架

实施年级	渗透学校文化	体现课程目标（年级侧重）	推荐研究主题	研究主题开发范例
三年级	亲近自然 分享和谐	通过对自然、生命类主题的研究，引导学生主动亲近周围的自然环境、热爱自然、亲近自然、了解自然，初步形成自觉保护自然环境、与自然和谐相处的意识和能力	神奇的动物 昆虫世界探秘 神奇的恐龙世界 奇妙的植物世界 校园里的年长者——银杏树 地球上的生命之最 神奇的宇宙 神秘的海洋 生命之源——水 校园绿化情况调查 走进濒临灭绝的动物 人类对自然的破坏行为有哪些	【神奇的动物】 蚯蚓的生命力到底有多强 动物中的环境美容师 动物的自我保护本领 动物气象员 青蛙吃死虫子吗 昆虫的眼睛 动物的特殊本领 蚂蚁的秘密 体验养蚕

---

① 欧用生：《台湾农村小学校本课程改革的省思——追求农村小校的核心价值》，《西南大学学报》（社会科学版）2010年第3期。

续表

实施年级	渗透学校文化	体现课程目标（年级侧重）	推荐研究主题	研究主题开发范例
四年级	亲近历史 分享文明	通过对历史文化类主题的研究，引导学生主动走进历史、民俗、文化，继承先辈勤劳、勇敢、讲文明、懂礼仪的优良品质，拓展视野，激发学生与历史分享文明的自觉性，养成勤奋、积极的生活态度	走进家务劳动 我与好书交朋友 走进家乡——常州 各民族的风土民情 世界各国迎宾习俗 丰富多彩的饮食文化 桥文化集锦 中国古代四大发明 金字塔的秘密 文字的演变历史 各种各样的宝塔 "二战"故事知多少 大国崛起——转折性事件集锦 司马迁与《史记》 走进《水浒传》	【走进家务劳动】 跟踪调查：妈妈一天的家务劳动 校园调查：一周中你做了哪些家务劳动 社会调查：家乡"家政服务业"现状调查 练一练：学做家务劳动 学会用洗衣机洗衣物 学会择菜和洗菜 学会做饭做菜 学会整理房间 学会使用家用电器 露一手 制作水果拼盘 学做一道凉拌菜 今天我当家 交流收获与感受
五年级	亲近社会 分享责任	通过对环境类、社会问题类课题的研究，引导学生通过实践、考察等途径，了解周围社会环境，自觉遵守社会行为规范，提高社会沟通能力，养成初步服务社会的意识和对社会负责的态度	让"家园"更美 家乡的水资源调查 环境污染的危害 生活中废弃物的处理与利用 身边的环境污染知多少 私家车增多的利与弊 争当理财小能手 市民陋习与城市形象 生活中的浪费现象知多少 我们吃得放心吗 关于出租车站设置问题研究 交通安全伴我行 饲养动物的利与弊 小学生上网支持率调查 小学生课余时间活动情况调查 争做常州形象宣传小使者 小学生爱护公物的自觉程度调查	【让"家园"更美】 班级专题活动： 添绿行动：我们来种植 护绿行动：我为树儿穿冬衣 参观活动：参观污水处理厂 变废为宝：环保小制作 设计活动：环保公益广告 倡议活动：我为环保献一计 小组探究活动： 常见的空气污染种类调查 家庭废电池处理调查 环保节日大荟萃 家庭生活垃圾处理调查 校园绿化情况调查 身边的水资源调查 全球变暖原因追踪 家乡有酸雨吗

续表

实施年级	渗透学校文化	体现课程目标（年级侧重）	推荐研究主题	研究主题开发范例
六年级	亲近他人分享智慧	通过对科技类、技术类课题的研究，激发学生探索新技术的好奇心和求知欲，培养创新思维，锻炼动手实践能力，养成乐于分享、智慧分享的良好品质和从事探究活动的正确态度	走进劳动与技术世界 中国航天技术在世界上的地位 近代军事武器大追踪 家乡古民宅保护情况调查 人类探索太空的价值 人类发展与保护地球 节电大家谈 节约用水方法集锦 怎样辨别生活中的假冒伪劣产品 选购与保存水果的方法探究 太阳能在生活中的应用 野外生存知识探究	【走进劳动与技术世界】（分享高职学校教师的技能与智慧） 烹饪——面点、冷菜 手绘——卡通造型 电脑——动画（小动画、小制作），动画FLASH 编织——花边围巾、十字、珠绣、丝网花 航模——飞机模型 小木工——小凳 家用电器——音乐门铃 卡通玩具——制作小玩具 点、辨钞——点钞5种手法，辨真伪钞 手工布艺——布艺工艺品 生物标本制作——植物标本制作

说明：本课程规划中"渗透学校文化"和"体现课程目标"两部分在各年级规划时有所侧重。

资料来源：本案例由常州市实验小学杨静娟老师提供。转引自万伟《综合实践活动建构创意与实施策略》，江苏教育出版社2012年版，第83—85页。

深圳南山育才四小基于深圳优秀文化设计综合实践活动课程体系，赢得了良好的社会声誉。[①] 其活动课程体系见表2-9所示。这些活动主题的设计，围绕学校周边社会环境、从学生学习需求出发，选择有代表性且可行性强的文化资源。如深圳"海纳百川"饮食文化；涉及蛇口地理风貌、历史遗迹、文化艺术等多领域的"敢为天下先"的蛇口文化；蛇口湾厦村变迁及深圳的骑行文化、创客文化等，均代表着深圳现代优秀文化，需要且值得通过综合实践活动课程去传

---

① 相关主题活动过程及成效参见陈显平、李冬杰《在"社会服务"中立人》，《人民教育》2018年第3—4期。

承和发扬。

表2-9　　基于深圳特区文化的综合实践活动系列

年级	一年级	二年级	三年级	四年级	五年级	六年级
主题	舌尖上的深圳	童眼看蛇口	红树林湿地：鸟的天堂	南山公园文化探秘	深圳市花—簕杜鹃	深圳城中村文化变迁

类似这些案例学校的实践证明，综合实践活动课程内容形式结构，是活动持续有效发展的关键，也是学生活动学习动力延续和提升的保障。而将地方文化融入其中，为学生提供了以地方为基础的实践（place-based praxis），或以地方为基础的学习（place-based learning）的机会，有助于学生对自身文化和历史人文的积淀。

（二）综合实践活动课程内容的实质结构

在上一轮综合实践活动课程实施过程中，课程内容被划分为四大指定领域和非指定领域，活动设计往往立足于这四大指定领域中的某一领域，[①]把四大领域各自开成四门课。《中小学综合实践活动课程指导纲要》所提出的四种基本的活动方式，实际上涵盖了综合实践活动课程内容的基本形态。这四种基本形态彼此关联，共存于文化环境之中，形成彼此联系的生态系统。其中，考察探究是基本的活动方式，设计制作、社会服务和职业体验活动方式的展开，往往因为考察探究而更加深入、更加生动，考察探究也因为其余三种活动方式的存在而更加丰富、更加活泼。因此，无论是学段还是年级的活动设计，均需要在这四种活动方式上保持一定的平衡，不能出现活动方式的缺位。基于此种理解，在具体的活动设计过程中，需要注意这四种活动方式之间的横向沟通和融合，针对不同性质的活动主题，这四种活动方式可以有所侧重，但不可偏废，否则会造成课程内容重复及课程资

---

① 童顺平、杨李娜：《综合实践活动融合项目评价的意义、体系及实践》，《教育测量与评价》2011年第1期。

源的浪费，就会在不同程度上影响到综合实践活动课程整体功能的发挥，不利于综合实践活动课程目标的实现，同时也不利于课程的持续开发。

同时，活动设计应尽可能有效开发和利用地方文化环境中的资源，以问题解决为主线，以生活探究为基础，以实践活动为学习方式，使活动设计内在地体现出综合实践活动课程所应有的"整合"（integration）、"实践"（practice）、"探究"（research）三个基本元素，连同综合实践活动设计的关键元素"主题"（theme）一起，形成综合实践活动课程内容序列的核心结构"TRIP"①（见图2-1）。如果把TRIP课程架构比喻为一驾马车，活动主题是"马"，那么，其三"轮"分别是跨学科整合、探究、实践。没有马，马车终将失去引擎，没有动力；而没有三轮，马车就没有车之主体。作为引擎的活动主题，引领着作为车之主体的三轮，完成跨学科整合、探究学习和实践活动，向着促进学生发展的目的地奔跑。TRIP即"旅行"，学生的发展之旅需要规划线路图，线路图犹如课程的经典比喻race-

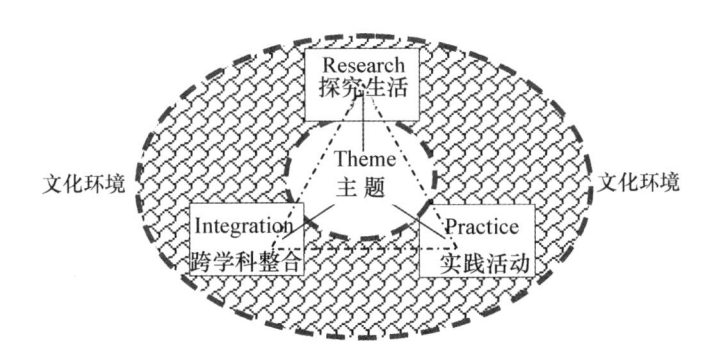

图2-1 综合实践活动课程内容TRIP结构

---

① 张人利校长将综合实践活动课程命名为TRIP课程（详见《上海教育》2018年第3期，本刊记者赵锋文），包括主题（Theme）、研究（Research）、跨学科（Inter-discipline）和实践（Practice）四种学习方式，将此作为后"茶馆式"教学新的突破口。这里将跨学科从"Inter-discipline"改为"integration"，强调跨学科知识的综合运用及其拓宽和延伸。张校长更多地从转变"教学方式"角度解读TRIP课程，这里则更多地从"课程建构"角度理解TRIP在综合实践活动课程内容序列建构中的意义。

course（即跑道），或许学生的活动学习过程，就是为了不断转化终点，开启一次次有意义的旅行，奔跑于一条条跑道之上，体验并享受学习的获得感。

因此，综合实践活动课程内容的实质结构建构，既要处理好职业体验、考察探究、社会服务和设计制作四种活动方式之间的平衡，又要把握好主题、探究、实践和整合四个元素之间的内在关联性，对于这些关联性的理解，将会进一步影响综合实践活动课程内容的组织方式、学习活动与环境的设计方式以及学习活动评估方式。

三 综合实践活动课程内容校本建构策略

工欲善其事，必先利其器。建构综合实践活动课程内容，方法至关重要。

（一）统筹资源，系统思考

《中小学综合实践活动课程指导纲要》明文规定学校是课程规划的主体，应对综合实践活动课程进行整体设计，要依据学生发展状况、学校特色、可资利用的社区资源，对综合实践活动课程进行统筹考虑，形成综合实践活动课程总体实施方案。还要基于学生的年段特征、阶段性发展要求，制定具体的"学校学年（或学期）活动计划与实施方案"。

1. 科学评估，统筹资源

学校需要对学习环境进行系统评估，透过 SWOT 分析，对综合实践活动课程资源的优势、劣势、机会与挑战进行系统而清晰地把握。最好利用大数据，对学习环境里的相关资源进行系统而准确地呈现，让学校教师队伍、学校设施、校外基地、自然资源、社会场馆、家长背景、学生来源、历史文化等透过数据分析一目了然，进而发现综合实践活动课程内容建构的优势象限。

2. 普遍联系，系统思考

世界上的任何事物都是处于一个相互联系的统一体中的，各种学习活动绝非孤立地存在。综合课程内容建构也需要重视事物之间的相互联系，思考综合实践活动课程内容与学科课程内容之间的内在关联性，将活动主题设计放到整个课程实施的大背景下思考，而不能随心所欲地从学生的生活世界里挑选一些自认为对学生有价值的活动主题，因为"脱离学科结构的孤立的知识是没有价值的"①。

（二）发现儿童，尊重儿童

《中小学综合实践活动课程指导纲要》要求学校在主题开发与活动内容选择时，重视学生自身的发展需求，尊重学生的自主选择。

1. 运用访谈研究、问卷调查、观察研究等研究方法，准确把握学生成长过程中的问题、学习与发展需求

教师是综合实践活动课程内容开发的主体，这一方面意味着赋予教师在综合实践活动课程内容开发中的主动权，让教师在课程内容开发中能够针对学生的兴趣和实际需要提出建设性意见、自主选择和发挥个性，以充分调动教师参与课程改革的积极性。另一方面教师需要把发现儿童、确定活动需求作为课程内容开发主体的首要任务，这既是教师的权利，更是教师的职责。

2. 尊重儿童是发现儿童的前提

教师是平等中的首席，只有坚守儿童立场，"蹲下来"，平等地从儿童的视角观察儿童的行为表现，并善于倾听儿童成长中的故事，乐于关注儿童的校园生活、家庭生活和社会生活现象，养成综合实践活动课程内容建构的理论敏感性，才能及时捕捉到对学生发展具有关键影响的事件，适时将其纳入活动主题设计视域，对接教育目标，形成综合实践活动课程内容。

（三）协商课程，共同决定

1. 人总是倾向于尽最大的努力争取自身所期望拥有的东西，而且每个人对于做什么与不做什么都有自主权（ownership）。如果说学

---

① 黄清、童顺平：《综合实践活动课程纵向衔接初探——以小学综合实践活动设计为例》，《当代教育论坛》2011年第1期。

科课程的学习需要透过协商学习（negotiated learning）来追求师生满意的结果的话，综合实践活动课程内容建构则给师生提供了更广阔的协商空间，协商课程（negotiating the curriculum）应该成为综合实践活动课程内容建构的基本策略。为改变学生在综合实践活动过程中被动受强制的状态，使其成为积极主动的探究者，必须透过协商课程的方式，获得学生乐意探究且有意义的课程内容。内容决定形式，如果活动主题不能激发学生的活动动机，任何昂贵的课程资源、理想的活动方式，对于学生的活动参与而言都是没有意义的。

2. 教师、家长、专家、社会人士应该结为活动共同体，为了学生的"获得感"而共同努力，就相关综合实践活动课程内容进行开放的、广泛的商讨，就活动主题、活动方式、活动工具和评估方式等尽可能达成共识，因为这些都是影响活动内容必要性和可能性的关键因素。在协商课程内容的过程中，活动共同体成员需要把反思和探究作为基本的工作原则。综合实践活动课程是一个持续发展的过程，伴随着若干个不断递进、延伸的子过程。在各个子过程的延续和转化中，共同体成员需要不断追问相关问题，诸如学生参与活动为何如此不情愿？活动中出现的关键事件对学生产生了哪些影响？将这些事件转化为活动主题对于学生发展可能有哪些价值？如果要拓展和延伸这样的活动，应对学生提出哪些能力要求？需要使用哪些工具、方法才能较好地完成任务？在提出问题的同时，共同体成员也要通过文献研究、会议讨论、专家论证等多种方式，尝试探究这些问题的解决路径、方法，甚至理想的答案。显然，这些努力是共同做出课程决定的基本前提。

（四）过程中的动态生成

《中小学综合实践活动课程指导纲要》要求学校善于捕捉和利用课程实施过程中生成的有价值的问题，指导学生转化活动主题，不断完善活动内容。

1. 过程性是综合实践活动课程的本质属性

预设的活动主题在实施过程中,会因应实施环境的具体性而进行调整,因此需要实施者灵活而有创意地把握。细致的观察和关注生成性事件是调适和生成的关键。细致观察,可以帮助教师发现预设主题对于学生的不适合性,诸如主题活动的目标定位、内容范围、活动方式等,进而做出及时的调整,甚至做出变更主题的决定。

2. 综合实践活动课程实施是一个持续发展的过程

在很多过程中,偶发事件、场景转换、新工具运用、新资源出现等,都可能引发学生新的探究欲望,出现新的探究对象,这些对于活动主题建构很重要。但是,过程中的调适和创生,仍然不是教师个人的专利,需要师生共同协商、民主决定。一个人可以决定活动的细节,但不能决定活动的方向,多方协商,才可以让综合实践活动的旅途变得更有意义,学生才能走得更远更好。

第四节　综合实践活动过程

综合实践活动课程实施最终只有落实到"教学过程"里,学生才有机会触碰课程,与课程对话和互动,否则,课程只能是"理想的课程",不可能转化为"运作的课程""经验的课程"。综合实践活动课程教学过程与学科课程教学过程有着本质的区别,课程教学内容也不可能有规定性的教材,而是需要教师立足于学习环境中的资源大胆创生。

一　过程:综合实践活动展开的逻辑基点[①]

综合实践活动是从学生的真实生活和发展需要出发的,从生活情境中发现问题,并将其转化为活动主题,通过探究、服务、制作、体

[①] 本节内容参考李臣之《综合实践活动课程教学过程论》,《课程·教材·教法》2005 年第 6 期。具体内容有改动。

验等方式，培养学生综合素质的跨学科实践性课程。综合实践活动是国家义务教育和普通高中课程方案规定的必修课程，与学科课程并列设置，是基础教育课程体系的重要组成部分。该课程由地方统筹管理和指导，具体内容以学校开发为主，自小学一年级至高中三年级全面实施。它具有与学科课程明显不同的本质属性，这些属性规定其教学的特性。其中，"过程"是综合实践活动课程教学本质属性实现的根本依据，综合实践活动课程教学追求"过程"意蕴，在过程中实现其本质追求，具体表现为一个丰富的、关联的、具有情境性的过程，是过程的集合体。

世界上一切事物都表现为过程，不表现为过程的事物是不存在的。学校课程教学活动都是在过程中存在、运动、变化和发展的，综合实践活动课程教学也是如此。综合实践活动课程的本质属性有别于学科课程，其教学可以作为一个独立的过程而存在，这既是综合实践活动课程本质属性实现的必然要求，又是综合实践活动课程目标达成的基础。

（一）过程是综合实践活动课程本质属性实现的重要依据

迄今为止，人们对综合实践活动课程本质有过很多探讨，但基本上都认同整体性、实践性、开放性、自主性、生成性，这些本质属性的显现与"过程"密切相关。

没有"过程"，综合实践活动课程的整体性就难以显现。2001年《综合实践活动课程指导纲要·总则》（下文简称"总则"）认为："世界具有整体性，世界的不同构成——个人、社会、自然是彼此交融的有机整体。文化作为世界的一部分也具有整体性，文化的不同构成——科学、艺术、道德也是彼此交融的。人的个性具有整体性，个性发展不是不同学科知识杂汇的结果，而是通过对知识的综合运用而不断探究世界与自我的结果。"因此，综合实践活动主题的选择范围应体现出整体的世界，主题探究活动要体现个人、社会、自然的内在整合，体现科学、艺术、道德的内在整合，要立足于人的个性的整体性，立足于每一个学生的健全发展。显然"总则"强调整体性的依据是"世界的整体性、文化的整体性和个性的整体性"，而实际上综合实践活动课程这些整体性的依据，离开了过程根本就无法成立，因为世界的存在就是一个过程，文化的产生是一个过程，学生个性的形成同样是一个过程。

没有"过程"，综合实践活动课程的实践性就难以实现。"总则"指出："综合实践活动以学生的现实生活和社会实践为基础发掘课程资源，而非在学科知识的逻辑序列中构建课程。综合实践活动以活动为主要开展形式，强调学生的亲身经历，要求学生积极参与到各项活动中去，在'做''考察''实验''探究'等一系列的活动中发现和解决问题、体验和感受生活，发展实践能力和创新能力。"实践是主观见之于客观的行动过程，没有过程，就没有实践。做、考察、实验、探究等活动本身就是一个过程。

没有"过程"，综合实践活动课程的开放性就难以体现。"总则"指出，综合实践活动课程具有开放性，具体表现为课程目标的开放性、课程内容的开放性、活动过程与结果的开放性。然而，只有让学生进入真实的过程中，才能使课程教学活动真实地面向每一个学生的个性发展，真正做到尊重每一个学生发展的特殊需要。只有为学生提供足够长的活动过程，学生才能在活动过程中产生丰富的学习体验，产生个性化的创造性表现。反过来，离开了真实的过程，没有足够时间的体验过程，活动只能是短暂而封闭的。

没有"过程"，就没有综合实践活动课程的"生成性"。"总则"认为，综合实践活动课程具有生成性，它并非根据预定目标的机械装配过程，而是随着活动的不断展开，新的目标不断生成，新的主题不断生成，学生在这个过程中兴趣盎然，认识和体验不断加深，创造性的火花不断迸发。实际上，综合实践活动课程的生成性正是"过程"特性的具体体现。过程是变动不居的，具有动态性与转化性。综合实践活动过程处于不断运动、变化中，使活动具有多样性，产生不同的活动过程和状态，活动过程中人与人、人与物的关系不断演变，活动水平从低级到高级，活动内容从简单到复杂，无不体现出过程的动态性。过程的动态性为综合实践活动课程的生成性提供了前提，或者说，动态本身就意味着过程的转化性，而转化性又孕育着生成性。综合实践活动从一个过程转化为另一个过程，每一个过程的结束，意味着新的过程的开始，在结束与开始之间，新的活动目标就会生成，新的内容就会产生，新的条件和要求就会被提出。如果条件满足，新的结果就会出现。

同样，没有"过程"，综合实践活动课程的"自主性"就难以实现。综合实践活动课程强调尊重学生的兴趣、爱好，为学生自主性的充分发挥开辟了广阔的空间。如果教师缺乏对学生活动过程价值的认可，就不可能将活动还给学生，学生就不可能自己选择学习目标，自己确定内容及方式，甚至根本不可能自己选择活动指导教师，自己决定活动结果呈现的形式。因此，要想教师成为"导师"，不包揽学生在活动中的工作，教师必须树立过程观，真正将综合实践活动课程理解为一个过程，一个学生自主参与的过程。只有这样，课程的自主性才能得到体现，否则，只能是"他控"。

一言以蔽之，"过程"是综合实践活动课程本质属性显现的基础和前提，是综合实践活动课程教学的重要观念和思想。

（二）过程是综合实践活动课程目标达成的土壤

《中小学综合实践活动课程指导纲要》十分明确地提出了综合实践活动课程五方面的总目标。

· 获得亲身参与实践的积极体验和丰富经验。

· 形成对自然、社会、自我之内在联系的整体认识，发展对自然的关爱和对社会、对自我的责任感。

· 形成从自己的周遭生活中主动发现问题并独立解决问题的态度和能力。

· 发展实践能力，发展对知识的综合运用和创新能力。

・养成合作、分享、积极进取等良好的个性品质。

这些目标是综合实践活动课程价值和意义之所在，只有在丰富多彩的实践活动过程中才能实现。

1. 经验靠积累，积累是一个过程

"过程"包含着具体的情境和真实的事件，承载着活动主体的"辛酸苦辣"，对学生的差异和个性无比宽容，孕育着学生认识、体会和感悟的种种机会，无论是成功的喜悦、失败的教训，还是操作运用、体验升华，几乎都发生在过程中，离开了过程，将会遭遇重重障碍和困难。

2. 过程是学生综合运用知识的必要历程

对学生学习过程的强调是有别于成人学习的。由于学生自身的认识水平和经验本身的局限性，成人心理发展相对成熟，对事物、概念的理解积累了丰富的"履历"。而中小学学生相对缺乏这些履历，要对事物、概念予以理解、掌握、学会、弄懂，离开了过程，往往十分困难。即使记住了一些概念、原理，甚至"技能"，但由于缺少足够的过程长度，学生也无法理解这些概念，运用这些原理，进行实际操作。

3. 情感、态度、价值观、责任感和创新精神的养成需要过程

学生情感、态度、价值观、责任感、创新精神的养成，无法通过知识授受的方式完成，也无法通过简单告诉的方式去落实，必须经由一个实在的具有丰富意义的过程才能实现。

在综合实践活动课程教学过程中，教育者不再以知识权威的身份将预定的知识传授给学生，学生也不再作为被动的接受者接受教师发出的指令，双方在开放的情境中，作为课程的开发者、创造者和实施主体，依赖各自的智慧和创意，在交互过程中共同体验，建立情感，肩负负责，形成对客观事物的看法和态度。

4. 学生实践能力的培养离开过程则无法想象

能力必须经由系列的操作到熟练，到自动化，反复循环，最终形

成。简单的知识讲解、机械的知识练习，或者期望节省必要的操作训练环节，快速获得能力，都是不现实的。能力的形成是一个自然的过程，从初步感知到模仿、熟悉，再到得心应手，运用自如，不是一蹴而就的，必须经过一系列阶段，一步一步走向成熟。在综合实践活动课程教学活动中，学生享有能力形成和发展的机会和条件，教师的耐心、指导和鼓励，是学生成功利用这些课程机会成长自我的重要前提。

总体而论，没有过程，我们不敢想象价值、意义如何显现，综合实践活动课程目标最终无法达成。因为没有过程，就不可能有学生的体验和经验；没有过程，整体认识的形成就无法实现；实践能力和创新能力的获得需要过程；个性品质的养成，也无法通过结果"告诉"的方式而获得。学生只有经历了一系列完整的活动过程，课程目标和价值才能伴随着活动过程的展开而得以实现，综合实践活动课程教学才能有效推进。

（三）综合实践活动课程实施注重"过程"，是过程的集合体

与其说综合实践活动是一种实践性课程，是一种经验性课程，不如说是一种过程取向的课程，它注重过程的教育价值，体现出"过程哲学"的意蕴。从某种意义上讲，没有过程，就没有综合实践活动课程本身，其课程的价值和意义也就荡然无存，课程目标便无从实现。同样，综合实践活动课程教学更是基于过程哲学。

综合实践活动课程教学由无数个子过程构成，每一个子过程及其所包含的诸环节都对学生的发展产生影响。这个过程大致包括教学目标设计过程、内容开发过程、绩效评价过程、资源开发与利用过程。虽然学科课程教学也可以理解为一个过程，但它与学科课程教学过程有着明显的不同，主要差距在追求"过程"的机会和限制上。

从教学目标上看，学科课程教学目标设计依据课程标准，而学科课程标准规定远远比综合实践活动课程指导纲要的相关规定要细致。综合实践活动课程指导纲要只是就课程理念和总的目标做了大致描述，对活动领域目标以及主题活动目标基本上没有涉及，这些目标的

设计在很大程度上需要教师在行动研究的基础上，结合实际情况精心研制。

综合实践活动课程教学目标设计过程在"形式"上可以分学生需求诊断过程、内容分析过程，在"内容"上可以分为情意态度目标设计过程、能力目标设计过程、知识目标设计过程、表现性目标设计过程。

从教学内容上看，尽管"教学内容"与"教材内容"不能等同，学科课程教学内容设计也可以根据学生经验、认知基础、课程资源等，对预设的教材内容做出适应性调整，但"依纲靠本"仍然是重要的教学"方针"，"预设"是学科课程教学内容主要的规定性。相比之下，综合实践活动课程不存在普遍的教材内容，不存在按照教材内容实施教学的问题，其教学内容、方法更强调"生成"，注重学校自身的发现过程，注重教师的创造。

综合实践活动课程教学内容的开发过程又包括综合实践活动课程教学情境分析过程、学生现实教育需求评估过程，这是一个先"无限放大"而后"适性缩小"的过程。即先根据学校内外教学情境，尽可能宽泛地搜寻相关内容，再根据学生实际，遵循教育教学规律，适当缩小教学内容和范围。

综合实践活动课程教学内容开发生成于教学过程。学生在活动过程中要么发现新的"问题"，要么延伸出新的主题或任务，要么经过活动反思形成新的主题，经过师生共同协商，这些问题、主题或任务就可以成为新的教学内容。从此意义上讲，生成性的确是综合实践活动课程教学最为重要的属性。

学科课程教学评价主要是基于书本知识的学习而做出判断的过程，尽管我们强调"过程"，但更多的是考察学习的"结果"。综合实践活动课程教学评价强调学生在活动过程中的变化和表现，注重过程性评价，这种评价具有很强的开放性，相信学生的学习是一个不断变化和发展的过程，注重学生个体对自身的超越和突破，既看重学生某阶段的"优秀"表现，也宽容学生在活动中的失误和失败，既鼓励学生追求成功，也坚信失败是成功之母。

从教学资源上看，无论是人力资源还是时间、空间、物质资源，学科课程教学过程均在一定程度上有更多的优惠条件，这些条件既是教学的有利保障，对教学资源的选择和使用又构成一种限制。相反，综合实践活动课程教学资源预设相对贫乏，没有像学科课程教学那样有诸多参考书目、实验设施、教师编制配置、充裕的时间等，这些都给综合实践活动课程教学带来诸多困难和限制。但是，综合实践活动课程教学有着更加广阔的资源，大自然是综合实践活动课程的教学实验室，世界即教室，所有学科教师都是综合实践活动课程的教学人员，一切相关社会人员都可以适时介入综合实践活动课程教学过程，典型的社会事件、生活事件都可以成为学生活动的内容资源。只是这些资源仍然需要师生遵循教育学规律，系统规划，给予有效开发和利用，这是一个开放和灵活的过程。

二 综合实践活动过程如何实现

综合实践活动课程教学过程如何实现？换言之，综合实践活动课程教学过程有哪些外显形式？其主要环节和核心要素有哪些？这些都是综合实践活动课程教学实践深度推进必须回答的问题。

（一）综合实践活动的关键环节

一般人们很容易将综合实践活动课程教学与综合实践活动课程实施理解为一件事情。尽管这种理解值得进一步讨论，但相关结论仍然有启发意义。诸如，综合实践活动课程实施从根本上讲不是由教师"教"，而是在教师的指导下由学生自主地"做"；综合实践活动课程实施不仅仅是课程计划、活动方案的落实过程，还包括课程的开发、设计、生成过程，是一个探索、发现、创生过程。综合实践活动课程实施过程具有亲历性、自主性、协同性和开放性等特点。[①]这些研究为

[①] 张传燧：《综合实践活动课程论》，广东教育出版社2004年版，第80—183页。

我们探讨综合实践活动课程教学的基本过程奠定了良好的基础。综合已有的研究成果，吸取综合实践活动课程教学经验，我们将综合实践活动课程教学的基本过程理解为活动定向、活动展开、活动总结，这既是综合实践活动课程教学总的过程，又是一个环节内在的过程。即从总体上看，综合实践活动课程的教学过程在时间顺序上表现为活动导入、活动展开和活动总结，或者说综合实践活动课程教学在"形式"上由这三个环节构成。反思是这三个环节彼此关联形成系统性的必要中介。

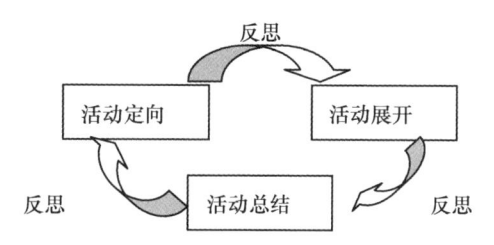

图 2-2 综合实践活动关键环节

到活动总结阶段，综合实践活动课程教学并没有结束，综合实践活动课程教学是循环的发展过程。活动定向、活动展开与活动总结是一个循环发展的过程。围绕综合实践活动的定向、展开与总结环节，教师在综合实践活动过程中，需要分别做好活动前、活动中、活动后的指导工作。

1. 活动定向

通过创设各种相关情境，激发学生的好奇心和学习动机，引发学生展开相关讨论，进行积极对话和交流，达到学生主动关注各种社会、学习与生活现象的教学目的，使学生获得真切感受，能够自然地寻求自己感兴趣的活动主题。

2. 活动展开

围绕学生感兴趣的主题，依据学生的兴趣和学习基础进行分组、分工，自主合作设计活动方案，并将方案付诸实现。在实施活动方案的过程中，运用多种适宜的方法，收集活动资料，记录有用信息，为活动总结奠定充实基础。在活动实施过程中，教师要留给小学生足够的自主活动的时间和空间，引导学生在开放的活动空间里大胆实践、体验、感悟、发现，丰富多方面的情感，锻炼多方面的能力，养成综合素质。学生只有亲历了活动的各个具体环节，才有可能获得丰富多样的实际体验和感悟。所以树立"全过程"观对教师和学生都是十分重要的。

3. 活动总结

教师需要引导学生有意识地反思和总结亲历的活动过程，为保证学生反思的深刻性与总结的全面性，教师需要教给学生分析资料的技术、撰写各种文本的方法以及表现情感和认识的多种途径，并指导学生在实际的反思与总结活动过程中获得相关的喜悦和能力。需要指出的是，学生活动结果的表达或总结形式有多种多样，可以是调查报告、研究小论文、产品设计、方案设计，也可以是日记或叙事文本，还可以是模型制作、美术作品等。一言以蔽之，要允许并提倡学生用自己乐意的方式去表达。

上述三个环节彼此联系，共同构成一个有机的整体，其中，反思发挥着重要的中介作用。没有反思，这三个环节就缺乏链条，难以运作。透过反思，这三个环节中的问题得以充分暴露出来，产生问题的原因也随着反思而"浮出水面"，进而解决问题的办法自然而然也就有了生成的基础。

活动过程的三个环节集中体现在综合实践活动方案设计中。在活动定向阶段，确立课程活动到底应往哪里去？有哪些具体的目标？需要准备哪些人力、物力、财力资源？

（二）综合实践活动过程的基本要素

尽管综合实践活动课程教学过程在"形式"上表现为活动定向、活动展开、活动总结三个环节，但是教师需要进一步理解综合实践活动课程教学过程具体包括的基本要素，以便设计和实施综合实践活动课程教学。一般而言，情境创设、主题协商、实践探究、经验分享、成果发表①是综合实践活动课程实施的基本要素。

1. 情境创设

综合实践活动课程实施自始至终都是在一定的情境中进行的，活动情境对学生具有积极的暗示作用，能潜移默化地影响学生。通过情境创设，在学生与教师之间、兴趣与课程之间架起一座桥梁，激发学生参与活动的动机，唤起学生积极的活动心向，指引教与学的双向活动以及师生共同展开的活动内容。情境创设，方式多样。在活动角放置有关活动内容的书籍，在活动场所展示相关活动资料，播放有关音乐或音像材料等。情境内容可以是故事、现实生活焦点或真实的生活现场，也可以是教师的即兴创作活动。

2. 主题协商

"主题活动"是综合实践活动课程实施的经常性形式或方法，"师生民主协商"是活动主题生成的重要原则。如果综合实践活动课程中的主题来自学生的现实生活（包括学生的学习活动），由学生议论产生，自然是件好事，但教师依然要分析、研究主题的价值，清楚地了解学生的发展水平，读懂学生的生活，以便考察主题对学生的适宜度，对学生提出适切的课程要求。教师群体讨论的主题，不一定是学生的，在活动过程中，应该允许学生变动主题，以最大限度地适合学生的兴趣、经验。地方、学校规定的主题，不一定适合本校、本班师生，必须按照教育规律进行改造。总之，无论何种主题来源，从根本上讲是由师生共同决定的，教师是学生活动主题确立的启发引导者，不是权威的决定者。下面的案例"汽车"这一主题活动便是由师生民主协商决定的。②

近期，我校开展了一项全新的学习研究活动——综合学习，

---

① 李臣之：《综合实践活动课程开发》，人民教育出版社2003年版，第141页。
② 广州市越秀区中星小学边寅莹教师撰写，陈伯良校长供稿。

三年级的内容是有关交通方面的。对于三年级学生来说，"交通"这个题目范围太大，于是我们在全班进行了一次讨论，看看与交通有关的内容，9岁多的孩子最感兴趣的是什么？最想学些什么？学生们的讨论异常热烈，纷纷将兴趣集中到"汽车"上。孩子们对汽车有天然的爱好，谈起汽车有说不完的话题；而且随着汽车逐渐进入越来越多的家庭，它也成为孩子们最常见的触手可及的东西，有着丰富的资源空间。最后，学生们一致同意研究这个题目，因为综合实践活动强调学生的自主学习，尊重学生的感受，于是将活动主题正式确定为"汽车"。

3. 实践探究

围绕师生共同商议的课题，通过多种活动方式，收集与问题解决相关的资料，分析资料，提出解决问题的方案。活动方式可以是观察、访问、调查、体验、讨论、制作、劳动、宣传等；收集资料包括文字、音像、实物、图画等，资料场所可以是网络、图书馆、博物馆、科技馆以及活动发生的实际现场等。在探究中，教师要让学生走出教室，走向社会和自然，充分利用各种教育资源。通过和社会、自然的接触，学生能够更具体、更直观地体验客观世界，拉近生活与学习的距离，构建新的知识，领会学习方法。

实践探究是无止境的过程。教师在指导学生开展探究活动的过程中，要记录学生发现的新问题、新资料；积极争取家长的支持，继续有针对性地搜集资料；及时了解学生的探究进度，给予鼓励、启发，推进探究学习的不断深入。下面是一所农村小学的"奶牛与牛奶"主题活动的实践探究情况。[①]

在经济发达人人都关注健康的现代社会里，"一杯牛奶救活

---

① 由广州市番禺区钟村屏山小学四（2）班实施，指导教师苏灼姗，广州市教育局教研室李伟成老师提供资料。具体内容略有修改。

一个民族"的观念逐渐深入人心。小学生正处于长身体的时期，需要吸取更多的钙帮助身体发育成长。而如此营养丰富的牛奶又是从哪来的呢？——奶牛。据此，我校确立了以"奶牛与牛奶"为本年度综合学习的主题。我校位于番禺区钟村镇屏山村，这里的牛奶产业已逐步繁荣起来。学校里不少同学的家里也开了牛场，这为我们活动的开展提供了不少便利条件。实践活动开展以来，我们成功地进行了两次外出考察活动。

第一，2003年12月18日，我们来到了何欣怡家的牛场参观。对这次外出考察我们感到实在太幸运了，欣怡的爸爸（我们管他叫"何博士"）热情地接待了我们。我们看到了奶牛吃草、趴下、散步、嬉戏、打架、洗澡、睡觉等种种状态。大胆的同学还走过去与"奶牛阿姨"进行亲密的接触。"何博士"对我们提的问题有问必答，使我们学到了许多书本上学不到的知识。在知识海洋里，同学们以小组合作启示录的形式对看到的、"何博士"的回答做了具体记录。

第二，2004年5月30日，我们又来到何欣怡家的牛场参观。此次参观使我们如愿以偿地看到了奶牛产奶的过程。我们看到"何博士"拉牛进牛棚—给它洗澡—挤奶—调奶的整个过程。唯一遗憾的是奶牛怕陌生人，我们不能亲自挤一次奶，只能远远地看。但此次参观的意外收获是我们看到了一头出生才10天的小奶牛，还看了"何博士"喂它吃奶的整个过程。

4. 经验分享

伴随着活动过程的展开，成败与得失、经验与教训、愉悦与痛苦纷纷袭来，师生交流活动的体验和感悟，反思活动过程，分享成功的喜悦和失败的教训，可以促使学生认识与情感的升华，并为后续活动的开展提供了启示。

教师是学生经验分享的指导者，要充分信任学生，发挥学生的主体作用,鼓励学生自行筹备和组织经验交流会。经验交流会最好能向社会、家长开放,因为它不仅能使社会、家长及时了解学生的学习情况,还能让他们体会到家庭和社会对学校教育的支持作用,从而促使社会、家庭进一步支持和协助学校教育。

经验分享要引起学生的"系统"反思,在交流活动中,要做到学思结合,养成学生倾听、省思、明辨、合作的习惯和方法。教师也是经验的分享者和输出者,教师应反思师生在活动平台上平等对话和交流的情况。同时,教师的反思本身就是学生学习的范例。

下面是"将学生身边的日常事例作为课堂资源:节约用水我能行"课例中的一段反思。[①]

> 孙侃:原来,感应龙头如不控制好,浪费也很严重。
> 黄小燕:一滴水看来简单,可累积起来其量就吓人了。
> 刘诗涵:以前我经常把喝剩下的水倒掉,现在我知道应该用来浇花或洗拖把。
> 王雨尘:通过这次活动,我深深地认识到水是人类的生命源泉,我呼吁大家和我一起来做节约用水的小标兵。
> 刘之琨妈妈:以前之琨是我们家的沐浴歌唱家,每次洗澡加唱歌少说要20分钟,多则30分钟,现在不一样了,不但自己洗澡很快,还教育我们要一水多用。
> 陈秉钧爸爸:我们以前让秉钧节约水,他总说我们小气,这次活动后他不但不说风凉话了,还主动承担起监督别人用水的责任。
> 老师:综合实践活动课不一定要根据教材内容来讲授,围绕学生身边的事例取材,往往能取得学以致用的效果。

---

① 该案例片段系"经济特区综合实践活动课程开发行动研究"课题组成员——深圳市福田区景秀小学钟方媛老师撰写。

本节课就是在深圳市全面开展"节约一度电,节约一滴水"背景下进行的。通过活动课,学生的主动性、创造性和实践能力都得到了提高,而且小组活动落实得更具体,学生的参与率很高,设计的结果也是多种多样的,让我们充分感受到了开展综合活动课的意义及价值。

5. 成果发表

如果说经验分享是活动过程的提炼或升华,那么成果表达则是活动结果的公开。需要公开的内容不一定仅仅是发明创造,也可以是论文、绘画作品、设计方案、制作模型等。教师需要给予学生表现成果的方式、方法指导,促进学生成果的交流。教师应充分利用信息技术手段,创设展示平台,为学生提供网络交流成果的机会。对于学生的发明创造,教师要保护学生的知识产权,同时引导学生树立知识产权保护意识,了解有关"知识产权"方面的知识,掌握相关知识,使自己的成果不受侵占。

教师要鼓励学生以自己喜欢的方式,诸如个人汇报、集体汇报、书面报告、口头报告、图文结合报告,借助投影仪、幻灯片等,交流研究报告,并大方地回应同学们的质疑。对于学生的观点,只要有道理、自成体系即可,不强求面面俱到。需要注意的是,在实际操作中,成果发表很容易停留在活动结果的描述和展示上,协作的文化、批判的勇气、创新的精神往往比公开成果更重要。

第五节 综合实践活动方案设计

活动方案设计是综合实践活动过程展开的必要前提、依据和蓝本,对于活动实施的影响举足轻重。"凡事预则立,不预则废。"活动方案的规划、设计是综合实践活动顺利组织、有效开展的基本前提。只有科学合理地设计活动方案,才能增强综合实践活动的目的性、计划性,提高活动效率。

一　综合实践活动方案设计的价值与理念

综合实践活动方案是综合实践活动的规划与蓝图，活动方案设计则是针对一个具体的主题进行的课程开发工作。主题活动方案是对整个主题活动进行的规划与预设，旨在明确主题活动的目标、活动阶段，各阶段实施的要点（包括活动内容、活动方式、教师指导重点、实施要点）以及评价建议等，它是提高综合实践活动课程开发效率与质量的保证。

（一）活动方案设计的价值

综合实践活动的有效性受到教师、学生、环境和活动方案等多方面因素的影响。其中，活动方案的撰写在综合实践活动中处于重要的地位，它是综合实践活动有效进行的重要保证。活动方案设计的意义在于以下几个方面。

1. 活动方案设计有助于提高活动的效果

综合实践活动方案可以保证综合实践活动具有明确的方向和目标，使活动实施有步骤地进行。活动方案的设计是综合实践活动课程开发的首要环节，活动方案的精心规划与设计是综合实践活动顺利、有效开展的基本前提，活动方案设计有助于保证活动的效果。

2. 活动方案设计有助于教师的专业发展

一方面，完整、科学的活动方案设计要求教师研究综合实践活动课程的性质、特点，掌握活动方案设计的知识、技能以及相关要求。另一方面，方案设计要求教师搜集处理与活动主题相关的资料，将搜集到的原始资料进行整理、归纳、分析与概括，拓展教师的专业视野，并结合学生身心发展的特点进行设计。因此，综合实践活动方案设计，挑战教师的专业发展，为教师的专业成长带来机遇，实现从教学工作者到课程开发者的华丽转身。

3. 活动方案设计有助于学生的主动发展

活动方案的设计可以促使学生把已有生活经验与学科知识结合起

来，有助于学生充分利用综合实践活动资源，将理论知识运用到实际活动中，培养学生提出问题、分析问题和解决问题的能力。此外，学生参与活动方案设计，可以提高学生信息收集与整理、活动规划与设计等方面的能力。①

（二）活动方案设计的理念

1. 回归学生生活世界

回归生活世界已经成为世界各国基础教育改革的共同追求。综合实践活动设计要超越书本知识的局限，从学生的生活实际（自然、社会、家庭、学校）中寻找有利于学生身心发展的活动主题，引导学生在生活中学会生活，在活动中寻求发展，回归生活成为综合实践活动设计的出发点和归宿。

回归生活世界就要超越书本世界、符号世界，进入自然、社会、人生，学会与大自然和谐相处，真正融入社会生活中。自然是人类赖以生存的环境，综合实践活动设计要让学生走向自然，探索大自然的奥秘，从感性上建立起全新的与大自然的和谐关系，陶冶学生的情操，增强学生爱护自然、保护环境的意识。丰富多彩的社会生活是宝贵的课程资源，应充分利用学校所处社区的文化资源，比如利用各种历史文化遗产、健康的民俗活动等进行历史和爱国主义教育，充分利用学校所处社区的物质文化资源，如围绕工农业生产，社区经济文化生活，利用科技馆、文化馆、博物馆等场所，开展多样化的社会考察、社会调查等活动，让学生从静止、狭隘、封闭的书本世界中走出来，走向广阔、鲜活的社会生活。例如，通过与老红军零距离接触，参观老红军的生活，听老红军讲故事，与老红军一起表演节目等方式，丰富学生的社会经验，培养学生的社会责任感，提升学生的精神境界和道德意识。

---

① 潘洪建：《中学综合实践活动指导》，高等教育出版社2011年版，第69页。

2. 发展学生的探究意识与创新能力

综合实践活动的重要任务之一是培养学生的探究与创新能力，帮助学生学会发现、学会探究、发展创新精神和实践能力。因此，在进行综合实践活动方案设计时，要改变学生单一的知识记诵的学习方式和简单的技能训练的活动方式，培养学生发现问题、解决问题的能力，引导学生通过调查、访问、考察、实验等多样化的活动开展探究性学习。

发展学生的探究意识应该从问题意识着手，教师可以通过创设情境，让学生在观察、操作、调查过程中发现问题，激发学生的探究动机。例如在设计"汽车与生活"活动方案中，教师可以组织学生到学校门口观察在公路上行驶的车辆，考察、体验与汽车相关的诸多现象，引导学生提出问题。诸如，汽车的种类有哪些？汽车与环境有什么关系？怎样减少汽车尾气对人体的危害？等等。随后，通过组织学生参观、访谈、查阅资料等方式引导学生收集信息，分析处理信息，提高学生的自主探究能力。此外，综合实践活动方案设计应立足于为学生提供开放的时空，鼓励学生大胆质疑，亲身体验，突破对单学科知识的记忆和推理，从社会、文化、政治的观点出发对现象发表看法，展现创新性。

3. 立足于培养学生的实践能力

综合实践活动的目标追求不限于书本知识的获得，它更强调能力特别是实践能力的发展。即通过活动、实践、设计、制作去开发学生的潜能，提高学生的综合素质，培养学生的实践能力。因为综合实践活动是一种实践的、整体的、开放的教育活动，没有实践就没有真正的综合实践活动。在活动设计时，要将是否具有实践性，是否具有实践意义，是否能发展学生的实践能力作为综合实践活动的指导思想，真正实现让学生通过实践进行学习，在实践中获取知识，发展能力，在实践中体验情感，健全人格。比如，福州市长乐第二中学陶杰老师设计的"走进家乡超市"方案中，通过建立超市综合实践活动基地，让学生深入超市中发展自己的动手能力。在进入超市活动前,聘请超市经理对学生进行上"岗"前的培训,聘请超市资深员工作为学生实践活动的辅导员,对学生的活动进行过程性指导。接着,学生进入超市各个岗位(播音、收银、导购、货流管理、售后服务、保安等)进行实践活动,感受劳动中的快乐,体验劳动的艰辛。上述设计体现了综合实践活动的实践性,学生在亲身经历中深化了对超市工作的认识,得到了多方面的锻炼和提高。[①]

4. 培养学生的综合素养

学科课程基于学科知识的学习与学科技能的训练,让学生系统掌握人类某一文化领域的既有成果,培养学生的学科能力与学科素养。综合实践活动课程则是一种跨学科、跨领域的课程,它跨越学科疆域,模糊学科边界,以有关人与自然、人与社会、人与自我的关系为主题与问题,实现学科之间的融合,实现知识与生活的沟通,将科学、技术、社会、道德、历史、文化、艺术进行统整,培养学生多方面的能力与素养。应在活动目标设计、活动内容选择、活动方式运用、活动资源开发、活动成果展示上尽可能多样化、多元化、立体化,凸显活动的实践性、创造性、综合性,从而提升学生的整合素养。

二 综合实践活动方案的基本框架与设计流程

综合实践活动方案由多个要素构成,其设计包括方案制定和方案论证两个重要环节。可以由教师亲自设计方案,也可以让各活动小组的学生在教师指导下自主设计小组活动方案。活动方案是否科学、合理、可行,还需要进行论证、完善,只有这样,才能提高活动方案的针对性,提高综合实践活动的实效性。

(一)活动方案的基本框架

综合实践活动方案的基本要素大致包括活动背景、活动目标、活

---

① 潘洪建:《中学综合实践活动指导》,高等教育出版社2011年版,第69—70页。

动内容、活动方式、活动准备、活动过程及其指导、活动结果展示与评价等。①

1. 活动背景

综合实践活动主题提出的背景,可以包括学校实际、社区资源、学生经验、社会政策、社会时尚、历史传统等内容,活动背景需要简要说明问题的产生、主题活动选择的理由、根据与价值追求、活动开展的必要性、个体意义与社会意义等。

【案例】 "茶文化研究"活动背景

四川成都周边的蒙顶山是人工种茶发源地之一,也是茶马古道的一个起点。成都人习惯坐茶馆,而且茶馆之多、茶客之众、规模之盛,可谓全国之最,令外地人、外国人叹为观止。喝茶已成为成都人生活的一部分,成为成都独特的一种文化现象。因此,成都人的休息日往往是扶老携幼举家前往茶馆、公园、农家乐品茗休闲。我们的学生年纪虽小,却已经是"老茶客"了。他们对喝茶不陌生,但对茶的历史、茶的艺术、茶的哲学、茶的礼仪等有关茶的文化却一无所知,也无从体验茶的意境,喝茶时未能感受到茶文化所带来的快乐。我们想,在成都这样一种浓郁的茶文化背景下,可以引导孩子们通过自己的研究和体验,去接受茶文化的熏陶,陶冶情操、升华情感,为日常生活增添一些情趣,提升生活品位。②

【点评】 该活动主题的选择从学生的生活经验出发,同时基于社区资源状况,开发与利用当地与茶文化的相关资源。尽管学生生活在一个茶文化十分浓厚的环境之中,但对茶文化了解甚少,活动主题的问题意识较强。该主题活动的选择与设计,对于拓展学生的文化视

---

① 潘洪建、李庶泉等:《小学综合实践活动指导》,江苏大学出版社 2010 年版,第 46 页。
② 韩晓英、颜莉、熊珇、许薇:《茶文化研究》,http://ipac.cersp.com/BMF/SZF/200510/46.html.

野，丰富学生的课余生活，陶冶学生的生活情趣，具有重要的意义。

2. 活动目标

活动目标是综合实践活动过程展开的价值追求，它表现为学生的能力变化与素质发展，活动目标制定要明确，通过活动引发学生情感态度、知识能力、行为方式、人格品质的积极变化。

对于具体活动项目而言，由于活动内容千差万别，性质各异，活动目标也不尽相同。在对一个具体项目进行目标设计时，首先要考虑此活动主要属于哪一类领域（因为不同的活动领域有着不同的性质特点与价值追求），要在头脑中确立一个大致的目标框架，接着考虑这一活动的开展形式，根据活动主题确定一些重要的目标，最后将目标具体化。当然，除了预设的活动目标外，还应关注生成性活动目标。因为综合实践活动课程是师生双方在其活动过程中逐步展开、生成的课程，而非简单的预定、预设。随着综合实践活动的不断展开，学生的认识和体验不断深化，创造性火花不断迸发，新的活动目标和活动内容将不断生成，生成性目标体现了综合实践活动的开放性与动态性特征。

活动目标的表述有两种基本方法：定性表述与行为目标陈述。前者描述活动后学生内在品质的变化，如理解、体验、热爱、鉴赏等。后者用具体明确的行为动词陈述在特定条件下学生外显行为变化的程度，如背诵、制定、设计、制作、表演。由于综合实践活动更加关注活动过程和经历体验，重视学生积极参与，强调实践能力发展，因此，活动目标表述一般采用内部过程与外显行为结合的陈述方法。

"茶文化研究"活动的预设目标有以下几个方面。

第一，知识与技能方面。

一是收集资料、亲自调查实践和学习研究，了解茶的历史、茶的种类、茶的礼仪及相关的茶的知识，培养自主获取新知识的能力。

二是在全面了解的基础上，选择自己感兴趣的方面进行研究，展示、发展其特长、个性和综合运用知识的能力。

三是增强和社会的联系，培养思考、鉴别、分析社会现象的能力。

第二，方法策略方面。

一是通过组成研究小组，组员分工合作，培养学生的协作意识并注重发挥自己的优势。

二是能够通过全过程研究，不仅自己有所收获，而且将研究成果落实到生活实践中，做到"来源于生活，回归于生活"，提升生活品位。

三是有创新茶文化的意识，提出自己对于现代茶文化的新见解及改良意见。

第三，态度情感价值观方面。

一是通过对茶文化的了解，培养热爱传统文化的情感、弘扬传统文化的意识，增强人文素养。

二是通过敬茶的延伸活动，增进亲子、师生之间的感情，培养感恩情怀。

三是通过茶文化的熏陶及在生活中的实践，倡导过一种"有文化的生活"，培养热爱生活的情感。

【点评】从知识、方法、态度三个方面来描述活动目标，完整而清晰。由于该主题活动是一个涉及范围很广的大型活动，活动目标丰富。同时，采用一些行为动词来陈述目标，使得目标具体明确，便于观察与测量。但有的目标采用"培养"这样的表述不够规范，因为作为活动目标，其行为主体应是学生，而不是教师；技能目标与方法目标有交叉、重复的问题，有待完善。

3. 活动内容与活动方式

活动内容的设计。从活动目标出发，针对学生的实际情况和可利用的课程资源状况，对活动内容进行规划。活动内容包括总的内容与分段内容或分项内容，分段、分项内容是对活动内容的分解、具体化和操作化。如"学生地球村"主题活动的内容可分解为：我们周围的水、我们周围的空气、与花卉树木为友、寻访小动物、绘制我们的环保地图、设计我们心中的地球村。在设计活动内容时，可对主要活动内容进行大体描述，适当说明，不宜像设计学科教学内容那样详尽规划，不宜精确设计，应为活动内容预留一定的空间，以便在活动中生成。

活动方式的设计。综合实践活动具有综合性、实践性，除了活动内容的丰富性外，活动方式应多种多样。在设计活动方式时，应根据主题的范围大小、性质特点选择活动方式，注意多种方式的有机结合，以丰富活动过程，取得多方面的活动效果，促进学生多种素质的综合发展。

"茶文化研究"各个研究方向的具体内容及活动方式如下。

茶的家史：茶的起源、茶的种植、茶的演变、茶的功用等（主要通过查找资料、访谈、参观茶博物馆及产地等方式）。

茶的诗情画意：有关茶的诗词、文章、书画、传说、对联等（主要通过查阅书籍资料、寻访参观与茶有关的名胜古迹、亲身体验等方式）。

茶的鉴赏：茶的种类、中国名茶鉴别、茶具鉴赏等（主要通过查找资料，调查走访附近的茶叶店、茶具店、文物市场以及茶客，进行观察比较、品尝等）。

茶艺茶技：茶的泡制、茶具使用、茶的礼仪、茶艺茶技表演等（主要通过查阅资料，走访茶馆、茶楼、茶坊等场所拜师学艺等方式）。

【点评】跨学科设计活动内容，该主题活动内容涉及科学、技术、历史、文学、艺术、道德等多个领域，十分广泛，凸显了综合实践活动的综合化特征。活动方式多样，诸如参观、访问、考察、体验、设计、制作等，特别设计了让学生走访当地茶馆、茶叶店、茶具店、文物市场等活动，增强了活动的实践性、体验性、探究性，学生可以从多个角度、通过多种方式对司空见惯的茶文化进行探究、操作与体验，深化对茶的多方面的认识。值得改进的地方有活动内容板块划分不够合理，如将"茶的种植""茶的功用"放到"茶的家史"板块之中不够合适，将"茶的种类"置于"茶艺茶技"中亦有问题，该方案有待调整与优化；茶文化研究属于考察探究类综合实践活动，可补充"现状调查"板块，组织学生对茶的种植、销售、泡制的现状进行调查，发现问题，探究问题产生的原因，提出解决问题的方法与途径，引导学生开展研究性学习。

4. 活动准备

为了保证综合实践主题活动顺利、成功开展，需要做好物质上、心理上、组织上以及时间空间上的准备。物质准备包括图书材料、设备场地等。心理准备包括激发学生对主题活动的浓厚兴趣与热切向往，营造积极氛围，对态度消极的学生加以适当指导，筹措必要的活动经费等。组织准备指规划活动的组织形式，进行人员分组，选举或指定组长，明确组长的责任，同时注意加强与校外有关单位、人员的联系与沟通，争取社会力量的支持等。时间空间准备指计划活动开展的具体时间、地点要事先落实，告知当事人。

"茶文化研究"的资源条件包括书籍资料、网站、周边的茶叶产地、茶叶市场、茶馆、茶坊等。书籍、网站资源如下：

主要书籍资料：（1）《新编中国大百科全书》中"饮食"篇第2146—2161页内容；（2）余悦主编的"中国茶文化丛书"，光明日报出版社出版；（3）王国安等的《茶与中国文化》，汉语大辞典出版社出版；（4）陈文华的《中华茶文化基础知识》，中国农业出版社出版；（5）查俊峰等的《茶文化与茶具》，四川科技出版社出版；（6）俞永明的《说茶饮茶》，金盾出版社出版；（7）舒惠国的《当代茶艺》，百花洲文艺出版社出版。

主要网站导航：（1）中国茶叶在线，http：//www. asiatea. net。（2）中国茶叶，http：//www. teachina. com。（3）茶人小筑，http：//

teamen. nease. net。

【点评】 该设计提供的书籍与网址很有代表性,能为学生活动提供有力的支撑。现在网络资源不仅信息量大,而且图文并茂,视频精彩,本活动方案提供的三个网址都是影响较大的网址,便于拓展学生的视野,收集研究资料,增强活动的兴趣。其不足之处是:没有涉及活动分组、活动时间与地点的安排、活动经费准备、活动注意事项等具体的活动组织内容,这些内容对于活动的顺利开展至关重要,需要加以补充。

5. 活动过程及指导

活动阶段的划分。大型主题活动内容多、持续时间长,可将总的活动划分为几个相互联系、各有侧重的阶段,有计划有步骤地实施。一般地,根据活动任务的阶段性特征,一次大的主题活动阶段分为3—5个比较适宜,不宜过多。同时,大型的活动还需要做好阶段目标与内容的制定,即根据总体目标,制定阶段性目标及内容,这样不同阶段的目标与内容前后关联,分步推进。如"茶文化研究"包括四面出击、亲历茶事、融会创意、春耕秋实四个阶段(见表2-10)。

活动过程的指导。包括激发活动动机与热情,维持活动的持续发展,促进活动的深化;指导学生进行合作学习、社会交往,利用社会人力资源开展活动;引导学生采用相应的、多种多样的方法开展活动;指导学生做好活动过程的记录,活动资料的收集,为活动总结与评价提供依据与资料。预测学生在活动中可能遇到的困难、问题,写出"活动注意事项",提出相应的要求与建议,做好活动安全预案。

教师的活动过程指导可分为活动前、活动中、活动后,可通过列表、制定活动记录单等方式加以指导,如活动前的指导。通过设计学习单,指导学生有目的地进行前期调查、收集资料。

研究过程的指导,主要包括组建活动小组,制订小组活动计划。

表 2-10　　　　　　　　　茶文化研究活动过程

主要阶段	活动内容	阶段目标	时间安排
四面出击	前期调查：采取访谈、查阅书籍文献、上网查询等方式，收集资料，并做初步整理	初步了解茶的起源、种类、产地、茶艺、茶具、有关茶的诗文、传说等，培养自主获取新知识的能力	一课时 主要利用课外时间
亲历茶事	1. 组成研究小组，拟订研究计划，确定成员分工	明确研究的内容、意义，在以后的亲历活动中更有目的性，更好地进行合作	利用课外时间
	2. 春游仙茶故乡——蒙顶山：参观采茶、制茶、茶博物馆，看茶技表演	通过实地考察，了解人工种茶的历史，知道四川是茶的故乡，培养学生热爱家乡的情感意识。了解茶树的生长情况及采茶、制茶的劳作过程。体会茶的诗情画意	六课时 利用课外时间整理
	3. 参观成都茶馆：看茶艺表演、感受品茶的氛围（环境、茶具、音乐、礼仪等）、观察人们在茶馆的活动等	通过实地考察，了解喝茶在成都人生活中的地位和作用，培养学生对周围社会生活环境的关注；了解茶的种类、泡制方法，学会品茶欣赏，感受被赋予了文化内涵的茶与以往的不同；了解茶的礼仪及茶传达的情感	两课时 利用课外时间整理
融会创意	1. 交流研讨（以小组为单位）：过程、方法、收获、体验、感想	培养学生反思自己学习过程的方法和能力以及在交谈中和别人分享、收集、整理信息的能力	两课时
	2. 制定成果展示的计划：时间、地点、方式、内容、分工等	强调在成果呈现上要有创意，培养学生自主构思、设计、组织实施的能力	一课时

续表

主要阶段	活动内容	阶段目标	时间安排
春耕秋实	1. 家庭生活实践：给父母介绍茶文化、家庭茶艺表演、请茶敬茶等	通过生活实践，体验茶所传达的情感及茶文化给家庭休闲生活所带来的新情趣	利用六年级"告别母校"活动、家庭生活休闲娱乐时间
	2. 校园中的茶文化实践——"告别母校"活动展示、给老师敬茶等	通过学校搭建的舞台展示茶文化，丰富校园生活，并借茶升华感情	
	3. 创新茶文化：开发茶的新用途，创制新茶品，提出对成都茶文化的新见解及改良建议等	在了解传统茶文化的基础上，根据自己的兴趣创制新的茶品，以培养学生勇于突破传统、自主创新的能力	

根据选题组成研究小组。

首先让学生在收集资料、普遍了解的基础上选择、确定自己想进一步研究的主题，相同研究方向的学生组成初步的研究小组，但老师可以根据成员的知识、能力、特长等，适当调整小组人员构成。

表 2-11　　　　　　　　　**资料收集表（1）**

茶的分类						
点击名茶	全国	茶名	产地	四川	茶名	产地
茶名赏析						
茶之诗情	作者	作品		我喜欢的句段		
搜索成都名茶坊	茶坊名称		地址		特色	
茶客论茶						
茶之漫谈						

表2-12　　　　　　　　资料收集表（2）

茶的种类	使用茶具	冲泡方法	了解或实践途径

带领学生外出活动，查看收集资料及学习单填写，与学生交流感受体会，询问学生有无困难，提示思考、解决方法。

活动成果展示的指导。

指导学生根据选题特点和成果内容，选择恰当的呈现方式。如"茶艺茶技"最好用表演的方式，"茶的家史"可以用多媒体演示说明、小报等方式，"茶的鉴赏"用事物展示配说明的方式，"茶的诗情画意"用现场朗诵、展示书画作品等方式，"小小新闻眼"可以用小报（配照片）、现场采访等方式。

【点评】"茶文化研究"活动属于大型的主题活动，涉及内容广泛，方式多样，为了完成整个活动任务，该方案将整个活动过程分解为四面出击、亲历茶事、融会创意、春耕秋实四个阶段，每个阶段均设置了阶段性目标与内容，而且有时间上的要求与考虑，可以说设计是周密的。此外，还注重对每个阶段的活动进行指导，对活动前、活动中、活动后的具体活动通过表格或者事项列举的方式提出要求，这些要求明确具体，切实可行，能有效地对学生的活动进行阶段性指导，确保活动的质量。有待完善的地方是：对学生小组活动计划的设计缺乏引导，实际上，可以表格的形式或条目的形式，引导学生制定各个小组的活动计划，这样更能增强各个小组活动的目的性与计划性，效果会更好。

6. 活动结果展示与评价

设计活动结果的交流形式与评价方式，包括学生活动成果的展示、汇报、交流、总结以及评价、反思的具体形式。

活动结果的展示与交流。学生活动交流、总结的方式多种多样：文本材料如考察报告、小论文、反思日志、活动记录；影像资料如照片、录像；作品如诗歌、绘画、乐曲、剧本等；实物如海报、宣传标语、漫画、设计图以及制作的标本、模型等；活动形式如报告会、表演会、答辩会、展示会等。其中，考察报告、活动产品、反思日志、活动记录更符合综合实践活动评价的特点，可广泛采用。如成都"茶文化研究"成果形式及内容：

资料袋：收集下载的资料、录音录像带、光盘、照片、研究笔记、小报、书画作品。

现场表演：茶技、茶艺、书画、请茶献茶、茗茶鉴赏、电子演示。

实物展示：茶叶样本、茶具样品及相关说明。

家庭生活实践：为父母敬茶、讲解茶知识、茶技茶艺表演。

创新成果：开发茶的新用途、创制新茶品、提出对成都茶文化的新见解及改良建议等。

【点评】该方案列举了学生活动成果的类型，并对每一种类型进行了说明与举例，操作性较强，能有效引导学生通过多种方式展示自己的活动成果，分享彼此的经验与认识。特别是"创新成果"展示的设计，有利于鼓励学生实践探索，培养学生的创新意识与能力。还可增加学生活动心得体会的展示。

活动评价。综合实践活动评价主要指依据活动目标，评估活动结果是否实现了预期的设想，以及目标的达成度。在进行综合实践活动的评价时，可设计一些引导学生对活动方案，对学生的活动过程及其效果进行反思、自我评价的问题，引导学生反思，发展反思能力。

表2-13　　　　"茶文化研究"小组成员个别评价

成员姓名	具体完成的工作内容	完成任务情况（自评）	组内发挥作用情况（组评）
1			
2			

注：评价可用星号表示，五颗星为最高级别。

表 2-14　　　　　　　　　小组整体工作评价

评价项目		评价等级			评价依据
		一般	较好	优秀	
收集、保管资料情况					
小组分工明确，成员各尽其责					
有效开展活动，达成目标					
交流研讨情况					
成果呈现情况	形式				
	内容				
有无独创或新发现					
小组自评					
教师评价					

【点评】本方案设计了小组成员个人活动评价表、小组自评表，评价项目较为具体，有助于引导学生对自己和小组的活动进行反思，培养学生的评价能力。但整体看来还比较模糊，评价标准不够具体，操作性不强。评价问题是综合实践活动的一个难点所在，量化评价不适合综合实践活动，因此一般采用质性评价的方式，但质性评价的客观性容易引发质疑。就本活动而言，可采取表格评价与档案袋评价结合的方式，恰当运用档案袋评价，收集过程性的活动成果，能较为客观地对学生的活动做出评价。

7. 活动拓展延伸

有些活动结束后，学生可能会感到意犹未尽，兴趣不减，这时即可设计一些拓展活动，以弥补活动的不足或失误，对活动进行深化、扩展。或根据学生的需要，开展延伸性活动。布置一些课外的家庭生活实践活动，将活动推向更高的水平，记录活动后的感受和体会，并要求家长做出评价反馈。在适当的时候，由学校组织，为学生搭建一个展示平台，强化活动效果。

（二）综合实践活动方案的设计流程

1. 确立活动主题

将问题转化为主题，根据主题制定活动方案。需要明确主题的性质、类型、范围、大小，根据不同类型的主题选择不同的活动方案。

2. 初拟活动方案

（1）教师撰写的活动方案

教师撰写的活动方案是指活动实施之前，教师对整个综合实践活动全过程的整体规划。它是教师对综合实践活动的规划与预设。教师活动方案是教师对综合实践活动进行的总体构想与大致规划，主要侧重于引导学生有计划、有组织地开展活动，但对学生各小组的活动内容、方式等的设计是粗线条的，难以详细规划，因此需要用学生活动方案作为补充。

当然，不同主题活动方案设计往往相差很大，虽然在进行方案设计时，要尽量完整，涵盖方案设计的基本要素，进行周密计划，精心准备，以保证活动效果。但教师活动方案设计的计划性和预设性并不意味着方案的设计不需要灵活性，教师应根据不同类型的活动主题进行灵活设计。教师在进行综合实践方案设计时，不宜拘泥于方案要素，而要灵活处理，根据活动主题的性质与内容特点，合理地设计活动方案，以增强活动方案的适切性。

（2）指导学生设计活动方案

在综合实践活动方案的制定过程中，学生可参与活动方案的制定。根据总的活动任务，每个小组细化活动内容与方法，制定较为具体的小组活动方案。教师可以引导学生充分讨论，围绕大主题展开联想，产生各小组的活动主题，并制定小组活动方案。教师在指导学生设计活动方案时，要充分考虑中小学生的心理发展特点以及综合实践活动理念，引导学生按照一定的要求设计活动方案，形成各个小组具体的活动目标、内容、方式，发挥学生的主体性和积极性，培养学生的活动规划与设计能力。

【案例】 《影子的乐园》——学生设计的活动方案

一 活动主题：影子的乐园

二 本组课题：关于皮影戏的研究

三 活动目标

四 课题分解

1. 了解皮影戏的历史

2. 学会表演皮影戏的基本方法

3. 制作皮影、排演简单的皮影戏

五 活动方式：上网查询，采访民间艺人、设计与制作、排练与演出

六 主要成果：资料在黑板报上展示、研制的演出道具、皮影戏的表演

七 组内分工：李明负责上网查资料，王芳负责采访民间艺人，刘丽负责演出道具的设计与制作，黄凯负责剧本与排练，各个阶段在分工的基础上注意合作

八 指导教师：王老师

九 时间安排：一个月

十 主要困难

1. 制作皮影道具的材料不容易找到

2. 民间艺人现存不多，如何联系

3. 论证活动方案

综合实践活动方案初拟之后，需要修改、完善，方能实施。论证是制定综合实践活动方案的重要组成部分，论证包括总体活动方案的论证和每个小组活动方案的论证。无论是教师撰写的活动方案还是学生制作的小组活动方案，都应关注以下维度。

第一，活动方案论证的维度。

活动目标维度。活动目标要体现综合实践活动的总体要求。活动

目标包括知识技能、过程方法、情感、态度与价值观的不同要求，同时要根据主题内容将目标具体化，使之可行、可评价，对学生的活动过程以及评价具有一定的指导性。此外，目标的表述要具体、明确。

活动内容维度。活动内容要符合活动主体的身心发展特点，不同年龄阶段的学生要有不同的主题内容。此外，要与学生的生活经验相关，即使是同一年龄段的孩子，其主题内容的设计也不是完全相同的，比如，城区的学生和农村的学生其主题内容应该是不同的，发达地区的主题内容和不发达地区的主题内容也不相同。同时，活动内容的设计不能过于单调，要给学生留下足够的空间，要充分利用学校、社区、家庭等方面的资源。

活动方法维度。活动方法要尽可能丰富、多样，方法的选择一方面要和主题内容相符，根据不同的内容侧重选择一些方法；另一方面要和学生的实际情况相符，学生能够运用自如，充分调动学生多种感官的参与，并在活动过程中提高解决问题的能力。

第二，活动方案论证的方法。

一是专家审议法。该方法一般用于教师撰写的总体活动方案的论证。根据活动方案主题，邀请相关领域的专家，请他们对活动方案做专业的分析和判断，也可邀请对于综合实践活动课的实施富有经验的老师参与其中。专家可以从专业的角度对活动目标的科学性、合理性、活动内容的合理性、活动方式方法的可操作性等提出意见和建议。例如，在"管理自己的情绪"方案设计论证时，可邀请学校心理学领域的专家，对情绪的导入、小组的结构、活动安排等方面发表看法。还可邀请综合实践活动教师对活动方案中的活动目标、内容、方法等进行论证，以确保活动方案的可行性与科学性。

二是小组汇报法。该方法一般用于学生小组活动方案的论证。先让小组介绍活动目标、内容和方式方法。学生从科学性、可行性以及预期效果等方面进行具体论证，对小组的活动方案进行解释和说明。然后，由班级其他小组成员以及指导老师作为评审团，针对活动主题的价值、活动内容的合理性、活动方法的恰当性,以及方案的可行性加以质疑,提出修改与完善的建议,最后由指导教师向小组成员提出修改意见。

三是活动小组进行修订与完善。在活动方案被论证之后,给学生留下一定的时间,梳理方案论证会所提出的问题,对活动方案进行修订与完善。在方案修改后,就可以付诸实施了,在活动中将理想变成现实。[①]

(三) 活动方案的设计要求

1. 整合活动内容,进行跨学科设计

综合实践活动的基本特征是综合性。综合实践活动指导纲要倡导以融合的方式设计和实施综合实践活动。尽管每个活动主题有其特定的内容,但是紧紧围绕特定内容展开,不符合综合实践活动的性质,不利于学生多种素质的发展。因此,方案设计应将活动主题置于学生的实际生活中,把活动主题与学生的生活经验、不同学科内容、学生的知识结构结合起来,帮助学生利用家庭生活、学校生活、社会生活经验进行实践与探索,引导学生处理好人与自然、人与社会、人与自我之间的内在关系。此外,要充分利用学校的教育条件,比如,所处地区的自然资源、人力资源、文化资源等,让学生把课堂上学到的学科知识与社会生活充分结合起来。因此在进行综合实践活动设计时,一方面要最大限度地整合课程内容。通过专题、项目将考察探究、社会服务、设计制作、职业体验四个领域整合起来,综合运用多学科知识技能,进行跨学科、跨领域的内容设计。

在"茶文化研究"方案的设计中,教师分别从品德与社会、语文、艺术、体育与健康、科学等学科领域将探究内容综合起来(见图2-3),让学生从不同的角度,有所侧重地探究茶文化,充分体现了综合实践活动内容的综合性。内容的整合设计有助于学生从多个角

---

① 潘洪建:《中学综合实践活动指导》,高等教育出版社2011年版,第79—80页。

度、多个方面对茶文化进行了解、探究，全面锻炼学生的实践能力，获得多方面的知识与技能。

品德与社会领域
根据选题组成研究小组，研究茶史，进行实地考察、社会调查、交流汇报展示、敬茶活动

语文领域
小小新闻眼、自主阅读浏览、茶的诗文欣赏、调查参观记录、活动心得体会、讨论汇报交流等

数学领域
采茶工作量以及茶叶价值构成的计算

茶文化研究

艺术领域
茶的鉴赏、茶技茶艺、有关茶的曲艺、书画等

体育与健康领域
攀登茶山、茶的保健功效

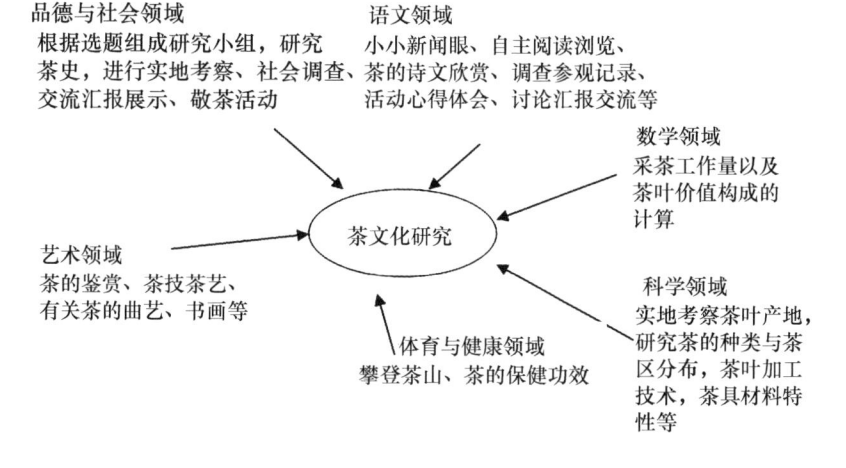

科学领域
实地考察茶叶产地，研究茶的种类与茶区分布，茶叶加工技术，茶具材料特性等

图 2-3　茶文化研究的内容领域

资料来源：韩晓英等《茶文化研究》，http://ipac.cersp.com/BMF/SZF/200510/46.html.

2. 联系学生经验，强调亲历活动过程

学生经验包括直接经验和间接经验。直接经验是指通过直接认知而获得的感性知识，间接经验是指通过间接认知而获得的理性知识。与注重间接经验的学科课程相比，综合实践活动课程特别强调学生的直接经验，尤其强调学生通过亲历亲为的体验活动，因此，综合实践活动方案设计要充分考虑学生的直接经验，并与学生的经验相融合。要以学生的生活实际为源泉，从学生的兴趣和直接经验出发去选题、设计，让学生在活动中独立发现问题、解决问题。

同时，由于综合实践活动强调学生的亲历性，活动体验要贯穿于综合实践活动的每一个主题以及主题的各个阶段中。在设计活动方案时，首先要结合学生的年龄特点和社会生活实际让学生亲力亲为。根据活动的主题内容，根据学生的生活实际（城市、农村）设计一些情境，让学生真正参与、感受。在自然考察与探究中，让学生亲自动手体验知识的发现过程，在社区服务与社会实践中，让学生到社会的

各个行业中实践、体验,丰富人生经历等。如设计"走进家乡超市"方案,教师可将学生分为三个小组:采访组、商品分类调查组、顾客满意度调查组,分别采用访谈、实地实践活动、随机问卷抽查等方式对超市的文化底蕴、公司发展、经营和管理模式等进行调查。通过记录、参与、拍照等方式收集第一手资料,使学生获得亲身参与研究探索的体验。在考察过程中,学会捕捉信息,锻炼与人沟通和交流的能力,积累成长经验。

3. 运用多种活动方式,发展学生的实践能力

综合实践活动方案的设计要着重考虑活动方式的多样性,通过不同的方式方法,调动学生参与活动的积极性,激发学生的探究欲望。一方面要根据活动主题与学生的特点,指导学生恰当地选择活动方式;另一方面根据综合实践活动课程目标与活动内容的特点,创造性地将多种活动方式在活动中加以综合运用,培养学生的实际工作能力与问题解决能力。

遵循这一原则,综合实践活动的设计首先应该运用多种活动方式,比如适当运用考察、参观、访问、调查、宣传、郊游、实验、测量、设计、制作、义务劳动、社会服务等方式,充分调动学生多种感官的参与,动手与动脑相结合。其次,设计中应该通过多种途径为学生提供具体的现实情境,让学生在其中亲身经历、实际操作、探究实践,通过与大自然、社会、生活的深度融合,获得多方面的感受与体验,形成多方面的能力与素养。

【案例】 "三调芭蕉扇"活动方案

湖南省岳阳县张谷英镇中心学校丁群芳老师设计了"三调芭蕉扇"活动方案,第一阶段,学生以参观和采访为主,欣赏各种各样的扇子,了解芭蕉扇厂简史,了解扇的种类和花色品种;整理收集资料,写出心得和采访记录。自主活动从家长或亲戚中进一步了解芭蕉扇厂的相关情况。接着,讨论周六、周日所获扇厂的相关信息,并互

相交流，形成自己的见解。第二阶段，学生仍以参观和采访为主，了解生产一把扇子的生产流程，进车间参观和了解，并试着体验几个工序的操作过程，学做一把扇，整理收集的资料，写出心得和记录。学生交流与合作，从网络上了解国内工艺扇的相关情况，了解芭蕉扇业在国内的影响。第三阶段，在前三周对芭蕉扇厂进行了解的基础上，生成自己的问题，对芭蕉扇厂领导进行采访，了解芭蕉扇业发展对地方产业的影响，形成自己的观点。在老师的指导下，合作写出调查报告。[1]

该活动方案分别采用了参观、采访、交流、实地考察、动手实践、搜集资料等方式，充分调动了学生各种感官的参与，同时让学生通过不同的方式方法去获得信息以及辨认信息，在调查芭蕉扇的活动中不断丰富自己的感受与体验，发展学生多方面的能力。

---

[1] http://jxjy.com.cn:88/Article_Show.asp?ArticleID=4304.

第三章　考察探究与职业体验活动指导

《中小学综合实践活动课程指导纲要》规定了综合实践活动四类主要方式及其关键要素，本章专门讨论其中两个活动方式——考察探究与职业体验——的指导。《中小学综合实践活动课程指导纲要》将野外考察、社会调查、研学旅行作为考察探究的重点范畴，考虑到研学旅行侧重野外、自然探究，综合性较强，受到国家多部委的高度重视，本章将此单列一节加以讨论。

第一节　考察探究

很多国家把考察探究纳入学校教育活动中，尽管不同国家的名称不一，但大多把它作为"活动课程""综合实践活动"或者"综合性体验学习"中的一个部分。日本在《综合学习时间指导纲要》中明确规定：中小学应开展"综合体验性学习"，要求学生通过理解、体验、感悟和探究自然、社会，形成实践能力和社会责任感。在美国，一些学校让学生考察和参观证券交易所、考察地铁的运行控制和地铁管理状况、参观垃圾处理场和环保公司，如美国华盛顿特区的中小学生访问美国总统，了解美国与世界各国的外交关系；纽约中小学生访问联合国总部和秘书长，了解世界儿童状况等。在我国，除了综合实践活动外，一些教师在地理、生物、历史、思想政治（道德与法治）方面组织学生开展考察探究活动，让学生通过观察、参观、走访等活动进行学科学习与问题探讨。本节中的"考察探究"主要指综合实践活动中的考察探究活动课程。

一 考察探究的性质与价值

考察探究既是一种实践性学习，也是一种研究性学习，是"社会实践学习"与"研究性学习"两个领域的有机融合，它倡导实地游历和问题研究，强调学生在主动参与活动体验中进行学习与探究。明晰考察探究的性质与价值，对于综合实践活动课程实施与活动指导至关重要。

（一）考察探究的性质

1. 考察探究的含义

《中小学综合实践活动课程指导纲要》指出："考察探究是学生基于自身兴趣，在教师的指导下，从自然、社会和学生自身生活中选择和确定研究主题，开展研究性学习，在观察、记录和思考中，主动获取知识，分析并解决问题的过程。"这里的"考察"着重指观察、调查、研究，作为一种社会实践方式，考察是学生主体为了达到某一目标，有计划、有组织地对外在客体的观察、体验和研究，最终形成认识。这里的"探究"是指在考察过程中，学生围绕某个或某些问题进行研究，或者在考察中对某个问题进行探究与学习。

作为一种学习方式，考察探究注重观察研究、资料收集和问题分析，注重实践体验，它可以被运用于一些具体的学科如历史、地理、科学等科目的教学之中。同时，作为一种课程组织形式，考察探究又是综合实践活动中的一个相对独立的领域、模块，它有着自身的目标、内容、范围、实施方式与评价要求。此外，考察探究还可运用于社区服务、设计与制作乃至职业体验活动之中。

基于上述分析，我们认为，考察探究是一种集实践学习、体验学习、研究学习于一体的学习方式，是综合实践活动课程的组织方式与活动领域。"考察探究"可界定为：学生在教师指导下，通过有目的、有计划、有组织地运用特定的方法和手段，对特定的自然、社会、文化现象进行实地观察、调查、研究，系统搜集相关信息，获得第一手资料，发现问题，据此进行分析、综合，做出描述和解释，从而提出解决对策的实践活动。换言之，考察探究活动是学生在教师的指导下基于自身的兴趣，运用所学知识技能对社会（历史文化现象和社会问题）、自然现象进行观察、调查、研究和体验，解决所面临的实际问题，并在知识、能力和品质方面获得发展的实践性、体验性、研究性活动。考察探究是实践学习的一种方式，它注重学生的观察、调查活动。它也是问题学习的一种方式，注重学生发现问题、分析问题、解决问题能力的培养。考察探究还是一种体验性的学习方式，它关注学生的主动参与和综合体验。调查、参观、访问、旅行等是其基本活动方式。①

按照考察对象的不同，可以分为对人的考察，对物的考察，对事的考察。对人的考察属于政治的范畴；对物的考察则属于科技的范畴；对事的考察即对社会现象的考察，简称社会考察、调研。

2. 考察探究的特征

考察探究作为以社会考察活动为形式的社会实践学习，它具有下述特征：

首先，考察探究具有参与性。在考察探究活动中，学生作为社会成员参与真实的社会生活，投入当下火热的社会政治生活、经济生活、文化生活中去，通过社会服务、公益活动、社会调查、生活体验等形式开展实践体验与问题探究。学生主体是活动任务的承担者，社会生活的交往者，问题探讨的交流者，在社会参与活动中，学生将所学知识生活化、社会化、对象化，实现人与自然的交往、人与社会（包括人与人）的交往，人与自我的交往（如心灵孤独的体验、内心世界的独白与对话等），丰富对社会的认识，培养社会精神与参与意识。

其次，考察探究具有体验性。体验是通过自己的感觉器官对人、

---

① 潘洪建：《活动学习教学策略》，北京师范大学出版社2010年版，第82—83页。

物或事情进行了解、感受的过程。体验学习建立在实践的基础上，通过对社会现象、行为、事物的体察，获得某些可以言说或难以言说的知识、技能，形成某些情感、态度、观念。体验学习意味着让学生"面向事情本身""热情地求知"。在考察探究活动中，学生通过多种活动的参与和实践，亲身体验，与具体的社会情境密切接触，在观察感知、实际操作、问题探讨等活动中，体验多种社会情感，获得丰富而复杂的情感体验。

再次，考察探究具有研究性。在考察探究活动中，学生运用所学知识、技能、方法，对特定的社会现象、问题进行实地考察，开展系统探究，搜集社会现象发生的原因和相关联系等信息资料，进而加以分析、综合，做出描述和解释，提出解决问题的对策。通过考察，学生接触社会、了解社会、探究问题，学会发现问题、分析问题、解决问题的程序、方法、原则，形成问题意识和社会批判精神，提高自身的研究素养。

最后，考察探究具有综合性。考察探究作为一种综合性学习方式，不仅表现在活动内容、活动形式方面，还体现在活动功能方面。从活动内容上看，考察探究所涉及的对象有自然现象、社会问题、历史传统、文化生活等领域，这些现象都是复杂多维的，要对这些现象与问题进行考察与探究，并提出相应的对策，需要学生运用多学科、多领域的知识技能加以解决。从活动形式上讲，考察探究需要运用文献查阅、调查、问卷、访谈、记录、观察、参观等活动方式，需要运用多种研究方法；从活动功能上看，考察探究不是为了活动而活动，它是为了培养学生的公民意识、社会责任感，使他们成为负责任的公民，学习在活动中理解、体验、研究社会生活现象与问题，获得知识、技能，养成丰富的社会情感、态度和价值观。

（二）考察探究的价值

1. 考察探究有助于丰富学生的生活经验

一般而言，学生在学科课程学习中接触的世界大多是一个由抽象的文字与符号公式构成的世界,这个世界远离学生日常的生活经验,与鲜活的社会生活、生产相比,不免显得枯燥、乏味。采取实地考察、研学旅行的学习方式,学生走出课本,走出学校,投身真实的现实生活,在活动中面对神奇多姿的自然、广阔的社会生活、美丽的田园风光、现代化生产企业、忙碌有序的流水线……在生产生活第一现场让学生感受真实、复杂、流动、多彩的大千世界,学生主动观察、交流、采访、记录、尝试、体验,获得的不再是教材上抽象的符号世界、概念体系与冷冰冰的事实材料,而是丰富的、立体的、跨学科的实际经验。考察探究帮助学生突破书本知识的局限,学生在面对真实事物与现象的过程中与自然密切接触,融于真实的社会生活中,巩固和拓展学科课程学习,丰富人生阅历。

2. 考察探究有助于培养学生规划、操作、研究能力

在考察探究活动开展前,学生在教师的指导下制订计划、撰写方案,有助于培养学生设计、规划的能力。在考察探究过程中,教师鼓励学生自主地发现问题,提出问题,解决问题,初步进行动手尝试与实践操作,有助于培养学生的问题意识和探索精神,提高分析问题、解决问题的能力与实际操作能力。同时,在考察时需要学生进行观察、记录,有利于培养学生的观察能力。在考察结束后,学生对活动中所收集到的资料进行归纳、整理、分析、总结,有助于提高学生的信息素养和反思能力。概言之,考察任务的复杂性、内容的广泛性、目的的多面性,决定了学生在考察学习中需要运用多种方式进行学习,如观察、感受、记录、提问、讨论、交流、尝试、体验、想象、思考,多种感官共同参与,不仅使考察活动形式多样化、丰富化,而且有助于发展学生的多元智能。①

3. 考察探究有助于发展学生的情感态度

考察探究活动以其内容的丰富性、对象的真实性、形式的多样性

---

① 金昌海、潘洪建:《食品科学与工程专业教学法》,中国轻工业出版社2017年版,第174页。

引发学生的兴趣,学生积极参与,投身其中,在考察探究活动中,多姿多彩的自然现象、复杂多维的社会问题、形象光辉的英模人物,能激发学生的探求欲望。学生基于自己对生活世界的疑问,构建研究主题;运用所观察、访谈、实验、文献查阅等方法进行深入研究,开展野外考察、参观访问、社会调查、研学旅行等,能促进学生探究意识与创新精神的发展。学生和教师、同学之间协作交流、共同探讨,进行成果展示、经验分享,有助于培养他们的团队意识、合作精神。学生利用双休日和节假日走出校门、家门,进行有计划、有目的的考察活动,可以锻炼学生的意志,培养学生热爱科学、热爱家乡、热爱大自然的美好情感。

二 活动设计

考察探究活动设计主要指设计考察探究活动方案。考察探究活动方案涉及活动背景、活动主题、活动目标、活动内容、活动方式、活动准备、活动过程及其指导、活动结果展示与评价等。

(一) 活动主题的设计

考察探究活动主题是活动内容的集中体现,我们可以根据不同的活动领域及其内容加以选择与设计,围绕某一主题进行方案设计。当然,作为综合实践活动的考察探究,其综合性质要求考察探究活动主题具有一定的跨学科性,即便是对某一学科或领域的活动主题,我们在活动内容设计时也要注意进行跨学科、跨领域设计。同时,要选择那些学生感兴趣、资源开发与利用便利、活动经费较低的考察主题,不能舍近求远。按照考察资源的来源,参照考察探究活动内容的分析,可以将考察探究主题大致分为以下一些类型。

人口环境主题。组织学生对当地人口结构及其增长状况、水资源状况、空气污染状况、荒漠或沙漠化现象进行调查和考察。该类主题旨在提高学生的环境意识和人口意识,增强学生的社会责任感。

地质资源主题。丘陵平原、江河湖泊、土壤矿石、地质地貌都是值得考察的内容。可以选择当地的名山、主要河流与湖泊、矿产资源进行考察，加深学生对家乡地理资源的了解，提高学生保护地理资源，形成合理开发利用地理资源的科学思维和意识。通过考察，可以引导学生给地方政府提出资源保护或开发的建议，为当地经济发展贡献力量。

农业生产主题。考察当地动物、植物资源，如国家森林公园、主要农作物基地、林果基地、蔬菜大棚基地、花卉苗圃、动物饲养场等，让学生实地参观、亲身体验养殖种植、探讨资源开发和保护的途径，巩固所学知识技能，培养乡土意识与热爱家乡的情感。

厂矿企业主题。走进工厂、企业、矿区，了解现代工业生产的程序、方法及其科学原理，将理论知识与生产劳动相联系，培养学生劳动观念、企业意识，加深学生对工人师傅的理解和尊重。

古代遗址主题。全国各地都有一些古代遗址，如殷商遗址、古汉墓群、古代寺庙、古桥、古洞等古代建筑，还有古代壁画、石刻艺术、石雕艺术等古代灿烂文化和悠久文明。通过考察增强学生的文物保护意识，了解科学的考古方法。

历史人物主题。考察烈士陵园、纪念碑亭、名人先贤纪念馆、纪念地等，开展诸如贾思勰墓前学农耕，蔡伦故里话发明，万里长城上谈建筑，詹天佑纪念碑前讲创造等活动，对学生进行热爱祖国、热爱科学、热爱家乡的情感教育。

当代英模事迹主题。当代科技英才、劳动模范的可贵精神、光荣事迹、伟大成就都是调查采访的对象。通过调查和采访，让学生理解英雄模范人物的理想与追求、事业与工作，帮助学生形成科学的世界观，积极的人生观、价值观。

当代科技文化成就主题。组织学生对市容建设、交通工具、家庭住房、生活水平等进行调查和采访，通过今昔对比，增强学生热爱祖国、热爱家乡、热爱生活的情感，提高学生的社会责任心，增强使命感。①

《中小学综合实践活动课程指导纲要》附表推荐列举了考察探究的活动主题，并对活动内容与目标进行了说明，可为考察探究活动设计提供参照（见表3-1）。

表3-1　　　　　　　　　**考察探究活动推荐主题**

学段	活动主题	
1—2年级	1. 神奇的影子 2. 寻找生活中的标志	3. 学习习惯调查 4. 我与蔬菜交朋友
3—6年级	1. 节约调查与行动 2. 跟着节气去探究 3. 我也能发明 4. 关爱身边的动植物 5. 生活垃圾的研究 6. 我们的传统节日 7. 我是"非遗"小传人 8. 生活中的小窍门	9. 零食（或饮料）与健康 10. 我看家乡新变化 11. 我是校园小主人 12. 合理安排课余生活 13. 家乡特产的调查与推介 14. 学校和社会中遵守规则情况调查 15. 带着问题去春游（秋游）
7—9年级	1. 身边环境污染问题研究 2. 秸秆和落叶的有效处理 3. 家乡生物资源调查及多样性保护 4. 社区（村镇）安全问题及防范 5. 家乡的传统文化研究 6. 当地老年人生活状况调查	7. 种植、养殖什么收益高 8. 中学生体质健康状况调查 9. 中学生使用电子设备的现状调查 10. 寻访家乡能人（名人） 11. 带着课题去旅行
10—12年级	1. 清洁能源发展现状调查及推广 2. 家乡生态环境考察及生态旅游设计 3. 食品安全状况调查 4. 家乡交通问题研究 5. 关注知识产权保护 6. 农业机械的发展变化与改进	7. 家乡土地污染状况及防治 8. 高中生考试焦虑问题研究 9. 社区管理问题调查及改进 10. 中学生网络交友的利与弊 11. 研学旅行方案设计与实施 12. 考察当地公共设施

---

① 张立栋、武杰：《开展科学考察活动 培养学生创新能力》，《山东教育科研》2001年第6期。

（二）活动目标设计

考察探究的目的在于让学生走进自然、接触社会、体验生活、感悟人生，丰富学生的社会知识与实践体验，增强学生对国家、民族、社会、历史、文化的了解，使学生获得对现实社会和历史传统、文化生活的认知、理解和初步感悟，让学生在活动中积累一定的社会阅历、生活经验和文化素养，培养学生的社会责任感，形成国家认同、文化自信，发展学生的探究能力、操作能力与创新精神，促使学生社会化。

考察探究活动的目标可分为知识目标、能力目标、情感目标。但对于不同的活动主题，活动目标不宜面面俱到，可以有所侧重。我们应根据学生的兴趣、身心发展水平，制定适切的活动目标，活动目标由教师、学生和考察情境中的相关人员三者共同商定。活动目标需要清晰、具体、明确，具有较强的可操作性，有利于观察记录，并以此作为活动评价的依据，释放活动目标的潜在功能，发挥活动目标的规范与导向作用。主题活动目标需要对活动结束后学生的能力发展、情感培养、知识获得进行描述，达成预设的活动水平。

【案例】 围绕"贞节碑"的探究活动

通过"贞节碑"探究活动，锻炼学生现场考察能力和拓印复制能力。

学生学会用辩证唯物主义和历史唯物主义的观点，分析碑文中的事件和人物，培养分析比较、归纳概括、透过现象把握历史本质的思维能力。

通过教师引导，借助实物和图片等资料进行学习，展示、交流研究成果，以师生交流互动的方式形成开放的学习氛围。

鼓励小组通过集中学习、采访、交流、查阅资料等形式开展考察探究，培养学生的合作意识和协作能力。

通过教师指导，提高学生解读文言文、搜集资料、写作历史小论文的能力。①

该目标设计包括知识、能力、情感目标,较为具体明确,但第三项目标仅仅是学习方式,不属于活动目标,可以删除。

(三) 活动内容设计

考察探究的内容一般涉及本地区的历史和文化遗产、现实的社会生活和生产方式,如考察某一社区的经济状况、生活方式、文化传统、历史地理、建筑景观、商业设施以及文化古迹等活动,也可以对社区、地方的社会问题现状及对策进行调查和探究。

考察探究的内容十分丰富,大体有以下几个方面:②

自然风光考察活动。以伟大的民族、悠久的历史、美丽的山河等为专题,组织学生登泰山、爬黄山,或考察当地的名山大川,让学生学习自然、历史、地理、文化知识,了解中华民族优美的自然、灿烂的文化,增强民族自豪感。

工厂农村参观活动。到学校所在地区的工厂、企业、农村进行观察,了解工农业生产的状况,如组织学生参观印刷厂,查看图书制作的整个流程,让学生了解书籍是如何印刷出来的;组织学生去农村参观大棚蔬菜,让学生了解反季节蔬菜的生长过程、栽培方式及其原理,感受当代科学技术成果及其在生产中的运用,研究大棚蔬菜种植与销售所面临的问题,等等。

社区社会调查活动。组织学生调查所在社区的经济、人口、环境、生产、生活、民俗等情况,发现问题,进行探讨。如古城保护调查、社区绿化状况调查、乡村垃圾处理、社区体育健身设施调查、社区文化建设状况调查、居民文化程度调查,等等。

"红色之旅"考察活动。学校利用假期组织学生开展社会实践活

---

① 韩法兴:《身边的历史——围绕一块"贞节碑"的考察探究活动》,《中学教学参考》2012年第1期下。

② 潘洪建:《活动学习教学策略》,北京师范大学出版社2010年版,第88页。

动，如组织学生"重走长征路""重上井冈山""重回延安"等多种形式的历史考察团，分赴革命老区、革命圣地进行学习、考察，追溯先烈足迹，缅怀革命英烈，增强历史使命感和社会责任感。

英模人物走访活动。通过学习先进人物的优秀事迹，了解先进人物的思想境界，激励学生立志，在未来的工作岗位上为祖国、为人民奉献青春，建功立业。

革命前辈寻访活动。组织学生赴老区访问革命烈士的亲属，搜集、整理烈士事迹，从中接受具体、深刻的革命传统教育。如组织学生访问革命老前辈，听老英雄讲述抗日战争和解放战争的故事，重温战争烽火岁月，接受爱国主义教育。

国外一些学校组织学生开展的丰富多彩的考察活动，内容广泛，形式多样，可供我们借鉴。例如，日本宫城教育大学附属中学开展了对本地区及其他地区的历史、文化、产业、地理等领域的实地考察活动，内容颇为丰富（见表3-2）。

表3-2　日本宫城教育大学附属中学初中三年级"综合体验学习"活动——金泽考察团

领域	题目
金泽的历史	大乘寺；加贺百万石的历史；金泽城；商业街的建筑；前田家和金泽；金泽的宗教和历史
金泽的饮食文化	茶道和传统糕点；金泽的酱油和豆油；金泽的特产面条；金泽的美食和味道
金泽的传统文化和生活	金泽民间、古代传说；九谷的陶瓷；金泽的漆器；加贺提灯；加贺的花绸印染；金泽的蘑菇
金泽的街道建设	浅野川的桥；景观的保存；横贯街道的水渠
金泽的产业	近江街市场；金泽的旅游观光

（四）活动过程设计

1. 活动准备

由于考察探究一般需要在校外开展活动，活动前需要落实活动地点、时间、接待单位、人员、交通、食宿、安全预案等项事务，为考察探究活动的顺利开展做好充分的准备，考察活动还要考虑实施形式、任务分工、活动开展、安全保障等问题。

2. 活动开展

实施考察方案，将考察计划付诸行动，组织学生到考察现场开展考察活动，采取观察、访谈、调查等方式收集相关资料，以达到预期目的。本阶段要特别注意下述方面：[1]

明确考察的目的、要求、注意事项，考察分工，确定各小组的工作任务。

考察方式，如访谈、观察、操作，在教师、指导员的指导下进行。

考察过程中的讨论、交流。学生可向外部人员、专业人员、领导提问，记录提问内容及答案。

考察活动记录。问卷、照片、图片、草图、视频、音频、纪录提纲……

3. 活动成果展示与评价

处理考察过程中所搜集到的材料，对考察活动所收集的资料包括有形的数据、图表、图片、实物、材料，也包括无形的考察步骤、方式方法、经验体验、感受收获，进行梳理。展示所搜集到的材料和访谈资料，如图片、物品、笔记、PPT陈述、幻灯片、视频。展示的形式灵活多样，既可以是所见所闻、体验收获，也可以是个人的困惑、问题、思考、启示等。汇报考察活动的内容、方法、结果、建议等，也可以采取情境描述、活动表演的方式进行汇报。

为了调动各方面活动的积极性，在方案设计的过程中，教师要让学生参与到整个活动方案或部分活动方案的制定过程中，激发他们的参与兴趣，引导他们对考察活动的目标、任务、内容具有明确的意

---

[1] 金昌海、潘洪建：《食品科学与工程专业教学法》，中国轻工业出版社2017年版，第175页。

识，积极参与，团结协作。此外，相关单位与人员也可参与活动方案的制定，发挥他们的作用，共同完成考察任务。教师、学生和考察场所的有关人士共同设计考察项目，讨论考察活动的具体要求、活动时间、考勤制度、个人和组织的相关责任以及其他事项。在制定考察活动计划的过程中，考察时间、地点以及所需经费等重要问题要由教师、考察活动的有关单位和学生共同决定。

考察探究活动方案包括学校考察活动方案与班级或小组活动方案。一般而言，学校活动方案比较宏观、粗略，而班级或小组活动方案比较具体，需要根据活动方案的要求，规范地撰写与设计。学校活动方案示意如下。

【案例】无锡市堰桥"南京社会实践活动"计划（高中一年级）

一　指导思想

培养学生求知能力和提高学生综合素质，凸显"尊重学生主体意识、注重学生体验感悟、创设有利于学生体验感悟的活动形式"的特征，健全和塑造堰桥高中"社会责任较强、人文素养较厚、重实践、重创新"的学生人格特征，凸显"发现每位学生的价值，发掘每位学生的潜能，发展每位学生的个性，发挥每位学生的特长"的德育理念。

二　活动主题

弘扬民族精神　立志爱国成才

三　活动时间

2016年3月22—23日，两天

四　活动课程领导小组

组　长：沈建春（校长）

副主任：陈登峰（副校长）

组　员：徐宪新（德育处主任）、解国柱（德育处副主任）

吴国文（高一年级部主任）、胡谢芳（高一年级组长）

五 活动目标

重点工作	能力培养	目标
民族精神的培育	政治判断能力	通过参观革命史迹,能自行确立社会责任感
	知行思辨能力	通过考察、思考、联系自身,有所感悟
生存能力的培养	社会适应能力	能与陌生人进行交往,遇到意外能应变处置
	生活处理能力	合理消费,生活自理,遵守社会公德
	团结协作能力	自建小组,团结组员,胜任组内的一项工作
研究学习的开展	方案设计能力	参与小组的方案设计,使之科学化、合理化
	资料收集能力	能通过各种渠道获取课题相关资料
	探索考察能力	围绕课题方案,进行考察,记好笔记
	论文撰写能力	参与撰写小组的研究性论文,承担相关任务
个人心智的提升	自我完善能力	针对自身情况,提出并达到一项心智的提升
	评价鉴定能力	学会客观地自我评价及对他人的评价

六 活动实施

(一) 活动阶段安排

1. 发动阶段(时间:两周)

任务:做好知识辅导和思想动员。

(1) 在校长室的直接领导下,由学校德育处策划制定完整的活动实施方案。

(2) 高一年级部备课组长的动员:为活动实施做学科知识铺垫的准备,确定历史学科、地理学科、研究性学习学科等相关教学内容或知识。

(3) 全体班主任的动员:专题研究道德品质训练、行为规范训练的要求,并制定切实可行的管理机制、评价机制。

(4) 全年级学生动员:清醒地认识"社会实践活动"的意义,确定小组考察路线及其研究学习的目标。

(5) 家长动员:通过告家长书的形式,让各家长了解我校进行"社会实践活动"的意义。

2. 准备阶段(时间:两周)

任务:做好知识准备、课题准备、物质准备。

（1）通过周一下午第四节科技课和中午时间播放一些关于南京的历史、人文、地理的电视节目。

（2）在"社会实践活动"之前，利用某天晚自习三、四节课，就历史、地理、研究性学习知识进行专题辅导。

（3）学生自行组建活动小组，每班分成五个小组，平均分组，男女搭配，每小组聘请年级组任课教师担任课题的指导教师，各小组设计好课题方案和考察计划。年级组统一安排时间，先召开班主任例会进行评估，再由各班主任与各小组进行修改。

（4）"社会实践活动"领导小组为每位学生准备好"社会实践活动"手册、研究性课题手册，联系好旅行社，为每位学生购买好保险。

3. 实践阶段（时间：两天）

任务：达到预期效果，填写好活动手册。

（1）每位学生根据课题设计方案和考察计划，开展研究性活动、考察活动，做好每天的实录，记好每天的日记；进行自我评价，做好每天的资料整理。

（2）每一天晚上由班主任和学生干部主持班务会，了解各小组活动情况，进行小结，重点在学生的点滴感悟和课题的实施情况。

（3）班级班务会后，学生休息，由随队任课教师负责纪律，领导小组召开班主任会议，各班主任交流当天班级情况和存在的问题，讨论和布置第二天的活动。

（4）学生必到景点：中山陵、总统府、南京仙林大学城、夫子庙、中华门、雨花台烈士陵园。

（5）主题教育活动：祭奠雨花台烈士。

旨在引领学生了解中国共产党在中华民族精神的传承和创造中的重要作用，继承和发扬革命传统。

4. 反馈阶段（时间：返锡后的二周）

任务：以课题小组为单位，全面展示学生"社会实践活动"的成果及班级文化，张扬德育理念。

（1）各小组以多媒体的形式展示"社会实践活动"中所体现出的班级文化，班级挑选优秀的小组参加年级展示。

（2）由学校文学社高一年级的社员收集"社会实践活动"中的优秀体验文章，在《雁行》社刊上开设专栏；由高一年级部组织"学生优秀摄影展"。

（3）收集各种成果资料，制作"社会实践活动"网络资料库。

5. 评价阶段（时间：返锡后的二周）

任务：进行学分评价，完成活动手册。

（1）利用周一、周二中午以小组为单位进行自我评价。

（2）利用周三下午第四节班会课完成小组互评。

（3）根据课题展示的情况，年级评出优秀课题；班级在班主任的指导下，由班干部组成班级评价委员会给各学生社会实践打分。

七　活动要求（略）

八　作息时间（略）

（活动方案规划：无锡市堰桥中学　陈登峰）

三　活动实施

在活动方案确定后，需要根据活动计划有步骤地实施，活动实施后开展活动评价。

（一）考察探究活动的方式

观察、参观、观测、调查和访谈是考察探究的基本方式。一般来说，一项具体的考察活动需要综合运用多种活动方式，通过运用多种方式，完成考察任务。在开展观察、调查、参观、访问中，应注意发现问题，进行探究，提出问题解决的方法与策略。

1. 观察

观察是指实地或实时对各种情况加以考察、比较、归纳。教师可利用适当的机会和条件，指导学生进行实地观察。比如组织学生走出课堂，对事先选定的目标进行实地观察，在此基础上写出观察报告。教师在指导学生进行观察时应注意：首先，明确观察对象和目的。考察什么、为什么要考察，是观察之前必须弄清楚的问题，否则观察活动会陷入盲目，难以收到预期效果。其次，把握总体，了解局部。在一般总体观察的基础上，进行重点观察。没有重点观察，总体观察就会显得浮泛；光有个别的重点观察而没有总体观察，又会出现支离破碎的结果。再次，要注意做好观察记录。为了获得对对象的整体认识，在观察过程中，要随时对自己所观察到的现象进行必要的记录、分析，努力把握观察对象的特点，为撰写观察报告做好准备。最后，注意使用多种观察方法。单一方法可能会使观察活动限于片面。在考察过程中，既可以使用连续性观察，也可以使用非连续性观察；既可以使用隐蔽性观察，也可以使用非隐蔽性观察。

2. 参观

参观是指对各种情况进行比较观察、现实观看和系统察看。在组织参观活动时，教师可根据实际条件，选择合适的地点让学生参观。例如，根据学校所在地的具体情况，组织学生参观气象站、天文台、水文站、矿山、工厂、铁路车站、水利枢纽、电站、水产馆、农场、林场、畜牧场、自然博物馆等。参观前，教师要联系参观场所、确定参观的项目、参观的具体内容和时间，以提高参观效果；在参观活动开始前，教师要与参观场所的接待人员进行沟通，要求他们介绍参观的内容并做适当讲解，同时对学生提出要求，告知其参观的注意事项；在参观的过程中，教师要指导学生根据参观提纲的要求，做好参观记录；在参观活动结束后，要指导学生及时进行总结和反思。

3. 访谈

访谈是指以国家或地方政府机构、政府官员、特殊人物、特殊阶层等为访问对象，就学生感兴趣的某些话题对访问对象进行询问和谈话。如组织学生对某一地区的政府领导人进行访问，了解当地的发展目标和战略等情况，让学生了解自己的家乡或社区的变化与发展。组织学生进行访谈时应注意：第一，让学生学会敏锐地发现采访线索，并为学生提供采访线索的来源。第二，要求学生在采访前明确采访的具体任务，确定采访的对象并做好联系，一般地说，要以当事人、事件的参与者和目击者以及了解内情的人为采访对象。另外，访谈前还要指导学生制订访谈计划和提纲，并安排采访的日程和顺序。第三，指导学生运用多种方式进行采访，可以采用个别访问，也可以召开座谈会。个别访问是指由采访的人直接向采访对象提问，要求学生所提出的问题要明确、具体，使被采访对象有话可说。提问要态度亲切和蔼，使被采访对象有话愿说。召开座谈会是指由采访的人邀请几个人来座谈，以获得所需的素材和资料。最后，访谈结束后要求学生对采访的整个过程进行总结，成功的地方要在以后的访谈中继续发扬，不足的地方要找出原因，自觉克服。

考察探究中的每一种形式都有其优点和不足，教师在指导学生选择活动方式时，可以依据以下两个方面的因素进行把握：一是活动主题。活动主题是影响方法选择的一个十分重要的因素。有些主题需要学生走出校园进行实地走访；有些主题要求学生与各方面的人士进行交谈访问；有些主题所涉及的问题比较复杂或者比较敏感，则可以采取问卷调查的方式。例如"高中生环保意识的调查"最合适的方法是问卷调查；"关于植物激素应用的市场调查"应该选择实地考察、访谈和文献调查等多种形式。二是学生状况。不同学生的心理和知识基础状况不同，性格特点和兴趣爱好也有差异，因此，在活动形式选择上必须考虑学生的因素，指导他们找到适合自己的活动形式。例如，性格外向的学生适合选择实地考察、访谈等形式；性格内向的学生适合选择文献调查、问卷调查等形式。当然，在活动的过程中，教师也应鼓励学生尝试各种形式，使自己各方面的能力都得到提高。总之，学生应该结合活动主题的特点和自身的兴趣爱好，选取有效的活动方式，尽可能结合多种方式，从多个侧面了解问题，提高社会考察活动的成效。

（二）考察探究活动的基本过程

《中小学综合实践活动课程指导纲要》指出，考察探究的关键要素包括发现并提出问题；提出假设，选择方法，研制工具；获取证据；提出解释或观念；交流、评价探究成果；反思和改进。这些关键要素可以被视为活动过程，也可看作活动的一般模式。具体地讲，社会考察活动的过程主要包括提出考察研究的主题，制定研究方案（包括选择或设计考察形式、编制调查问卷或访谈提纲等），实施考察（进入现场开展活动，搜集数据信息资料），形成考察研究报告（整理与分析数据、得出考察结论、撰写报告），进行活动评价。其中，设计考察研究方法，获取真实、客观、有效的数据资料，十分重要，它直接影响对社会问题的客观判断和合理解释。结合考察探究活动的性质与特点分析，我们可将考察探究活动过程划分为六大阶段。

1. 确定主题

选择考察探究的主题，明确考察活动要解决的主要问题，并提出相应的活动目标、活动任务。活动主题一般宜小不宜大，以便考察探究的深入开展。

2. 制定方案

根据考察探究的主题、目标，确定活动内容，选择适合的活动形式或方法，确定考察的对象、地点、时间。活动目标要明确具体，内容要丰富多彩，适合学生特点。活动形式与方法的选择要综合考虑各方面的因素，考察探究一般需要提出假设（即对考察结论的初步预测，前期假设会影响考察工具的研制方向与内容），研制考察的工具如观察要点、调查问卷、访谈提纲等，缺乏考察工具的设计与运用，考察探究活动可能会走马观花，流于形式。活动时间一般安排在节假日，活动地点一般选择学校附近的革命教育基地、社区、自然和社会景观等，这样可节省经费和时间，提高效率。

3. 活动准备

活动准备包括两项工作：一是联系沟通。考察探究一般在校外进行，需联系考察、参观、访问的对象（人或机构），并得到相关方面的配合，争取相关单位、部门、个人的理解、支持，通过与他们的交流和磋商，达成共识。二是活动前的物质准备，如对活动开展必需的活动设备、设施、材料、资料、工具，需要事先准备齐全。

4. 现场考察

在带队教师的带领下，进入考察现场，展开实质性的考察、参观、访问活动，在活动中教师应指导学生进行有目的的观察、活动、记录，注意收集有关资料，为成果展示与报告撰写提供真实、丰富的第一手资料。

5. 报告撰写

在考察活动结束后，组织学生对所收集的资料进行归类、整理与分析，形成结论性认识，撰写考察、参观、访问的活动报告。活动报告要规范，内容要丰富，既有对成就的描述，又有对存在问题的分析，还有对解决问题的思考与建议。同时，整理相关活动成果资料，供展示交流使用。

6. 展示评价

考察报告完成后，应组织学生展示考察活动成果，交流考察体会，分享考察经验。展示的内容有活动前搜集的资料，制订的小组活动计划，活动中的图片、视频、记录、日记；活动后的调查报告、手抄报、宣传单、标语、建议书等。通过相互交流，分享活动经验，形成对社会现象的深刻体验和整体认识，提升活动效果。在活动过程与成果展示的基础上，依据一定的标准，对考察探究活动进行评价。

四　活动评价

考察探究活动的评价应注意过程评价与结果评价、教师评价与学生评价的结合，采取灵活多样的形式对学生的考察探究活动进行评价。

（一）教师评价

教师评价是指教师根据评价标准，对学生的活动过程及其成果进行较为客观、全面的评价。教师评价需要将过程评价与结果评价有机结合起来，对学生的活动参与及其成果进行评价。

过程评价也称形成性评价，主要目的是评价学生参与活动的经历、表现。评价的方法通常利用活动档案袋，对学生的活动计划、调查问卷、访谈提纲、活动记录、活动日记、活动图片、心得体会进行评价。

结果评价又称总结性评价或终结性评价，主要是以考察探究的成果作为评价对象，对学生的认知、技能和情感等方面的变化进行综合评价，评价学生在考察探究活动结束后身心素养的发展水平、进步程度。即评价学生是否达到了考察前设定的活动目标，学生的观察能力、思维能力、操作能力的发展状况，学科知识的运用与巩固，相关领域新知识的获得，以及学生的探究意识、协助精神、创新品质的发展状况。还可以评价学生对问题的发现、分析是否深入，提出的有关建议是否新颖、可行等。

当然，教师可以邀请家长、考察活动项目单位等多方代表参与评价，共同评价学生的活动成就。

（二）学生评价

学生自评。学生自评有两种方式：一是教师事先设计活动评价表格，让学生根据实情逐项打分或确定等级，最终获得总体分数或等级。二是鼓励学生采取心得体会或活动日记的方式，让学生讲述活动中的经历、故事、感触、体会，作为评价的依据，这是一种质性的评价方式。如在文化遗址考察后让学生撰写活动的收获与感受，以此作为评价的材料。下面是一些学生的考察探究心得体会。

心得体会之一：

> 这个研究课题最初于我是一种极大的挑战，以前，我对墓群、文物出土什么的几乎不了解，也完全不感兴趣。只是由于机缘巧合才最终确立了这个课题。经过这次研究后，我才发现，这

确实是一件极有意义的事。不仅仅是因为它有很大的价值,更因为它出自我的故乡,还成为重大的发现,震惊了很多人。正是因为这一点,我才对此逐渐改观,慢慢地发现了这个课题的闪光之处,也终于对之产生了浓厚的兴趣。

从这个课题中,我学到了许多关于遗址、文物出土与保护的知识,对遗址、文物的开发也有了更多的了解,慢慢地对从事遗址研究的人的看法也有了改观。

在研究中,纵然有过困难和争执,但我们排除万难,团结一心,共同努力,最终完成了课题研究,并有了让我们为之满意的结果。

当然,仅凭我们自己的力量是不够的,正是有了老师的热情帮助和从事博物馆研究的夏馆长给我们的资料,我们才能最终顺利地完成研究。[①]

心得体会之二:

也不知怎的,当初心头一热,在选择课题的时候,心想自己没有达到研究科学类问题的高度,便选择了人文类方面的小研究。鉴于母亲与外公都是坊桥人,坊桥隶属后宅,后宅隶属鸿山镇,因此不管是人际脉络方面还是平时的熟悉程度,都成为选择这个课题的最初理由。鸿山镇最伟大的发现便是2004年具有年度意义的遗址发现——鸿山大遗址,对此每一个鸿山人都十分骄傲,便开始重视起文化的传承与保护了。在研究过程中,由于小组内有三个人的家乡距离鸿山较远,因此研究开展得并不十分顺利,曾经一度想放弃,但老师的鼓励与家长的配合又重燃我们内心的希望。高中学习任务繁重,如果要求同学们都能抽出时间投

---

① 黄莹、秦宇婷、袁蔚、邹岚:《无锡鸿山遗址口述史文化研究》,指导教师:江苏省锡山高级中学胡晓军、陈燕,2013年3月。

入这看似与平日学习毫无关系的课题中，也许可能性不大。我认为，对于研究课题成功最重要的就是热情执着与大家的团结互助。终于在阳光明媚的一天，小组成员集结在鸿山遗址博物馆门口开始了对馆长的采访。除了这次全员出动的实践外，我们还必须把其余对象的采访提纲发给那些渴望得到答案的人。文化历史是一个非常模糊的概念，我们只能从最基本的故事开始，因此有了口述史的想法，只能由我向周围的居民发放调查问卷，其发放与收集过程的艰巨性是可想而知的。比如说，我想采访外务人民，结果只是招来冷冷的一瞥，那人便离开了，没有人愿意关心这一个与自己生活毫无瓜葛的话题。最后，我只能让亲戚家的女婿简略地回答了一下。通过此研究，我也发现了自己的许多不足之处，有时是自己太急于求成，忽略了组员的想法，大家一开始并不能愉快地展开研究，但后来，也许大家发现了团结的重要性，就都投入了精力。所以，这一课题，也算是枯燥学习中的昙花了。

另外是关于社会文化的关注问题。显然，现在政府十分重视文化工程，文化工程不再只是面子工程，而是重在人文与自然发展的结合，许多人的积极努力才促成了这一课题的顺利进行，在此向他们表示深深的感谢。[①]

学生互评。由于考察探究活动大多以小组甚至班级为单位进行组织与安排，在整个活动的设计、实施与评价过程中，学生之间团结协作，彼此互动，通过分工合作的方式完成考察任务，学生对整个活动过程中每个小组成员的参与状况、水平有真实的了解，因而可以组织学生进行相互之间的评价（见表3-3）。

[①] 袁蔚:《无锡鸿山遗址口述史文化研究》，指导教师：江苏省锡山高级中学胡晓军、陈燕，2013年3月。

表3-3　　　"端午知多少"综合实践活动学生互评表

研究主题（组长）	最值得学习之处	需要改进之处	综合评价（五星）
1			
2			
3			
4			
5			

最佳小队：_____、_____
最佳队员：_____、_____、_____、_____

资料来源：王丽华《端午知多少》，http：//jxjy.com.cn：88/Article_ Show.asp? ArticleID = 4041.

教师可制定小组活动互评表格，让学生根据互评表，逐项给出其他同学的等级或分数，进行汇总，于是得到每个学生小组评价结果。小组评价主要标准包括：选题范围适中，具有科学性和可行性；研究过程重实践，展示材料围绕主题；小组成员分工协作，参与积极，仪态大方；成果形式多样，有创新，汇报条理清楚，重点突出。附课题小组成绩评价标准（见表3-4）。

表3-4　　　　　"端午知多少"小组评价表

课题名称：_____　　组长：_____
小组成员：_____

指标	权重	评价要素	分项权重	评价分值	分项成绩
开题	20	1. 选题的科学性与可行性	10		
		2. 课题计划（内容、任务、分工、进度安排、表述等）	10		
过程	50	3. 小组成员出勤率	5		
		4. 活动记录的完整、及时	10		
		5. 活动记录的真实性	10		
		6. 小组的团队合作精神	10		
		7. 活动预期目标的达成率	10		
		8. 材料的规范与完整性	5		

续表

指标	权重	评价要素	分项权重	评价分值	分项成绩
结果	30	9. 研究成果（成果的可靠性、可信度、创新水平、成果表达形式与内容）	20		
		10. 现场答辩（全员参与情况、语言表达、仪态仪表、应答能力）	10		
满分值	10	课题组成绩			

资料来源：王丽华《端午知多少》，http：//jxjy.com.cn：88/Article_ Show.asp？ ArticleID = 4041。

五 活动指导

考察探究活动指导策略包括考察活动的准备策略、考察活动实施指导策略、考察活动成果汇报与反思评价策略。

（一）考察探究前的准备策略

准备考察活动是活动过程中的一个重要步骤，关涉到活动的成功。在活动准备阶段，一般要分析学校的资源条件、了解有待考察的环境和社会关系状况、让参加活动的学生理解社会考察活动的目标、选择考察活动的主题等。准备工作还包括观察和练习，或者为学生提供书面的服务指南。

1. 盘点学校资源

充分考虑校内和校外的各种资源，有助于考察探究活动项目的实施。在组织开展社会考察活动前，学校要分析相关的人力资源和财力资源。首先，人力资源包括学生、教师、行政人员与教辅人员。学生是服务活动的主体，在安排活动时，除了考虑学生的意愿和兴趣之外，还要考虑学生所在的班级、人数和年龄因素。学校教师和行政人员是活动的协调者和指导者，校领导应事先安排人选，分配工作和权责。其次，财力资源包括经费、设施和交通工具。经费的来源有学校预算、校友会、家长会、校外团体等。

2. 选定考察主题，制定考察方案

考察活动主题的确定依据学校和学生两方面的因素。要考虑学校所能提供的资源和条件，分析考察活动情境，根据学生心理发展状况、兴趣、意愿和能力，由师生共同确定考察主题。

考察探究方案的制定要由教师、考察情境相关人员和班级中的学生共同参与，对考察项目所涉及的团体、机构做出合理安排。教师、学生和考察场所的有关人士共同设计考察项目，讨论考察活动学习的具体要求、活动组织的相关责任，明确活动时间、地点以及所需经费等事项。

3. 开发考察探究工具

在活动方案确定后，教师和学生应根据所要考察项目的性质和要求，查阅相关文献，准备相应的考察工具，如观察表格、调查问卷、访谈提纲等。根据研究工具的要求，指导教师应制定考察探究活动需要的表格、问卷，提供相应的资料，为考察探究的深入开展提供有力的支撑。

此外，在正式的考察活动开始前，要让学生理解考察探究的意义和要求，了解考察活动的实施过程，熟悉考察活动的程序，包括考察的方法、考察所需的知识和技能，并且向学生解释评价的程序、内容和方法。

（二）考察探究中的指导策略

1. 活动组织策略

考察探究活动一般以班级或小组为单位加以组织，活动具有集体性质，组织工作十分重要。教师需要让学生进行合理分组，科学分工，明确每个成员各自的职责，同时，引导学生相互协作。就活动分工而言，考察活动的开展一般需要观察、调查、访问、记录、摄影、录像等，在考察过程中，每个学生都应承担1—2项职责，随着活动的开展各负其责，并注意配合小组其他成员的工作，提供必要的帮助，共同完成活动任务。

2. 安全保障策略

考察探究活动是在校外进行的，具有较大的不确定性，存在一定的风险与安全隐患,安全保障工作显得尤其重要。很多学校正是基于安全的顾虑,不敢组织学生进行校外实践活动,更有甚者,课间不允许学生走出教室,让学生静坐教室,严重违背了中小学学生活泼好动的天性,不利于学生的健康成长。为了确保外出考察活动的顺利进行,特别需要加强安全保障工作,包括活动开展前做好安全预案,设想可能出现的安全问题,制定相应的措施与应对策略;在活动中强化安全意识,制定活动安全规则,严格要求学生遵照执行,对于违反者进行批评;可设置安全维护员,让一位小组成员专门负责安全提示、监督、管理,对有违安全规则的可能行为进行防范;及时妥善地处理突发的安全问题,防止事态的扩大。活动前为学生购买安全保险,减少安全压力,降低安全风险,不失为一种妥善的做法。

(三)考察探究后的成果汇报策略

成果展示与汇报,有助于学生深入理解考察活动的价值和意义,分享考察活动的经验,反思考察活动所存在的问题,为今后的考察探究提供借鉴。考察活动结束后要举行成果展示活动,让学生梳理、提炼活动成果,通过实物性的考察报告、倡议书、建议报告、宣传手册,或相关单位人员的感谢信、在学校范围内获得的表扬、媒体的相关报道等,或以戏剧表演、成果演示、演讲报告等形式展示学生的活动成果,激发学生进一步考察探究的欲望。考察成果的汇报可安排在学校,也可安排在与考察项目有关的场所进行。

(四)考察探究后的反思评价策略

反思是指根据具体的学习目标对活动经验进行反省。反思应该在活动过程中定期进行,让学生有机会深层次地审视考察活动的经历,评价自己的行动,思考活动得失。教师在学生反思时应发挥指导作用,可以从考察工作和个人心得两方面引导学生进行反省。教师不仅要帮助学生思考在考察活动学习过程中所获得的实际经验,还要让学生思考这些经验是怎样和他们生活相联系的,以便于在将来的真实生活中做出决策。教师可以事先提出一些问题让学生思考,以促使学生反省。学生在教师的指导下，记录考察过程中的所见所闻，并通过撰写考察报告和心得体会进行反思。

【案例】　参观富士山①

1. 单元目标

（1）从富士山西丽地区的植物、洞穴、酪农、历史、绘书五个课程中，选择自己的课题，并活动自主地解决问题，培养富士山学习活动的基础。

（2）通过富士山学习活动，重新认识富士山，并以"居住于富士山的市民"身份，对富士山及富士宫市有更深入的理解，培养今后三年对富士山学习活动积极参与的意愿。

（3）在相互合作体制中进行共同研究，并承认每一个人的个性，通过共同学习体会与朋友切磋的益处。

2. 单元的定位

本校设计了三个学年度富士山学习活动。第一学年是以富士山西丽地区的相关事项为主题，从事问题解决学习。此次学习对学生来说是重新与富士山接触，同时由学习获得基础能力，对今后的学习活动（二、三年级的富士山学习与其他教学科目）在方法上以及内容上都会产生很大的影响。

3. 主题研究的方法

（1）重新认识富士山，学习富士山。富士山的存在好像是理所当然的。就从富士山西丽地区开始理解富士山的价值，进一步体会以富士山为学习主题的乐趣。

（2）在事前的调查学习以及体验学习中，培养学生解决问题的学习方法。让学生从选择课程，决定自己的主题，拟订学习计划书等研究活动（调查学习、体验学习）与自我评量等活动中，培养解决问

---

①　李圆会：《日本的综合学习时间》，台北：师大书苑2003年版，第298—303页。

题的能力。

（3）从整理学习成果中感受到自己的改变与进步。从各自制作书面报告，举办相互交流发表会的活动中，回顾自己的学习过程。而且对富士山的看法有所改变，除可以充实今后的学习基础外，还可以对富士山学习活动产生浓厚的兴趣。

4. 单元的展开（总计20小时）

时数	学习活动	教师的支援（★为评量）
2	（1）富士山对自己具有什么样的意义——富士山学习导引 a. 从生活经验中发表对富士山的看法 · 日本第一高山，不但美丽、很高，而且十分雄伟 b. 了解三年间富士山学习活动的概要 c. 以富士山西丽地区（朝雾高原）了相关之五种课程来设定学习主题，借以了解富士山（植物、洞穴、酪农、历史、绘书）	○由于富士山之存在好像是理所当然的，反而忽略其存在的价值 ○说明其意义及时期 ○从富士山西丽地区开始，以重新理解富士山为主题，介绍课程 ★学生自己所选择的课题是否恰当
8	（2）如何进行调查 a. 要有学习目标 · 设定假设及计量标准（何时、何地、调查什么、如何调查） b. 事前的调查学习 · 为体验性学习做准备。利用学校图书馆或市立图书馆等 · 经由自我评量或就每一选择课程与同学交换意见，借以修正自己的学习主题以及假设	○拟订假设与学习计量，有目标地进行学习，并将其重要性告知学生 ★学习计量以及假设是否具体恰当 ○各个课程的负责教师，要依照各位学生之主题以及活动的需要，指导学生解决问题的方向 ★每一位学生是否拥有明确的课题，是否有强烈的意愿从事学习活动
4	（3）尝试实际体验 利用事前的准备，在朝雾高原活动中心附近实际从事解决课题的学习活动 · 植物课程：朝雾高原与中心附近 · 洞穴课程：人穴、新穴等 · 酪农课程：访问邻近之酪农 · 历史课程：丽金山、阵马瀑布等 · 绘书课程：中心附近	○学生是否能够充分应用事前学习的经验，从事学习活动 ○因为是在活动中心附近从事需要移动的活动，因此，应充分注意学生的安全 ★是否能够充分应用过去所学，从事体验学习活动

续表

时数	学习活动	教师的支援（★为评量）
6	（4）整理学习结果。富士山和自己的关系 a. 回顾学习过程，写成书面报告 b. 举办学年交流发表会 ・透过自我评量与相互评量，发现新的富士山观感及课题 ・制成成果小册 c. 在希翔祭（文化发表会）的舞台上，向全校发表	○借由书面报告，让学生了解自己的学习成果以及自己的进步情况 ○借由相互交流，让学生认识自己、了解自己 ★是否对富士山以及自己成长的乡土有更深入的理解，是否对今后的展望有自己的方向

5. 指导重点

（1）参观富士山

对学生来说，富士山是美丽而又雄伟的代表，但是大多数学生对富士山都仅止于表面上的理解与热爱，无法达到客观地理解以及真正认知其本质价值的程度。

因此，富士宫第二中学以三年的时间展开富士山学习活动，借此让学生对富士山有更深入的理解与热爱，并培养他们解决问题的能力。在一年级时，先设定一个地区，从这个地区来了解富士山。由重新认识富士山到介绍富士山学习的情况，作为富士山学习活动的第一步。

（2）从富士山西丽地区开始

将富士山西丽地区作为学习起点的理由之一，是从西丽地区的学习可以对富士山有多方面的了解，同时能够与二年级的富士山学习活动相关联，进行植物、洞穴、酪农、历史、美术等多样化的体验学习。当然，富士山本身和西丽地区都是学习的宝库，也是客观地重新认识富士山的好地区。

第二个理由是，富士山西丽地区有社会教育机构"静冈系立朝雾野外活动中心"可以作为体验学习的基地。学生们可以在5月下旬在此地待上两天一夜，从事体验学习。此次是一年级学生开展富士山学习的主要活动。学生可以透过这次体验活动，验证他们事前学习的假设。此外，对刚入学的一年级学生来说，在外住宿学习，也是他们建立人际关系的很好场合。

（3）解决问题是培养富士山学习之基础

学生们在选择课程，决定学习课题，进行事前学习时会碰到各式各样的问题。在直接面对问题时，最重要的是学生自我评量以及教师的支援。

因此，在学习过程中，教师要重视学生的兴趣以及学习成果和解决问题的方向。通过不断反复学习与教师的协助，学生可以充分体验解决问题的学习过程。此外，经由举办交流发表会和学生相互交换资讯的活动，让他们能够认识自己、了解自己。此种学习自然能够与第二学年及其他教学科目之学习产生密切的关联。

（4）家长之参与（富士山学习的协助者）

富士山的学习活动采取"开放学校"的方式，让希望参与活动的家长参加体验学习。家长的重要活动是和学生一起参与各种课程的体验，并和教师一起共同协助学生的学习。此种活动也可以使家长更加深入理解学生的活动和所需提供的协助。

6. 综合学习的成果

（1）选择酪农课程的 S 生

S 生的母亲出生于绿意盎然的十腾平野，她以前就很关心酪农。S 生认为，住宿学习可以进行酪农生活的体验，因此以前他就以"酪农到底做些什么工作"作为学习课题，开始从事研究活动。他从学校图书馆以及市立图书馆借阅有关酪农的资料，并从母亲那里听取有关的信息，在经过调查之后，他决定把他的调查扩大到乳制品的种类上。

在继续研究之后，S 生开始对"酪农是以怎样的想法与态度对待那些牛"的产生了兴趣，经过调查之后，S 生对牛的关心不断增加，也愈来愈喜欢牛。而此种关心使其逐渐形成新的学习课程，一直到住宿学习之日到来。

(2) 经由酪农生活体验之后，从事更进一步的探究活动

S生经过酪农生活体验之后，发现牛的性情温和，更加深了对牛的关爱。同时对酪农将牛当作自己的孩子一样来照顾，亦深为感动。

在回顾体验活动的过程中，S生对"为什么朝雾高原的酪农事业会这么兴盛"产生疑问，并对学校供食的牛乳包装上所印制的"富士山丽牛乳"的标签产生了兴趣。因此，他把研究方向转向酪农的立场以及乳制品的流通过程，展开新的研究活动。

(3) 全体总检讨

S生之体验实例仅是其中的一例，每个学生学习的深入程度虽然各有不同，但是在整个学习过程中都包括感受日常生活所没有的体验活动；拟订学习课题与假设；体验假设的探究活动；回顾学习过程与整理学习成果与交流活动等。这些都让学生在解决问题的学习过程中有了一些心得。此种学习方法所培养的基础能力，将会迁移到其他学科的问题解决以及二年级的富士山学习活动上，使此种学习对以后的学习有所裨益。

此外，由于学生能够从不同的角度了解富士山，不但加深了对富士山的理解，也让学生对富士山更有亲切感，使学生内在的思考产生变化。当然，学生并不一定完全了解富士山，因此，无论是在内容方面还是在情感方面，都需要更深更广的投入。

由于学生也有此种感受，许多学生对实施三年的富士山学习活动，有着浓厚的兴趣与意愿。

今后之课题仍然很多，尤其是对学习活动的支持与评量方法的改进，以及三年一贯建立的系统评量方法，如何在第一学年安排适当的富士山学习活动等，都是必须研究解决的课题。

第二节　研学旅行

研学旅行是基于学校所在区域的特色、学生年龄特点和学科教学

内容，组织学生通过集体旅行、集中食宿、参观访问的方式走出校园，亲近自然、了解社会、陶冶情操、感受体悟的校外考察活动。它在《中小学综合实践活动课程指导纲要》中属于考察探究活动范畴，近些年来，国家教育部等 11 部门联合发文推进其实施，有必要加以单列分析。

一　研学旅行性质与价值

研学旅行具有自身独特的性质与价值，正确理解这些性质与价值对综合实践活动课程切实有效实施具有重要意义。当前研学旅行实施仍然面临着困境，主要表现在课程教学目标虚化、专业引领与指导不力及教学现场规划缺失三个方面[①]，这在一定程度上同研学旅行的性质与价值认识不到位有关。

（一）研学旅行的性质

1. 教育性

研学旅行是学校根据学段特点、地域特色和课程内容需要而组织学生进行的综合实践活动，它主要依托自然和文化遗产资源、红色教育资源、社会实践基地、公共设施、工矿企业、大专院校、科研机构等组织，依据学生的身心特点、接受能力和实际需要，确定主题，开展活动。从行程安排上看，研学旅行是学习和游玩并重，以学导行，游中有研，不论是游览景点还是参观考察，学生们都是带着问题进行一定的探究。和春游、游学不同，研学旅行是学校根据教育教学计划安排的、目的明确、由具备专业能力的教师组织实施的活动，能避免"只旅不学"或"只学不旅"的问题。在研学旅行中，学生可以把在课堂上学到的理论知识与生活场景中习得的感性知识融合起来，走出封闭的空间，深入社会，在亲身实践和体验中增加知识，发展能力，养成态度，逐渐提升自身的文化素养，真正使游有所得，游有所获。研学旅行属于有目

---

① 李臣之、纪海吉：《研学旅行的实施困境与出路选择》，《教育科学研究》2018 年第 9 期。

的、有计划的教育活动,不是通常的游玩活动。

2. 公益性

与一般的海外游学不同,在研学旅行中,学校不以经济利益为目的,对于家庭困难的学生甚至会减免费用。此外,政府行政部门也对各个学校的研学旅行活动进行协调,对学生的研学旅行进行必要的资金支持,减轻学生的负担,从而让学生有机会参加研学旅行活动,在活动中健康成长。该类活动面向全体学生,普惠于每个学生的发展。

3. 体验性

人生需要体验,需要在体验中成长,他们需要亲近社会与自然的实践活动,研学旅行能丰富学生的生活体验。在研学旅行活动中,学生走出校园,走进名胜风景区、人文遗址、科技馆、博物馆、现代农业示范园、自动化车间……通过真实的活动体验,获得立体的体验、增长知识、训练技能、快乐成长。研学旅行活动让学生积极参加社会实践活动,亲近自然、走进社会,使学生能够在真切的环境中体验、感悟、成长。

4. 探究性

研学旅行为学生提供了许多问题探究、解决的机会。研学旅行过程中的问题有一定的预设性,有的问题是随机生成的,是学生不曾预料到的,需要学生通过不断的探索甚至试误加以解决。同时,无论是通过"温故"而获得的新知,还是通过探索而获得的新知,都需要在研学旅行中加以再次验证。最后,经过验证的新知,可以让学生用于解决类似问题,获得举一反三的体验[①],研学旅行能为学生认真思考、亲身实践提供机会,使他们在旅行的过程中开阔视野,探究问题,丰富对自然、社会、人生的认识。

(二)研学旅行的价值

研学旅行对于学生的发展具有多方面的价值,主要体现在三个

[①] 丁运超:《研学旅行:一门新的综合实践活动课程》,《中国德育》2014年第9期。

方面。

1. 引导学生主动适应社会,促进书本知识和生活经验的深度融合

"纸上学来终觉浅,绝知此事要躬行。"通过研学旅行,让学生走出校园,走进社会,为学生构建一种开放的学习环境,提供一个多渠道获取知识、运用知识于实践的机会,让学生在实践中求知,在研学旅行中学习与研究,引导他们更好地适应社会,开创未来。

2. 扩宽学生的视野,培养学生的创新精神和实践能力

研学旅行通过实地考察、亲身体验的方式,让学生在实践中成长,在快乐中学习。参观博物馆、图书馆、美术馆、音乐厅、剧院、名人故居、纪念馆、文化馆、名胜古迹、文化遗产等,能丰富学生的知识,陶冶情操、增长知识、扩展学生的视野,加深对社会公共道德的体验,培养学科学习兴趣。在接触自然和社会之中,能提高学生的社会责任感、培养创新精神、动手操作能力。

3. 学生在集体活动中与同伴相处,学会做人处世,培养社会责任感

青少年的健康成长,离不开同伴互助和集体交往,只有通过参与群体性活动,青少年才能从封闭的自我中心走向广阔的社会生活。研学旅行是全校学生分年级、分时段、分主题开展的校级集体活动,它是面向全体中小学生的活动,而不是少数学生参与的春游、秋游活动。学校精心设计和合理安排研学旅行主题活动,让每个学生都有动脑动手和表达的机会,引导所有学生参与活动,在活动中共同体验、相互研讨,了解社会、亲近自然,培养学生的团队合作能力、社会实践能力以及社会责任感。[①]

二 活动方案设计

研学旅行不是说走就走的旅行,需要充分考虑其独特的性质,结

---

① 教育部等 11 部门:《关于推进中小学生研学旅行的意见》,2016 年。

合学生年龄特征和教育需求精心设计，否则如同一般性旅行，其价值就难以充分实现。

（一）活动目标设计

研学旅行活动可分为知识目标、能力目标、情感目标，其目标设计应具体、明确，符合学生的特点、兴趣和经验，同时又具有一定的操作性。如"我当猕猴桃小果农"活动目标可以这样设计：

知识目标。了解猕猴桃的植物学知识，学习猕猴桃的栽培技术。

能力目标。亲历猕猴桃的种植、养护活动，养成作物栽培能力。

情感态度。感受劳动所带来的成就感和乐趣，养成热爱劳动的情感。

活动目标对活动过程具有导向作用，本活动目标使用了解、体验等行为动词，体现了研学旅行最重要的特点：让学生亲身体验、自主实践、快乐成长，该目标科学合理，可操作性较强。

（二）活动内容设计

1. 内容设计原则

（1）开放原则

研学旅行是在教材、课堂和学校之外开展的实践活动，因此研学旅行活动内容要涵盖自然、生活和社会领域，密切学生与自然、社会的联系。同一内容可在不同的时间和空间里呈现，使之更加丰富多彩。在活动的开展过程中生成新的主题，锻炼学生的创新思维，从而使研学旅行的广度拓宽、深度延伸。"在相同的研学旅行中，由于学生个体经验的差异而趋向各自感兴趣的认知场域，从而为学生的个性发展提供了开放的空间。概而言之，研学旅行使学生身处自然与社会之中，不断与自然和社会'沟通'，使他们宽广了胸怀，丰富了见识。"[①]

（2）实践原则

引导学生走出校园、走进自然、步入社会，在自然和社会中亲身

---

① 丁运超：《研学旅行：一门新的综合实践活动课程》，《中国德育》2014年第9期。

体验和实践，在实地调研、考察游历中轻松地学，自由地学，让他们能更多地了解社会、亲近自然、参与体验，拓展学生的视野，丰富学生的经验，发展学生的实践能力。

（3）安全原则

研学旅行需要师生走出校园，走进自然和社会，学生的安全是首要考虑的问题。研学旅行活动最重要的就是保证学生及教师的人身安全，一切活动的展开都要建立在安全的基础之上，因此，对所有参与研学旅行的学生及教师进行安全教育是十分必要的，需要做好安全教育，做好安全防范工作。

2. 活动内容结构

开展研学旅行活动，需要确定研学主题、选择目的地、组织活动内容，其中活动主题与内容的确定最为基本。根据国家旅游局《研学旅行服务规范》的相关内容，可设计研学旅行活动主题与内容（见表3-5）。

表3-5　　　　　　　　　研学旅行主题与内容

学段	类型	主要内容	研学范围
1—3年级	知识科普型	博物馆、科技馆、主题展览、动物园、植物园、历史文化遗产、工业项目、科研场所等资源	以乡土乡情研学为主
	文化健康型	各类主题公园、演艺影视城	
4—6年级	知识科普型	博物馆、科技馆、主题展览、动物园、植物园、历史文化遗产、工业项目、科研场所等资源	以县情市情研学为主
	自然观赏型	山、川、江、湖、海、草原、沙漠等资源	
7—9年级	知识科普型	博物馆、科技馆、主题展览、动物园、植物园、历史文化遗产、工业项目、科研场所等资源	以县情市情省情研学为主
	体验考察型	农庄、实践基地、夏令营营地或团队拓展基地	
	励志拓展型	红色教育基地、大学校园、国防教育基地、军营等资源	
10—12年级	体验考察型	农庄、实践基地、夏令营营地或团队拓展基地	以省情国情研学为主
	励志拓展型	红色教育基地、大学校园、国防教育基地、军营等资源	

（三）活动准备

活动准备内容主要包括研学活动实施时需要的设备、场地条件、场景创设、辅助工作人员、资源方配合，以及包括对课程教师的要求等。其中，安全保障特别重要，做好各项安全管理保障工作是保障研学旅行活动顺利进行的前提。主要安全保障有：

乘车安全。组织学生有序上下车、提醒同学途中注意事项，保障行车游途安全。每次上车前要清点人数。提醒学生乘车时注意安全，不要在车厢内来回走动，不得将头或身体伸向车窗外。

食宿安全。学生统一食宿，统一组织，排队就餐，由教师负责各班食品安全工作，做好应对突发食品安全问题，提醒同学们注意饮食卫生。

活动管理。（1）在指定时间里准时集合，在研学过程中不得擅自离队，如有紧急事情，需要向带队老师报告，得到允许后方可离去。（2）遵守研学基地的各种规章制度，在制度允许的范围内活动。

人员保障。（1）活动指导教师，根据参加研学旅行活动的学生人数，由学校进行分组，每车配备一名活动指导教师，主要职责为引导、监督本组学生活动情况。（2）各班班主任负责安全教育工作，让学生做到文明参观游览，安全往返。

后勤保障。（1）调度组，主要负责各项准备工作，负责研学基地和学校、教师之间的联系，学生住宿的安排，各工作组人员的调度等。（2）食品组，负责参与活动人员的生活安排，主要包括准备学生的食物和水、饭菜，安排学生排队统一就餐，负责食品安全工作等。（3）后勤医护组，单独配备一辆应急反应车，全程跟随，准备旅行所必备的应急药物，做好应急准备工作。

【附录】 "我当猕猴桃小果农"活动的准备[①]

1. 资源条件

（1）果园相关劳动工具，足够50个学生使用。

[①] 国家旅游局：《研学旅行服务规范》，ZAKER新闻，http://www.myzaker.com/article/58757ff81bc8e05510000032/.

（2）可供学生劳动操作的、无安全隐患的地块。

（3）植株挂牌及配套固定物（统一或学生自制挂牌）。

2. 对教师的要求

（1）能够讲解猕猴桃的植物分类特征。

（2）能够讲解、示范猕猴桃栽培的知识及劳动。

（3）能够讲解猕猴桃的营养价值。

（4）能够讲解中国猕猴桃（重庆）产业概况。

3. 安全及特别事项

（1）学生着轻便服装，备防晒帽、创可贴、蚊虫咬伤药物。

（2）学生在果园劳动过程中，教师严密监控学生位置与活动状态，禁止私自行动、预防意外发生。

4. 参考资料（略）

（四）活动过程与指导

1. 资料收集

通过活动设计方案，指导学生搜集、整理相关资料。

2. 活动分组

根据活动主题，让学生根据已有资料确定研究内容，研究方向相同的同学可组成初步研究小组。

3. 活动实施过程

以"我当猕猴桃小果农"主题中的"猕猴桃种植活动"为例：

（1）课程老师、猕猴桃基地技术员介绍课程主要内容安排及相关注意事项和纪律。

（2）研学基地工作人员介绍猕猴桃的植物学知识，播放视频图像，讲解猕猴桃生长要求、栽培特点，让学生触摸、闻、观察。

（3）分组、分配任务、分配必要劳动工具（分配幼苗），前往劳动地块。

（4）技术员讲解劳动要领、示范，让学生代表演示并点评。典型的劳动可能包括人工授粉、套袋、施肥、除草、剪枝、摘果等。

（5）学生分组按要求完成劳动任务，教师巡视帮助或解答问题。

（6）学生结束劳动、集中，教师点评任务完成情况并对表现优秀者加以表扬，命名"猕猴桃小果农"称号若干，并让其分享经验和体会。

表3-6　　　　　　　　　　资料收集表

猕猴桃种类	
猕猴桃植物学特征	
猕猴桃营养价值	
种植方法	

（五）活动结果展示与评价

活动结果的展示与评价包括学生活动结果的展示、汇报、总结、交流以及对活动的反思、评价。

成果表现形式。（1）档案袋：搜集的图片、音频、视频等资料；（2）实物展示：关于不同种类猕猴桃等的相关说明；（3）经验分享会。

活动评价：在活动过程中，学生是活动主体，学生自评和互评尤为重要。活动评价表的内容应该包括活动态度、信息搜集、问题提出、任务完成、对小组活动的贡献等方面。

三　活动实施

（一）活动实施过程

第一阶段：研学旅行活动准备

1. 成立研学旅行活动领导小组，明确职责，统筹活动

学校要结合实际情况成立研学旅行活动领导小组，选择组织协调能力强、有责任心的人员负责考察旅行路线，并制定研学旅行活动方案和安全应急预案，加强与校外活动场所的沟通，协调校内外相关部门的关系。活动前召开会议，安排部署各项工作并明确各方职责，同时应特别加强承担学生的安全管理及保障工作。

2. 确定研学旅行主题与路线

（1）确定研学旅行主题，举办讲座

研学旅行应有明确的主题，在活动开始前，根据不同学段学生的特点，确定研学主题，对于低年级阶段的学生，主题的选择更要因地制宜。同时，围绕研学旅行主题安排一名教师作为研学指导教师，举行专题讲座，要求学生围绕主题查询相关资料，了解研学旅行基地的人文历史、自然风光等内容，指导研究学习方法，让学生做好知识储备工作。

（2）实地调研，选择基地

根据事先确定的主题，选择合适的研学基地。可根据主题选择5—6个基地，通过实地考察调研，选择与主题最贴近、安全系数相对较高的活动基地。

3. 精选旅行社

公开、公正选择有资质的旅行社。旅行社要达到4A级及以上等级，具有4星及以上诚信度，有固定经营场所、专门服务于研学旅行的部门以及专职的研学旅行导游队伍；旅行社应具备100万元及以上的注册资金和50人及以上的员工队伍，在近三年内无重大质量投诉记录、不良记录、经济纠纷及安全责任事故；投保责任险的保险额不低于60万元/人、旅游人身意外险保险额不低于25万元/人等。[①]

[①]《中小学研学旅行课程方案》，http://www.360doc.com/content/17/0606/07/1609415_660371093.shtml.

4. 制定活动实施计划

学校领导小组在确定活动主题、实地考察、确定旅行社的基础上制定具体的活动实施计划，包括活动时间、地点、路线、分工、学生分组以及各方职责等。

5. 制定安全应急预案

包括乘车管理、食宿管理、活动管理等安全保障的具体实施方案，要责任到人。对参加研学旅行活动的学生要进行安全教育，强化学生的安全意识。

6. 充分宣传发动

通过致家长的一封信、召开全体家长会、组成家长委员会等方式，向家长告知研学旅行的主题及意义、时间安排、出行路线、收费项目及注意事项，让家长和学生明确活动可能存在的安全风险，家长和学生可本着自愿参加的原则报名并签订研学旅行协议。

第二阶段：研学旅行活动实施

1. 资料搜集

研学旅行主题确定后，教师要引导学生搜集和整理资料，在此基础上指导学生围绕主题搜集音频、视频、文本等相关资料，学会判断信息资料的优劣，选择与主题相关、有价值的资料。通过资料搜集与整理，让学生了解研学旅行主题所涉及的理论、方法，同时了解研学基地的人文风情、历史传承、自然风光等内容，让学生做好知识储备工作。

2. 调查研究

（1）到达研学基地后，研学旅行辅导员结合研学旅行设计路线，按活动分组带队，协助带队老师指导、组织学生分组开展活动，并协助讲解员讲解，及时回答学生提出的疑难问题。

（2）学生根据小组或个人设计的方案，通过亲身体验、参观、听讲解等方式选择合适的地方进行调查，在真实情境中获得对考察对象的整体认识，并获取调查结果。在这一过程中，学生需用文本、视频、照片等载体如实记录自己在调查中所搜集到的相关资料。

（3）学生将搜集、整理得到的初步资料进行小组内或个人间的讨论交流，并将取得的收获进行归纳整理，指导教师进行适时的指导。

第三阶段：活动总结与成果展示

本阶段，学生要在归纳整理资料的基础上进行总结提炼，形成书面材料和口头报告材料。指导教师根据研学主题及设计方案进行点评指导。准备成果展示与经验分享，成果展示方法可以多样化，可以小组合作形式展示，也可以个人形式展示，还可以通过黑板报、研学旅行手册、主题分享会等形式进行展示。[①]

1. 黑板报/照片墙

学生采用黑板报/照片墙的方式将研学活动中的所见所闻和印象深刻的事情，用文字、绘画等方式做成一期成果汇报黑板报；也可以将研学旅行中的照片进行搜集整理，做成照片墙，展示研学收获。

2. 研学旅行见闻分享

学生可以每天花十分钟时间记录当天的见闻，主要记录研学旅途中所学到的新知识，见识到的新事物以及由此产生的新感悟，在研学旅行结束后，对记录进行整理，配上照片与绘画，做成一本珍贵的研学旅行见闻册，向同学们展示、与其分享。

3. 主题分享会

在研学旅行中，学生在扩展知识的同时，也会有许多新的收获、新的感悟，在主题分享会中，学生可以将自己的收获、感悟与同学们分享交流。

四 活动评价

在活动结束后，通过调查问卷、学生自评、同学互评和教师评价等方式展开评价。重视发展性评价，主要包括：一是关注学生在研学

---

① 研学旅行研究中心：《中小学生研学旅行手册》，湖北美术出版社2017年版，第62页。

过程中的表现，如情感态度、积极性、参与状况等；二是学生的学习成果，可以通过实践操作、作品展示、文本报告等方式呈现，并记入学生成长记录袋中。① 评价主要包括过程评价和结果评价。

（一）过程评价

指导教师要对学生的参与情况进行考勤评价，可用考勤表、记录表等进行记录，在研学旅行进行中，观察学生是否在指导老师的指导下，围绕自己的研学问题，完成研学任务。

（二）结果评价

在活动结束以后，针对学生完成情况，参考学生搜集并展示的各种研学成果资料，对学生的研学成果进行评价。

表 3-7　　　　　　　　　　研学旅行学生自评表

评价条目	十分满意	满意	仍需改进之处
了解目的地的情况			
遵守行程规定与安排			
积极主动参与集体活动			
在活动中团结友爱、互帮互助			
生活自理，具有一定的独立自主能力			
认真记录行程中的见闻与感悟			
能在活动后进行总结，反思不足			
能将自己的活动成果进行展示、分享			

五　活动指导

（一）活动准备阶段的指导

1. 指导学生搜集资料

在研学旅行开始前，教师要根据研学主题举行专题讲座，并指导学生围绕主题查询相关资料，了解研学基地的人文历史、自然风光等内容，让学生做好知识储备工作。教师可指导学生通过三种途径搜集

---

① 《中小学研学旅行课程方案》，http：//www.360doc.com/content/17/0606/07/1609415_660371093.shtml.

资料：（1）通过相关书籍、报刊让学生搜集文字及图片资料；（2）通过网络，让学生在老师、家长的帮助或同学互助下搜集视频、音频、图片、文章等相关资料；（3）通过访谈，在活动准备阶段，教师可提前告知学生，活动中可以采用访谈的形式搜集第一手资料，并指导学生将几种方式结合在一起进行资料搜集工作。

在资料搜集完毕之后，教师要指导学生将搜集来的第一手资料进行整理，包括：（1）指导学生对资料进行分析、筛选，将与主题无关的资料删除；（2）指导学生重新核查资料的真实性，主要核查相关资料的来源是否真实；（3）指导学生对搜集来的相关资料进行简化，将原始材料中与主题相关的主要内容进行有选择性的保存与整理，可采用将图片剪贴、摘抄文字等方法对资料进行简化，去伪存真、去粗取精；（4）指导学生将精简过的资料进行条理化、系统化分类，便于查找、管理。

2. 指导学生确定活动主题，制订活动计划

教师要指导学生围绕主题，选择感兴趣的内容进行整理，在充分考虑人力、物力、财力、时间等方面条件后确定一个课题，同时让学生明确研究的对象（能准确无误地表述研究对象）、研究的主要内容（主要包括研究的焦点问题或研究方法）。在学生课题组确立后，指导教师要让学生制订活动计划，在小组内进行分工，每个同学都有自己确定的常规工作，职责到人，组员分配一般可分为组长、资料员、记录员、结题报告执笔者，同时，指导学生合作，共同完成任务。

3. 指导学生整理必备物品

教师指导学生根据需要带好生活用品、用具、服装等物品，让学生在家长的帮助下根据研学基地的天气情况准备合适的衣服，选择轻便、适于长时间行走的鞋子。

（二）活动实施阶段的指导

1. 进行具体的指导

在活动进行中，教师要注意每组的活动情况，让学生尽量经历完

整的实践过程，并进行适时、有针对性地点拨、指导与督促。对于学生在活动中所遇到的问题，采用引导的方式，启发学生自己寻找答案，而不是直接将学生的研究引向已有的结论，通过给学生提供信息、适时讲解、启发思路、补充知识、介绍方法和线索，引导学生质疑、探究和创新。

2. 指导学生进行活动过程记录

在活动过程中，教师要指导学生将搜集来的音频、视频、图片等资料做好记录，及时做好活动情况的记载和个人心得体会，为活动总结和评价提供依据，要求学生在活动结束以后提交活动记录报告，内容包括活动形式、活动过程、活动结果等。

（三）活动总结阶段的指导

1. 交流与展示学习成果

本阶段学生的主要任务是在教师的指导和协助下整理资料，形成结论。小组成员共同商定以不同的形式呈现活动结果，可通过照片墙、黑板报、主题分享会等形式展现。同时教师要组织学生开展交流和展示活动，为学生提供有利条件，便于他们展示活动成果。

2. 过程评价

教师要指导学生对自己的学习态度、学习能力与方法、学习结果进行自评和互评：（1）对学习态度进行评价学习，主要指学生在活动过程中主动参与和完成任务的态度；（2）对学习能力和方法的评价：主要指学生在活动中观察、探究、体验、表达的能力，整理、分析资料的能力，与他人合作完成学习任务的能力等；（3）对学习结果的评价：主要指学生学习任务的完成质量。

此外，教师要指导学生建立自己的活动档案，使学生对自己的能力有一定的了解和肯定。教师要对小组提交的报告进行审核，指明该小组活动中的优点与缺点，使学生明确本组报告的亮点与不足之处，教师还可针对问题提出有建设性的意见，帮助学生改进完善。

【案例】 "感悟历史 传承经典 践行文明"

一 活动总目标

1. 参观洛阳博物馆，了解中国古代不同时期的历史文化，体会河洛文化的博大精深。

2. 参观洛阳市龙门石窟，了解中国古代政治、经济、宗教、文化等领域的发展变化。增强自豪感，树立为实现中国梦而努力拼搏的信心和决心。

3. 参观白园，在山石中追寻白公的履痕，在花木中寻访不朽的诗魂，体会中国历史的发展历程，感受中国唐代诗词文化的繁荣。

4. 通过研学旅行过程中的组织、出行、交通、旅游、就餐等行为，学习文明交往、文明交通、文明旅游等文明礼仪知识，并习得内化为自身的文明素质，培养学生"安全自护、团队合作、健康环保、探究合作、文明公德、自我超越"等意识。

二 活动内容

1. 参观洛阳市博物馆，了解夏商周的青铜文化及其代表——鼎在历史长河中的作用，河洛文明、古代石刻、书画、汉唐陶俑、唐三彩、宋代瓷器、宫廷文物、石刻艺术和书画艺术成就，玉器的发展历史及其文化内涵等与历史学科密切相关的知识。

2. 参观洛阳市龙门石窟，探究北魏、北齐、隋、唐、五代、宋等朝代的石刻、碑文、书法，了解中国古代政治、经济、宗教、文化等领域的发展变化。

3. 参观白园，了解唐代大诗人白居易生平及后半生流连并安息的地方，山石中追寻白公的履痕，花木中寻访不朽的诗魂。同时体会白居易的诗歌特点，感受白居易的忧民情怀。

4. 在龙门石窟观景台开展主题活动。以小组为单位，开展相关主题活动，如探讨如何保护文化古迹，向游人宣讲"历史无法复制，经典无法还原，爱我文物资源，传承中华文明"理念，并邀请游人签字。

5. 了解洛阳的地理位置，探索"九朝古都"的政治、文化、经济、历史等有关知识。

6. 学习文明旅游礼仪，背诵《中国公民文明旅游公约》，学会文明出行、文明交通和文明就餐。

三　活动实施

第一阶段：研学准备我能行（活动前期准备）。

1. 活动目标

（1）通过前期的宣传及准备活动，使学生了解本次研学的主要内容，从而为研学旅行做好准备。

（2）通过准备活动提升学生探究学习的积极性。

（3）通过活动使学生树立安全、环保、自护、合作、探究等意识。

2. 研学内容

研学旅行宣传、知识储备、活动准备。

3. 研学过程

（1）下发研学旅行手册，学生按要求完成研学的前期知识储备工作及研学过程中的活动准备。

（2）知识储备。

华夏文明，根在河洛。河洛文明既是中华文明的缩影，更是中华文明的起源。"若问古今兴废事，请君只看洛阳城。"在开启探寻河洛文明的研学旅行之前，请同学们对河洛文明进行必要的了解，完成以下几项活动前的准备。

①"河出图，洛出书。"河图洛书作为华夏文化的源头，在历史上有着重要的地位。请同学们结合网络探寻"河图洛书"的奥秘。

②洛阳是"九朝古都"，请查阅资料列出各朝代建立者、建立时间及相关的大事。

③列出夏商周不同时期青铜器的铸造工艺（方法）、功能及其演变。

④中国石窟艺术初探（了解中国古代三大石窟）。

石窟名称	位置	开凿时间	石窟特点

第二阶段：研学途中学知识（去往研学基地途中）。

1. 研学目标

（1）学习文明旅游、文明出行、文明就餐等文明礼仪知识。

（2）了解家乡济源，增强学生热爱家乡的思想感情。

（3）了解古都洛阳，强化优秀传统文化认同，提升民族凝聚力。

2. 研学内容

（1）讲解研学注意事项和行程介绍。

（2）学习文明礼仪知识。

（3）了解济源历史、文化、现状和成就。

（4）了解洛阳的历史文化等有关知识。

3. 研学过程

（1）由教师讲解研学旅行注意事项和行程介绍；学习文明礼仪知识；学习交通安全知识和文明出行知识，主要包括交通安全基本常识、乘车安全、文明旅游知识、文明就餐知识。

（2）了解家乡济源的历史、文化知识和现状。

（3）了解洛阳的历史文化等有关知识。

问题：

（1）济源这个名字是怎么来的呢？

（2）洛阳的三绝一宝是什么？

第三阶段：研学进行中。

活动一：感受诗词魅力（地点：白园）。

1. 研学目标

参观白园，了解唐代大诗人白居易后半生流连并安息的地方，山石中追寻白公的履痕，花木中寻访不朽的诗魂。同时体会白居易的诗歌特点，感受白居易的忧民情怀。通过背诵白居易诗词，激发学生热爱古诗词、传诵经典的热情。

2. 研学内容

（1）了解白居易生平事迹。

（2）了解白居易诗歌以及白居易与济源。

（3）活动：诗词背诵，诗词接龙游戏。

3. 研学过程

（1）参观白园。

（2）了解白居易生平事迹。

（3）了解白居易诗歌以及白居易与济源。

4. 活动

朗读、背诵白居易诗词。

以白居易的诗为主，其他诗人的诗也可以，进行诗句接龙游戏，一人一句，不会背的或者 3 秒钟内接不出的，接受大家的"惩罚"。

活动二：探究河洛文化（地点：洛阳博物馆）。

1. 研学目标

（1）参观洛阳市博物馆，了解夏商周的青铜文化及其代表——鼎在历史长河中的作用。

（2）了解河洛文明、古代石刻、书画、汉唐陶俑、唐三彩、宋代瓷器、宫廷文物、石刻艺术和书画艺术成就。

（3）了解玉器的发展历史及其文化内涵等与历史学科密切相关的知识。

2. 研学内容

了解青铜器、古代石刻、唐三彩、瓷器、玉器等有关知识，探究河洛文化的博大精深。

3. 研学过程

参观记录青铜器、古代石刻、唐三彩、瓷器、玉器等有关知识。

博物馆展示厅以时间为序展示河洛文明在史前时期、夏商周时期、汉魏时期、隋唐时期、五代北宋时期的发展历程。

活动三：寻访华夏文明（地点：洛阳龙门石窟）。

1. 研学目标

（1）参观洛阳市龙门石窟，探究北魏、北齐、隋、唐、五代、宋等朝代的石刻、碑文、书法，了解中国古代政治、经济、宗教、文化等领域的发展变化。

（2）在龙门石窟观景台开展主题活动。背诵白居易的诗词，讲白居易的故事，唱《中国志气歌》，向游人宣讲"历史无法复制，经典无法还原，爱我文物资源，传承中华文明"并邀请游人签字。

2. 研学内容

了解龙门石窟和白园的基本情况，寻访华夏文明。

3. 研学过程

参观龙门石窟的几个主要洞窟：潜溪寺、宾阳中洞、万佛洞、莲花洞等。

（参观完西山石窟后到对面的观景台开展"探究河洛文化，寻访华夏文明"主题活动）

（1）传承中华文明，弘扬中国精神。请欣赏《中国志气》歌。

（2）宣讲签字活动。向游人宣讲"历史无法复制，经典无法还原，爱我文物资源，传承中华文明"理念，并邀请游人签字。

第四阶段：研学感悟与分享。

1. 此次研学旅行，参观了洛阳博物馆、洛阳龙门石窟、白园等，你对哪个方面印象深刻？感受较深？与大家分享一下。

2. 对这次研学旅行，你有什么心得体会和感悟收获？对你以后的学习生活有什么影响？与大家分享一下。

四　活动评价

活动评价以本课程目标和课程内容为依据，采用自评、互评、主题班会展评等多样化的评价方式，由教师、学生等从多角度对本次活动进行全面评价。

评价方式：活动结束后，个人、班级、学校对活动进行全面总结，并写出总结报告。通过调查问卷、观察法、自评、互评、主题班会展评等方式进行评价。

评价内容：课程目标的达成情况；课程实施过程的活动情况，具体包括前期准备、活动流程、活动内容、学生参与度、学生收获、学生表现、研修成果、旅行社服务等。

评价结果：评选出优秀研学成果、优秀小组、优秀个人；通过班会、学校大屏幕、专题展览等形式进行展示。

【附录】 研学评价表

表 3-8　　　　　　　　　　研学评价表

评价项目	具体内容
合作交流	1. 是否能主动和同学配合
	2. 是否乐于帮助同学
	3. 是否能认真倾听同学的观点和意见
	4. 是否对班级和小组的活动贡献很大
探究学习	1. 是否能认真完成研学的前期准备
	2. 是否能积极主动地参与研学前的各项活动
	3. 是否会用多种方法搜集处理信息
研学过程	1. 是否做到不怕困难和辛苦
	2. 是否能积极主动地参与活动
	3. 是否能积极主动地发现问题并寻求办法
	4. 是否能严格要求自己，文明旅行
成果展示	1. 是否能认真细致地完成研学手册中的任务
	2. 是否能积极主动地展示研学成果
	3. 成果是否有新意
我对自己的评价	
小组的评价	
老师的评价	

资料来源：河南省济源第一中学"感悟历史，传承经典，践行文明"，https://wenku.baidu.com/view/57e8d7713868011ca300a6c30c2259010302f34c.html.

第三节　职业体验

《中国青年报》社会调查中心曾就大学生选择专业问题进行了调查。结果显示，在填报志愿时，仅有 13.6% 的人了解所选专业；有 71.2% 的大学生受访者表示，如果有可能，想重新选择一次专业。职业体验活动推倒学校与生活世界的藩篱，提倡学生走出校园，走入社会，进行职业体验，寓教于乐，具有重要的教育意义。职业体验活动课程的设置既适应了学生个性发展的需要，又适应了社会发展的需要，是基础教育课程改革的重要举措。

一　职业体验活动的内涵、性质与价值

职业体验是综合实践活动课程的重要内容与活动方式。理解其内涵、性质与价值是综合实践活动课程实施的基本前提。

（一）职业体验活动的内涵

2017 年教育部颁发的《中小学综合实践活动课程指导纲要》指出："职业体验指学生在实际工作岗位上或模拟情境中见习、实习，体认职业角色的过程，如军训、学工、学农等，它注重让学生获得对职业生活的真切理解，发现自己的专长，培养职业兴趣，形成正确的劳动观念和人生志向，提升生涯规划能力。"有学者指出："中小学职业体验教育是职业认识早教育，通过职业体验活动使学生了解真实的职业世界，将学校学习与社会、个人发展建立联系；职业体验是职业价值观教育，使学生了解不同职业的社会价值，培养劳动观与职业价值观，渗透社会主义价值观教育；职业体验是学生自我认知教育，在对不同职业的亲身体验活动中确认个人兴趣能力，启发职业理想，尝试生涯定向，选择教育职业路径。"[1]我们认为，职业体验是指学生

---

[1] 王红丽：《试论中小学职业体验课程的内在价值与课程化设计——以朝阳区中小学职业体验课程为例》，北京教育科学研究院 2015 年学术年会论文，2015 年。

在教师和相关专家的帮助和指导下,亲身参与真实(或模拟)的职业场景,借助参观访谈、产品制作、角色模拟等活动,了解职业的社会价值、工作职责,学习职业知识与技能,体验职业生活,认同职业价值,进行初步生涯发展规划的实践活动。

(二) 职业体验活动的性质

1. 体验性

职业体验既是一种过程又是结果。作为过程,学生在初步的职业活动过程中接触不同的职业,亲身体验不同的角色,增强对职业的感知。作为结果,通过职业体验活动的参与实践,学生能获得不同的职业认知、态度和情感。

2. 自主性

职业体验活动是学生参与的实践活动,学生的主体地位能得以充分发挥。在职业活动中,教师不能替代学生的体验,学生只有真正发挥其自主性和主动性,自主、自愿、自觉地参加职业体验活动,用心去认识、去感知、去体会,才能获得自主发展与提升。

3. 专业性

职业体验活动围绕某一专业展开,具有较强的专业性。学生在教师或专家的指导和帮助下,亲身体验职业角色,习得专业知识和技能,从而建构正确的职业认知,为今后的职业生涯发展奠定基础。职业体验过程实际上是一种专业学习过程。

(三) 职业体验活动的价值

1. 加强社会认知,提升社会适应力

21世纪是一个不断变化的时代,世界多极化、经济全球化进一步加剧,科技进步日新月异,职业分工日趋精细,职业变换速度加快,人们的职业生涯充满不确定性、无边界性。面对21世纪的挑战,《中小学综合实践活动课程指导纲要》指出:综合实践活动课程要强调学生综合运用各学科知识,认识、分析和解决现实问题,提升综合素质,着力发展核心素养,特别是社会责任感、创新精神和实践能力，以适应快速变化的社会生活、职业世界和个人自主发展的需要，迎接信息时代和知识社会的挑战。职业体验活动能够帮助学生认识社会、了解社会、主动适应社会需求，提升社会适应能力。

2. 引导学生理解学习意义，激发主动发展意识

"职业劳动是人以自身的活动满足生存、生活、发展和完善自我需要的主要途径和手段，是人生历程中的重要内容。"[①] 人生活在社会之中，需要通过一系列职业活动体现自我价值和社会价值。审视我国当前教育现状，学校教育注重知识的传递与学习，忽视社会经验的积累，学校教育与社会生活严重脱离，致使许多学生对学习感到乏味、迷茫，感受不到学习的价值和意义。职业体验活动为学生的生活体验提供机会，只有当学生走进真实的职业世界，参与职业实践，体会学校教育与社会生活、职业之间的内在关联，才能走出迷茫，感受知识学习的意义，主动谋划自己的人生发展，从而实现自身的社会价值。

3. 培养职业兴趣，启蒙职业理想

杜威指出："教育在名义上不是职业教育，但在实质上是职业性的。""人们之所以不肯承认教育的职业性方面，是因为教育保存了过去的贵族思想。"[②] 教育具有职业价值，而在我国，由于受"应试教育"的强大影响，教育与社会脱节，教育的职业性被严重忽视，学生埋头读书，专业选择迷惘。职业体验活动能让学生体验到各种职业生活，养成职业兴趣与意识，明确自我发展方向，确立职业理想，避免面对职业选择时的茫然、盲目和盲从，实现自我的良好发展。

4. 提高多元智力，培养健全人格

职业体验是在融合真实性、趣味性、体验性和可操作性的基础上进行的一种实践活动。在活动过程中，学生的多元智能如语言、逻

---

① 陈军、丁戈：《职业生涯教育与人的全面发展》，《当代青年研究》2005年第12期。
② ［美］约翰·杜威：《民主主义与教育》，王承绪译，人民教育出版社1990年版，第339页。

辑、空间、运动、观察和人际交往能力都能得到不同程度的提升。逼真的场景体验将枯燥的理论知识转化为生动有趣的主题互动活动，系统的体验课程对于培养学生良好的生活习惯和完善健全的人格具有重要的作用。①

二 职业体验活动设计

职业体验活动设计主要指设计活动方案，对职业体验活动的主题、目标、内容、过程、评价等进行规划，为职业体验活动的实施提供依据。

（一）活动主题

1. 选择主题的原则

（1）跨领域主题，设计综合主题

职业体验活动课程的设置并非仅仅让学生了解所接触的职业。教师可引导学生设计跨领域的活动主题，形成跨越自然、社会、自我三大领域的主题。以"走进豆腐坊"为例。第一阶段，教师可引导学生开展社会实践活动，调查了解关于豆腐的相关知识与故事，学习制作豆腐。第二阶段，教师可引导学生体验制作豆腐的过程，让学生学会做豆腐、买豆腐，体会与豆腐相关的职业。第三阶段，教师可引导学生对豆腐的形成进行研究。

（2）以核心主题为主，兼顾其他领域

教师在指导学生选题时，要对主题进行充分论证，以职业体验的某个领域为主设计活动主题，同时兼顾其他领域。以"小小陶艺师"为例，其核心是职业体验，即学生学会制作陶艺。在制作陶艺的过程中，学生还可以了解陶艺的历史、陶艺创新设计、创造出陶艺成品等活动。

（3）跨学科选择，多方位渗透

教师在引导学生进行主题选择时，可采用学科渗透的方式，使所

---

① 周玲玉：《职业体验活动：性质、价值与实施》，《当代教育评论》2018年第7期。

选的主题，尽可能地向学科外渗透，糅合多种学科，从中挖掘更多的内容与切入点。

2. 活动主题

职业体验活动种类多种多样，长沙酷贝拉职业体验馆将职业主题分为国防教育、中华文化、公共事业、制造产业、娱乐传媒、饮食休闲、商业服务等。[①]《中小学综合实践活动课程指导纲要》推荐了职业体验活动系列主题（见表3-9）。

表3-9　　　　职业体验及其他活动推荐主题

学段	活动主题	
1—2年级	1. 队前准备 2. 入队仪式	3. 少代会 4. 红领巾心向党
3—6年级	1. 今天我当家 2. 校园文化活动我参与 3. 走进博物馆、纪念馆、名人故居、农业基地 4. 我是小小养殖员 5. 创建我们自己的"银行"（如阅读、道德、环保） 6. 找个岗位去体验	7. 走进爱国主义教育基地、国防教育场所 8. 过我们10岁的生日 9. 红领巾相约中国梦 10. 来之不易的粮食 11. 走进立法、司法机关 12. 我喜爱的植物栽培技术
7—9年级	1. 举行大队建队仪式 2. 策划校园文化活动 3. 举办我们的"3·15"晚会 4. 民族节日联欢会 5. 中西方餐饮文化对比 6. 少年团校 7. 举行建团仪式（14岁生日）	8. 职业调查与体验 9. 毕业年级感恩活动 10. 制定我们的班规班约 11. 军事技能演练 12. "信息社会责任"大辩论 13. 走近现代农业技术

---

① 《儿童职业体验乐园，麦鲁小城 是什么？》，http://www.myrules.cn/Mailu/Default.aspx?#experience?

续表

学段	活动主题	
10—12年级	1. 制定自然灾害应急预案及演练 2. 关注中国领土争端 3. 高中生生涯规划 4. 走进社会实践基地 5. 走进军营	6. 创办学生公司 7. 18岁成人仪式 8. 业余党校 9. 我的毕业典礼我设计

(二) 活动目标设计

活动目标包括知识技能、过程方法、情感态度。

知识与技能目标，强调自我认知和职业认知。学生参与职业体验，认识和理解职业及其对应的专业；掌握职业所需知识、技能；建构积极的自我意识。

过程与方法目标，强调职业探索。通过个人、小组、集体活动，养成学生搜集整理资料能力、实践操作能力、解决问题能力、沟通合作能力等。

情感态度和价值观目标，强调职业价值观与职业规划。参与职业实践，体会劳动的快乐，感受职业的艰辛，形成热爱生活、关注社会的思想感情；了解职业的意义，树立正确的职业价值观和责任担当意识；陶冶职业理想，学会初步规划职业生涯。

"我是种植小能手"活动目标如下：

知识与能力目标：认识一些农作物，并了解有关它们的一些基本知识。

过程与方法目标：学会查找、收集、整理资料，提高观察、分析与解决问题的能力、美化环境的能力。

情感态度与价值观目标：通过观察、动口、动手、动脑，自我价值能得到体验。珍惜劳动成果，理解"谁知盘中餐，粒粒皆辛苦"的真正含义。

（三）活动内容设计

1. 内容设计原则

职业体验内容设计应坚持下述原则：

多样性原则。职业体验内容多样，学校应为学生创设更多的职业体验岗位，学生可以根据自身的特点加以选择。多样的职业活动可以让学生进行多样尝试，更好地认识自我，合理定位。

发展性原则。职业体验活动的对象是处于不断发展中的学生，每个学生既有年龄阶段的身心特征，又有不同的特点，因而活动内容的设计也必须适合学生身心发展水平，以提高学生身心发展为目的。

因地制宜原则。职业体验活动的开展不仅要依靠教师，还需要学校、政府、企业等相关部门与相关人士的协助和支持。活动内容的设计要充分利用当地的资源，加强学校与社会之间的联系，从而为学生的职业体验搭建良好的平台，提供广阔的空间。

2. 内容的选择

职业体验内容丰富多样，为了学生能够更好地进行选择，酷贝拉职业体验馆与麦鲁小城职业体验内容的设计，可供参考。[①]

面塑，了解中国的面塑历史，感受这一门具有独特魅力的中国民间技艺。学生亲手制作属于自己的面塑造型。比一比，谁更有艺术天赋。

警署，接警、侦查、搜查嫌疑人、抓捕嫌疑人、审讯、结案……通过体验学习的方式，体会警察工作的意义，认识遵纪守法的重要性。

航空公司，体验飞行员、空服员两种职业。小飞行员进入驾驶舱，手握操纵杆、观察仪表、驾驶飞机，感受在蓝天白云中的翱翔。在客舱内，小空姐们列队欢迎旅客、帮旅客整理行李，做安全乘机演

---

① 《酷酷游戏》，http：//www.kubeiland.com/games.html；《儿童职业体验乐园，麦鲁小城 是什么？》，http：//www.myrules.cn/Mailu/Default.aspx?#experience.

示，为每位旅客提供优质周到的服务。

电视台，你就是小主播、小摄像师、小记者……亲身参与到电视节目的制作过程中，做一个创意无限的专业电视人。

寿司店，穿戴上日式小厨师服装，将米饭、火腿肠、胡萝卜、蟹柳铺在海苔上，卷成小卷。学生在享受美味的同时，锻炼动手能力，学习营养搭配的知识，了解不同寻常的异国饮食文化。

(四) 活动准备

活动准备包括活动宣传与活动前的准备事项。

活动宣传与动员，包括：（1）对家长的宣传，通过致家长的一封信或开专题家长会的形式，让家长了解职业体验活动的意义，可能存在的安全问题等。（2）对学生的宣传，召开班会、举办展览会、办黑板报或手抄报等形式进行宣传。

在学生正式开始职业体验前，教师要指导学生完成相关资料的收集工作。资料收集可通过书籍、网络、报纸等各种途径获得。教师要指导学生对收集的资料进行分类：文本、图片、数据等。文本资料要去粗取精，进行分类概括。图片资料要进行命名，按顺序粘贴并加以说明。可将数据资料制作成小报，对数据进行统计，并指导学生将其绘制成统计表或统计图。常用的统计图有条形统计图、折线统计图和扇形统计图。教师可根据学生的需要进行详细指导。小组长将收集来的关于本主题职业的相关资料进行整理汇总，将其放入资料收集档案中。

此外还要联系相关单位与部门，争取它们的支持，并商讨有关事项；职业体验物质上的准备，涉及器材、工具、仪器、服装等；同时，要做好组织上的准备，涉及活动分组、小组成员构成，指导教师的组织与分工等。

(五) 活动过程的设计

活动过程设计主要指对具体的职业体验活动的设计，即学生在教师指导下进行的真实或模拟的职业活动操作过程（具体内容见活动实施部分）。

（六）活动成果展示与评价

活动结束后，教师引导学生对小组成员所汇集的资料进行整理。活动成果可分为文字类与实物类两个大类。文字类包括日记、访谈记录表、观察记录表、活动反思等。实物类包括小制作、照片、模型、录音带、光盘、学生种植的植物等。

展示交流。让学生在小组内交流自己的研究过程和研究结果，围绕本组的研究主题，选出最有价值的内容，按照一定的规范撰写活动报告，在全班展示文字的、实物的乃至活动的成果。

活动评价。在活动展示的基础上，参照职业体验活动记录与报告，对学生的职业体验活动进行评价。

三 活动实施

（一）活动实施框架

2017年教育部颁布的《中小学综合实践活动课程指导纲要》指出："职业体验的关键要素包括：选择或设计职业情境；实际岗位演练；总结、反思和交流经历过程；概括提炼经验，行动应用。"有学者认为，职业体验属于准社会活动，具有准社会活动性质，职业体验活动分为理解、尝试、渗透三个环节，活动展开分为校内模拟与校外介入两种。[①] 结合《中小学综合实践活动课程指导纲要》与相关研究成果，我们认为，职业体验活动实施主要分为三个阶段：活动准备阶段、活动实施阶段、成果展示与总结应用阶段。为此，可以设计出职业体验活动实施的结构框架（见图3-1）。

1. 活动准备阶段

本阶段职业体验内容有兴趣评估与职业意识评估以及选择主题和设计职业情境，主要分为活动宣传、选择主题和制作活动方案三个部

---

① 陈焕章：《从日本的职业体验课程看职业活动的开发》，《计算机教与学》2005年第4期。

```
                    ┌─────────────┐
                    │ 职业体验活动 │
                    └──────┬──────┘
          ┌────────────────┼────────────────┐
    ┌─────▼─────┐    ┌─────▼─────┐   ┌──────▼──────────┐
    │活动准备阶段│   │活动实施阶段│   │成果展示与总结应用阶段│
    └─────┬─────┘    └─────┬─────┘   └──────┬──────────┘
    ┌─────┴─────┐          │         ┌──────┴──────┐
┌───▼───┐ ┌────▼───┐ ┌────▼────┐ ┌──▼───┐ ┌──────▼──┐
│兴趣评估│ │选择主题│ │实际岗位 │ │成果展示│ │提炼经验 │
│与职业  │ │和设计  │ │演练     │ │总结交流│ │行动应用 │
│意识评估│ │职业情境│ │（尝试） │ │       │ │        │
└───────┘ └────────┘ └─────────┘ └──────┘ └─────────┘
```

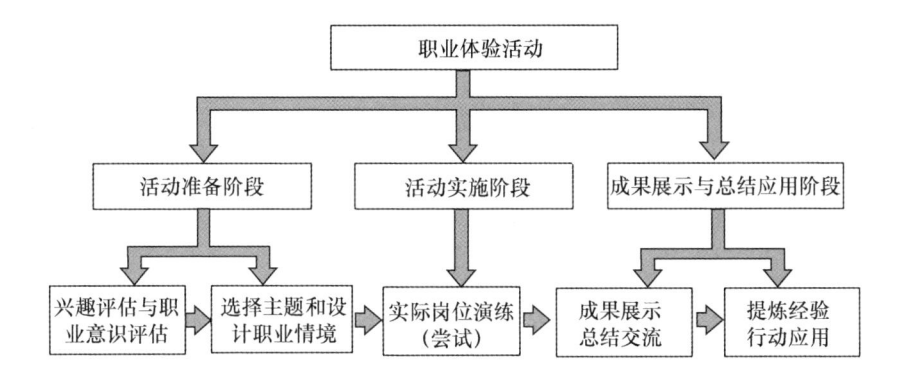

图 3-1 职业体验活动实施结构框架

分。目的是初步了解学生的相关知识背景和职业兴趣，诱发学生探究的动机，为活动的开展奠定基础。

2. 活动实施阶段

本阶段的内容是实践岗位演练（尝试），主要活动有资料收集与调查访问，初步形成对职业的认识；进行职业观察，实地感受职业人的工作与生活；实际岗位演练，亲身体验。包括四步：

资料收集与调查访问。学生根据自己选定的主题，分小组、多途径地收集与主题相关的职业基本资料。同时也可以对身边的家人、邻居进行调查访问，并做好访问记录，最后对资料进行分析、整理，完成资料的汇总。

室内交流、初步形成对职业的认识。学生在完成资料的收集整理任务之后，通过小组交流的形式，初步了解职业的基本分类和特征，并填写初步学习心得及感悟。同时提出关于主题的疑问，做进一步研究。

室外观察，实地感受职业人的工作与生活。学生在初步了解职业知识的基础上，由学校组织，教师和指导老师带队，带领学生走进企业或模拟训练场地进行现场观察。学生通过与职业人的近距离接触，观察职业人的真实工作情况，进一步增加对职业的了解与认识，并做好观察记录。

实际岗位演练，亲身体验。学生通过前期的学习与观察后，正式进入职业体验阶段。学生在真实的职业场景下进行职业角色体验，老师负责指导与监督，确保学生完成基本工作内容，掌握基本的职业技能，感受不同岗位的特点与责任。

3. 成果展示与总结应用阶段

本阶段的内容为成果展示、总结交流以及提炼经验、行动应用，主要工作为小组成员拟写活动成果报告，形成对职业的系统化认识与评价。活动成果报告须经指导老师审核，并提出修改意见；小组成员讨论成果展示方法，力求形式的多样性与创新性；各小组进行成果展示，互相交流和借鉴；最后学生对活动进行总结、反思，并撰写总结报告和学习心得，指导老师要对其进行评定，并将其放入学生成长档案袋中。①

（二）活动实施策略

1. 学校、家庭、社会高度重视，形成三方共育局面

学校要重视职业体验活动对学生成长的作用，建立职业体验基地，开设职业体验活动课程，并将其纳入学校的课程计划之内，加强对学生职业启蒙教育。家长是学生成长的第一任老师，职业体验活动的实施需要取得家长的信任与支持，家长要树立正确的职业认知，给予学生正确的职业引导。家长可根据自身生活环境为学生创设职业体验的机会，让学生在自己的监督下完成职业体验活动。社会是职业体验活动课程实施的重要保障，社会机构为学生的职业体验提供协助，学校应与社会、行业、企业以及职业院校通力合作。②

2. 扩展职业体验途径，融入学生的生活

学校开展专门的职业体验活动，可定期举办一些切合学生发展水平与兴趣的主题活动，比如模特秀、主持人大赛、辩论赛等活动，让学生在轻松自在的环境下，体验职业特色，感悟职业魅力。此外，学校可在学科课程教学中进行职业体验活动。比如在政治课堂上，教师

---

① 周玲玉：《职业体验活动：性质、价值与实施》，《当代教育评论》2018 年第 7 辑。
② 万平：《小学职业体验教育的课程化设计与实施》，《教学与管理》2017 年第 26 期。

在讲授法律篇章知识时，可带领学生模拟体验律师事务所、法院等相关部门的岗位。在化学课堂上，教师讲授分析化学物质元素时，可以让学生体验药剂师、医生等职位。

四 活动评价

（一）评价原则

1. 多元性原则

多元性原则主要指评价主体、评价标准、评价形式的多元化。职业体验活动鼓励学生创新，强调多元价值取向。针对不同的问题及其解决方式，评价的标准与形式也应多样化。同时，评价的主体从单一的教师评价走向教师、学生、家长、校内外辅导员等共同参与的评价。

2. 过程性原则

职业体验活动课程评价强调学生的过程体验。学生在参与职业体验过程中的情绪情感、参与程度、表现水平、发现问题与解决问题的能力等是评估学生学习的重要内容。职业体验评价应更加重视学生参与职业体验活动的整个过程与体验程度。

3. 主体性原则

职业体验活动旨在通过学生的主动参与和亲身体验，使学生在活动中获得自我认知与职业认知，学会自我分析与改进，不断完善自我。因此，职业体验活动应关注学生在评价中的主体地位，让学生成为评价的主体。自主评价有利于学生明确自身奋斗目标，从而为职业生涯打下坚实的基础。[①]

（二）评价方式

1. 学生自评

评价要充分肯定学生的主体地位，展现学生职业体验过程中的表现、反思与成长。学生每参加一次体验活动都要填写自我评价表对自己

[①] 潘洪建、杨金珍等编著：《小学综合实践活动指导》（第2版），江苏大学出版社2018年版，第183页。

进行评价,或采用描述性语言进行自评,记录自身成长(见表3-10)。

表3-10　　　　　　　　　　学生自评表

活动主题			完成时间				
组　名			活动组长				
姓　名			指导教师				
评价内容				A	B	C	D
活动准备	1. 积极参与						
	2. 主动与同学配合、团结互助						
	3. 认真倾听同学的意见和观点						
实践活动	1. 善于调查访问或善于收集资料						
	2. 敢于提出问题,表达自己的看法						
	3. 动手实践能力强						
	4. 认真完成小队安排的任务,对小队工作有所贡献						
活动成果	1. 及时完成活动成果交流,交流汇报积极						
	2. 写好活动记录						
我的感想							

2. 小组互评

同伴和小组成员评价有助于学生之间相互监督,加强团队凝聚力,相互促进,共同完成小组任务。小组长可以对组内成员的表现进行评价,同时小组长的表现由其组员进行评价。每个人的主体地位和职责都被充分尊重(见表3-11)。

表3-11　　　　　　　　　　小组互评表

班级:_____ 姓名:_____ 日期:_____

活动主题				
评价内容	评价等级(在相应等级后打√)			
	A	B	C	D
1. 参与合理计划的制定				
2. 开展实践活动的积极性				
3. 小组协作精神				

续表

活动主题				
评价内容	评价等级（在相应等级后打√）			
	A	B	C	D
4. 勇于探索精神				
5. 实际职业体验表现				
小组长评语				

3. 家长评价

家长是关注学生成长的主力，邀请家长参与到对学生的评价中，一方面可以让家长了解孩子的兴趣爱好；另一方面家长根据学生的表现对其将来职业进行适当的引导，协助孩子进行生涯规划。

4. 教师评价

教师要根据自己所了解的情况，对学生进行综合评价，评价内容具有丰富性和灵活性的特点，主要内容包括以下几个方面：（1）学生参与职业体验活动的时间与态度。（2）学生参加职业活动所获得的职业体验。（3）知识、方法、技能的掌握情况。（4）创新精神和实践能力的发展情况。

表3-12　　　　　　　　教师评价表

研究主题					
		A	B	C	D
活动准备	资料准备情况				
	方案的制定				
活动过程	是否完成课时量				
	小组成员态度				
	发现问题解决问题的能力				
	成员分工与职责明确				
	活动安排的有序性				
	是否具有合作意识				
	语言交流与表达				
	按计划实施情况				
	创新精神与能力				

续表

研究主题					
		A	B	C	D
活动成果	掌握基本的职业知识				
	活动资料收集与整理				
	活动作业完成情况				
	活动总结撰写情况				
	活动成果会演情况（论文、调查报告、演讲、模型、戏剧等）				
综合评语	指导老师签字：				

五 活动指导

职业体验活动课程的实施主要分为三个阶段：活动准备阶段、活动体验阶段、活动展示与总结应用阶段。教师要针对每个阶段的特点对学生给予恰当的指导。

（一）活动准备阶段的指导

活动准备阶段的指导主要包括选择主题指导、制作活动方案指导。

1. 选择主题指导

主题的选择既可由学生自主选择，也可由教师组织进行。

（1）学生自选主题

在组织学生自主选题的过程中，要求学生每人备有一个信息采集本，记录自己在日常生活中所接触到或观察到的职业以及内心的所思所感，活动前抽出20分钟时间，让每个学生都发表一下自己的想法，教师记录有意义的问题作为开发职业体验活动课程的资源。

（2）教师组织选题

从学校资源、社会资源、家庭资源、自然资源中开发活动主题，教师可制作出活动选题范围，让学生进行选择。例如：

学校资源：小小图书管理员、我是小老师、小主持人等。

社会资源：小小消防员、考古专家、小陶艺师等。

家庭资源：小小厨师、小小理财员、小小美容师等。

自然资源：环保小卫士、森林守护者、小小园艺师等。

2. 制定活动方案的指导

(1) 活动分组的指导

建立小组的指导。教师根据学生所选的主题，综合考虑学生性别、成绩、能力、背景等因素，将全班分成不同的小组，每组4—8人。学生分组可采用同质小组的形式，也可采用异质小组的形式。分组后指导学生进行讨论交流，推选研究能力和组织能力较强的学生为组长，并聘请指导教师。同时教师要指导学生明确本小组的活动特色，并给活动小组取名。

建组后的指导。小组建立后，教师要对小组长和成员进行具体的指导，让学生明确自己的责任，为活动的实施打下基础。第一，对小组长的指导，包括如何调动和维持全组成员的积极性，如何组织全组成员实施活动，如何组织交流汇报活动，如何对小组活动的目标、过程、结果进行总结，如何评价小组成员的表现，如何以身作则地投入小组学习，等等。第二，对小组成员的指导，包括如何正确认识自己在小组中的地位与作用，如何与小组成员进行沟通与交流，如何为小组贡献自己的力量，等等。

(2) 活动方案撰写的指导

指导学生了解活动方案撰写的基本格式。学生活动方案一般包括活动主题、活动背景、活动目标、活动内容、小组成员及分工、活动时间与地点、活动方法、活动步骤、预期成果及表现形式、可能遇到的主要困难及应对的策略、问题与反思等部分。

让学生明确活动方案撰写的具体要求。教师可通过开设讲座或提供成功案例的方式向学生具体讲解如何撰写活动方案。

汇报交流。学生在完成活动方案的撰写后，在全班各个小组间进行交流讨论，分析方案的可行性。教师对学生方案的修改进行指导。

学生根据讨论，对方案进行修改。此环节在学生小组之间进行，主要让学生在与其他小组交流的基础上，学习其他小组的优点，反思自己计划的不足，进一步完善计划。

（二）活动体验阶段的指导

活动体验阶段的指导内容包括调查指导、观察指导、实际演练指导。

1. 调查指导

学生资料的收集还可以通过对身边的家人邻居进行调查、访问的方式进行。教师在学生访问前开设小讲座，向学生讲解采访的相关知识。

指导学生明确采访流程。引导学生了解采访流程：确定采访对象—准备采访（收集资料、拟订提纲）—实施采访—表达交流。

明确注意事项，主要有如下几点：要取得被访问者的信任，确保采访顺利进行；访问的时间、地点及方式必须事前与受访者约定好，以受访者便利为前提；每次访问所提的问题以6—8个为宜，提前做好访谈提纲；要掌握提问的技巧，注意访问的态度，诸如忍耐和虚心、诚恳和灵活、学会随机应变。同时，语言简明扼要，掌握好时间，做好记录。

2. 观察指导

学生在初步认识职业的基础上，在教师的指导与带领下进入企业或模拟训练场地进行现场观察。学生观察真实的工作情况，进一步增加对职业的认识。此阶段，教师要指导学生完成职业体验观察记录表的填写。同时可鼓励学生采用多种方式进行记录，如拍照、文字、录音、写日记等。小组成员可以相互配合，采用多种方式，记录活动过程中的认识、问题、体会与反思，围绕问题进行交流讨论。

3. 实际演练指导

通过前期的学习与观察，正式进入职业体验阶段。学生在真实的职业场景下进行职业角色体验，掌握基本的职业技能，体会不同岗位的特点与责任。学生每次体验时间不得少于两个小时，每完成一次体验，指导老师都需要提醒学生填写职业体验记录表，指导老师签字、写评语，记录学生学习与工作情况。

（三）活动展示与总结应用阶段的指导

活动展示与总结应用阶段的指导内容包括活动成果撰写的指导、活动成果展示方式的指导、汇报交流的指导等。

1. 活动成果撰写的指导

活动结束后，小组成员讨论活动收获，撰写活动成果总结报告，形成对职业体验的系统认识。活动报告须经指导老师审核，由老师进行评定，提出修改意见，再进一步修改完善。撰写职业体验活动总结报告字数根据年级的不同加以确定。

2. 活动成果展示方式的指导

小组成员成果展示方式多种多样，学生可以表演、举办晚会或主题活动的形式进行全校交流，可以制作宣传手册等。此外，学生还可以对自己的未来职业进行畅想，根据自己的职业体验，设想自己将来的职业，构想将来可能产生的新职业，以此进行职业生涯规划，明确理想，发展学生的创新能力。

3. 汇报交流的指导

分组汇报。各小组以本组商议的展现形式为全班展示活动成果。教师要指导学生说出小组调查的主题、过程以及结论，畅谈在调查过程中的情感体验。

组织交流。各小组成果展示完毕后，教师要指导各小组进行交流与沟通，鼓励学生提出自己的疑问与建议。同时小组之间进行互动，让学生学习其余小组的成果，了解其他职业的基本特点，开阔视野，相互借鉴。

4. 提炼经验，实际应用指导

教师指导学生依据生活情境，将自己所学应用到社会生活中，如小小理货员。通过几个月的学习、观察与体验，学生已具备了整理能力，那么在日常的生活学习中，教师和家长要适当地创造条件，让学生学会拓展运用自己所学技能。

第四章　社会服务与设计制作活动指导

社会服务与设计制作是《中小学综合实践活动课程指导纲要》规定的两类重要的活动方式。对于学生走出教室，参与社会活动，提升实践能力，成为履职尽责、敢于担当的人，以及运用工具设计、操作与创意物化，促进学生综合素质和实践能力发展具有重要价值。社会服务与设计制作活动与实施是其价值发挥的关键环节。

第一节　社会服务

作为综合实践活动课程的重要活动方式，社会服务有着突出的特点与价值。

一　社会服务的特点与价值

社会服务作为综合实践活动课程的一个重要模块，具有培养学生实践能力、社会责任感与公众参与精神的重要功能，是造就合格公民不可或缺的一个部分。它直接承担着克服学校教育"封闭、呆板"等弊病，促进学生社会化和全面发展的教育使命。

（一）社会服务的含义

"社会服务"以往又被称为"社区服务和社会实践"或"社区服务""社会实践"，2017年《中小学综合实践活动课程指导纲要》将"社区服务和社会实践"改为"社会服务"。其实，"社区服务"和

"社会实践"的功能有许多交集,例如获得直接经验和体验,锻炼实践能力等。但是社区服务侧重强调服务这种活动和实践类型,它强调的是带着一颗利他之心,以自己的实际服务,满足社区和他人的需要。因此,社区服务具有更为直接的道德层面上的诉求,旨在通过服务活动培养学生服务他人和社会的道德意识和理想。相比而言,社会实践不仅包括社区服务活动,而且其范畴更为广泛,包含更多的活动和实践类型,例如考察、调查和探究等活动。社会实践更多的是一种"体验学习",强调活动的体验性、考察性和探究性等,而不是强调活动的服务性质。但是这种区分并不是绝对的,就社区服务来说,服务本身即为目的,也是学习的手段和工具,即借助于服务活动,学生获得了各种经验和体验,同时借以印证和综合运用课堂学习内容等。就社会实践来说,很多实践活动也是通过社会参与和社会服务等媒介来进行体验学习,发展实践能力的。[①]"社会服务"拓展了"社区服务"的外延,并涵盖了以往"社会实践"的部分内容,而"社会实践"中的大部分内容则被置于"考察探究"之中。

在本章中,我们将"社会服务"定义为:学生在教师的指导下,走出教室,进入实际的社会情境,亲身参与社区、社会实践活动,以获得直接经验,将所学知识、技能应用于社会生活,增强学生的社会责任感,发展实践能力,培养合格公民的学习活动。

(二)社会服务的特点

1. 服务性

服务是民主社会的主要特征,学校即社会,学校应该培养学生的服务意识。社会服务活动的主要内容是学校组织学生开展活动,密切学校与社区、社会的联系,拓展学生的学习领域,让学生利用所学知识从事力所能及的服务工作。该项活动既可以服务社区和社会,为特定的社会群体和个人提供服务,也可以服务学生的学习,因为在服务

[①] 潘洪建:《中学综合实践活动指导》,高等教育出版社2011年版,第194页。

中，学生不仅可以获得直接的经验，而且可以把所学知识应用于服务之中，强化、活化学科知识。再者，通过相关的服务学习，学生可以获得一些职业知识，为他们更好地从事未来的职业做准备。

2. 社会性

社会服务活动的领域从学校延伸至社区和社会，为学生开辟了一个广阔的学习与生活领域。社会服务的社会性主要体现为：（1）活动空间的拓展。学生的学习环境从封闭的课堂、学校环境扩展到开放、更富有社会意义的社区和社会大环境里。（2）社会参与的扩大。学生在教师的指导下，主动参与社区服务，为社区和社会公共事务的管理提供宝贵意见，进而影响社区和社会的公共政策，发挥作为社区和社会一员的作用。（3）政治参与意识的培养。通过组织学生举办听证会和参观政府机构、模拟政府机构的办事程序，学习政治参与的知识，形成政治参与意识，培养学生作为公民的参政能力。总之，社会服务可以促进学生的社会化，培养学生的社会责任感。

3. 实践性

传统教育主要以抽象符号为媒介，剥夺了儿童在实际生活情境中得到有意义体验的权利，从而把学生的好奇心、求知欲和审美要求关闭在课堂之内。社会服务以学生的现实生活和社会实践为基础开发课程资源，不是在学科知识的逻辑体系中架构课程。它主要以活动为主要形式，强调学生的亲身经历，要求学生在考察、探究、实验、服务和参观等一系列活动中发现和解决问题，发展自己的实践能力和创新精神。社会服务这一特征，不仅可以使学生所学知识和技能得到"活化"，而且培养了学生的实践智慧，促进学生良好品德的养成。

（三）社会服务的意义

1. 有助于转变学生的学习方式，拓展学生的发展空间

服务学习是一种基本的学习方式，社会服务源于学生的直接经验和兴趣，可以调动学生自主学习的积极性，在问题研究、探索过程中

发展学生分析问题、解决问题的能力。社会服务需要师生、生生、社区的合作与互动,有助于培养学生的合作精神。此外,社会服务丰富了学习资源,它把学生学习活动的范围延伸到了校外,使学生的学习资源领域拓展到社区和社会,改变了原来仅靠课本资源的状况。

2. 有助于提高学生的学习兴趣,增强学生的生命体验

兴趣是学生学习的主要驱动力。社会服务重视从学生的兴趣出发,组织和实施相关的主题活动。它的开设使学校教育面向学生的生活世界,书本中的间接经验通过实践内化为学生的内部知识,使教学更贴近真实的生活世界。在社会服务过程中,学生的兴趣得以激发,学习不再是一种苦役,而是一种乐趣。此外,它关乎学生的生活,与学生的生命活动息息相关。通过活动,学生的生命经验得到增长,生命体验得到升华。

3. 有助于养成学生的服务意识,增强学生的社会责任感

社会服务活动关涉人与社会的关系,促进人的社会化,能更好地体现学生个体性和社会性的和谐共生。它重视培养学生的服务意识,引导学生服务社区和社会。通过服务学习,学生所学知识被活化,同时满足社区和社会的真实需要,进而增强学生的学习动机。在社会转型期的中国,学生作为公民,应主动承担社会责任。社会服务正是通过开展社会主题活动,让学生积极参与其中,增强他们的社会体验,主动履行公民的责任。[①]

二 活动设计

社会服务是指由学校安排或由学生申请到社区机构进行服务,借以满足学生与社区的需求。所以学校在规划服务方案之前,必须先分析学校资源与社区需求,选择活动项目,确立活动主题。

---

① 潘洪建、李庶泉等:《小学综合实践活动指导》,江苏大学出版社 2010 年版,第 144—145 页。

（一）活动主题的产生

1. 社会服务主题的来源

学校附近的社区，或学生所居住的社区，是社会服务学习实施的对象与场所。社会服务活动的主题应根据社区需要或问题来确定。因此，在服务活动开始之前，应由教师与学生，共同针对社区的需求进行分析，评估社区需求，以便依据社区需求提供适切的服务。社区需求的评估有四种方式。

直接观察：实地到社区走一趟，看一看社区环境是否整洁？社区公园、绿地是否需要整理？有无垃圾需要处理？社区的设施或设备是否需要修缮？这些需求是否适合由学生提供？

问卷调查：这是社区需求评估较常使用的一种方法，可以设计问卷或需求单，由学生带回去让家长填写。收回之后，加以整理归类，以了解社区实际需求的项目。

社区重要人物访谈：社区代表、地方士绅、村干部、社区发展协会理事长、机构或团体的负责人，他们不但关心社区事务，而且善于汇集民意和表达民意，因此可以通过"社区会议"或"个人访问"来搜集有关社区的需求信息。

分析现有文献：利用单位或民间机构所编印的有关资料手册以及专家学者的社区研究报告，分析有哪些机构需要学生服务，或者有哪些活动可以由学生提供服务。

对于学校资源与社区需求的分析，不妨由教师、学生和相关机构或团体以头脑风暴的方式进行讨论，再评估学生的能力和兴趣，排出服务学习的优先顺序，并列出清单，供学生选择或申请服务地点时参考。

2. 社会服务主题的类型

环境保护：协助开展环境保护宣传、资源回收等服务。

社区服务：协助社区街道、公园或公共场所的清洁认养或电器维修等服务。

卫生保健：提供医疗保健、公共卫生、食品卫生、防疫及反毒等宣传服务。

社会福利：协助开展社会福利机构内儿童、青少年、老人、身心障碍者、妇女、低收入户等巡访服务。

文化建设：协助推进文化资源维护保存、文化传播及文艺演出等服务。

交通安全：协助推进交通安全宣传、交通维护等服务。

生态保育：协助推进自然生态保护、动物保护等服务。

市政服务：协助政府机关或民间团体开展资料整理及咨询等服务。

教育部《中小学综合实践活动课程指导纲要》（2017）列举了社会服务活动的系列主题（见表4-1），可供学校选择使用。

表4-1　　　　　　　　　社会服务活动推荐主题

学段	活动主题	
1—2年级	1. 生活自理我能行	2. 争当集体劳动小能手
3—6年级	1. 家务劳动我能行 2. 我是校园志愿者 3. 学习身边的小雷锋 4. 红领巾爱心义卖行动	5. 社区公益服务我参与 6. 我做环保宣传员 7. 我是尊老敬老好少年
7—9年级	1. 走进敬老院、福利院 2. 我为社区做贡献 3. 做个养绿护绿小能手	4. 农事季节我帮忙 5. 参与禁毒宣传活动 6. 交通秩序我维护
10—12年级	1. 赛会服务我参与 2. 扶助身边的弱势群体 3. 做个环保志愿者	4. 做农业科技宣传员 5. 参与公共文化服务 6. 做普法志愿者

（二）活动目标的设计

1. 基本目标

社会服务活动是强化课堂、学校与生活、社会联系的重要纽带，是增强学生对他人、对集体、对社区乃至整个社会的使命感、责任感和奉献精神的重要举措。社会服务活动的总目标为：通过学生参与服务活动促进学生的学习和发展；拓展知识，增长经验，增进社会适应与创新能力；主动参与社会实践，增强公民意识和社会责任感；服务社区和社会，对自然、社会和他人有责任心和爱心；发展自我，确立自信，培养独立意识。

社会服务总目标还可以进行一定的分解，如将社会服务的目标分为情感目标、认知目标、技能目标，每个维度的目标还可进一步细分。

（1）情感目标

①对劳动的体验。包括培养尊重劳动的态度，养成劳动的习惯，培养吃苦耐劳的精神以及克服困难的毅力，享受劳动的成就感、成功感及收获的喜悦心情。

②对人的体验。认识自身的价值，学会自立，关心同情他人，师生间的相互接触和了解、信赖，同学之间的友情，了解对社区做出贡献的人并尊重他们；切身体会他人的不幸和痛苦。

③对自然的体验。通过触、听、看、嗅等感官感受大自然的美景，崇敬自然，萌发对自然的热爱并进而产生保护自然的强烈意识。

④对社会的体验。培养社会责任感和公民责任感、使命感、团体意识、合作意识，培养守纪、协作、友爱的精神，自主地构筑关于美好生活的态度与实践精神；培养建立良好的生活环境、对社区文化艺术的感情和态度，维护和发展社区与福利文化事业，培养服务公共事业、社会互帮意识等道德品质。

（2）认知目标

①对人的认知。维护人格尊严，理解由于贫富、职业、性别、种族等因素所造成的素质差别，正确看待自己，对待别人。

②对生活的认知。掌握基本的生活常识和生活习惯。

③对工作的认知。掌握有关服饰、饮食、看护、福利的知识。

④对自然与社会的认知。掌握本国的历史、文化、环境以及自然乡土、动植物生态和分布等知识；了解社区文化和艺术、传统艺能，认识和了解他国的语言、生活习惯、饮食、气候、文学艺术等异域文化；掌握由于特殊的地理位置所造成的自然灾害及如何躲避灾害的相关知识。

⑤对某些活动必备知识的认知。了解和掌握志愿服务活动及其对象（社会福利、国际合作、文化活动）的相关知识。

（3）技能目标

学习农作物的栽培、种植、护理、收割技术等，学习捕捉并收集动物标本，了解工业生产知识并掌握实际操作技能；获得适应冬季气候的直接经验，培养交际能力，锻炼经营本领，提高调查、评价、解决有争议问题的能力。[①]

以上是对欧美、日本等国和地区社会服务活动目标的整理与概括，可以看出，情感目标比较注重培养学生积极的情感体验。认知目标注重学科知识以外的知识学习，涉及人、生活、社会、自然等与具体活动相关的认知项目，纯学科知识很少。技能目标超越具体的学科技能，注重生活实际技能的习得。这些措施值得我国借鉴。

2. 学段目标

《国家九年义务教育课程综合实践活动指导纲要》规定3—6年级社会服务的阶段目标为：（1）增强服务意识，初步形成积极健康的情感体验和充实进取的生活态度。（2）参与社会实践，培养实践能力，强化社会责任感。（3）改变学习方式，提升学习质量。2017年《中小学综合实践活动课程指导纲要》在"课程目标"部分，提出了"责任担当"目标，并进行了学段分解。

小学阶段的"责任担当"指围绕日常生活开展服务活动，能处理生活中的基本事务，初步养成自理能力、自立精神、热爱生活的态

---

① 胡江倩：《欧美日本中小学社区服务与社会实践活动比较及启示》，《洛阳师范学院学报》2001年第4期。

度，具有积极参与学校和社区生活的意愿。

初中阶段的"责任担当"指观察周围的生活环境，围绕家庭、学校、社区的需要开展服务活动，增强服务意识，养成独立的生活习惯；愿意参与学校服务活动，增强服务学校的行动能力；初步形成探究社区问题的意识，愿意参与社区服务，初步形成对自我、学校、社区负责任的态度和社会公德意识，初步具备法治观念。

高中阶段的"责任担当"指关心他人、社区和社会发展，能持续地参与社区服务与社会实践活动，关注社区及社会存在的主要问题，热心参与志愿者活动和公益活动，增强社会责任意识和法治观念，形成主动服务他人、服务社会的情怀，理解并践行社会公德，提高社会服务能力。

3. 主题活动目标

具体到不同的活动主题，可以根据活动内容与学生发展水平的差异，制定较为具体的操作性活动目标。主题活动目标涉及具体知识、技能、态度的学习与养成，如"学生能主动将自己发现的问题、收集到的材料进行呈现""学会撰写计划书，制定行之有效的活动计划"等。

【案例】锡山高级中学高一年级部"走进颐养院社区服务"课程目标

1. 走进颐养院，贯彻学校德育母题之"善"的教育意图。

2. 走进颐养院，在与老年人交往的实践过程中，提高与老人沟通的实践能力。

3. 在与以老人聊天为主要形式的活动中，学生能够形成主动关心他人、自觉尊重他人的社会责任意识，以及在以小组为单位的团体活动形式中形成团队合作的品质。

4. 在社区服务过程中学以致用，增强服务社会意识，体验奉献社会的积极情感。

(三) 活动内容的设计

1. 内容范围

社会服务的内容领域非常广泛,既可以从个人、家庭、学校和社区、社会等维度出发选择内容,也可以从服务社区、关爱他人,参与社会生活、进行社会实践等方面着手选择。社会服务的内容范围主要包括:到养老院慰问和照顾老人或残疾儿童;为公共福利事业开展募捐活动;将自己栽培的蔬菜送到养老院;到老人之家、福利机构访问;为老人组织娱乐活动、修复操场和公园;帮助老年人做家务;关心老人饮食情况;为老人、残疾人带路;护理高龄者、病人、残疾人;为社区机构义务帮忙;对矿山灾害、医疗事故问题进行声援;进行海外援助,劝说同龄人戒毒;当义务辅导老师,组织社会救济工作;为无家可归者寻找栖身之处;到艾滋病门诊中心服务;废旧书籍等资源的回收;社会慈善事业的捐款,等等。[①]

具体地讲,社会服务内容可以从以下几个方面加以选择和组织。[②]

(1) 服务社区

学生通过社区活动,接触社会现实,参与各种社会活动,积累社会生活经验;熟悉所在社区的地理环境、人文景观、物产特色、民间风俗等,萌生亲切感、自豪感,并懂得爱惜、保护它们,理解、尊重文化的多样性;经常留意社区中人们关注、谈论的问题,能综合而灵活地运用自己的知识加以解决;主动参与社会活动,形成社会参与意识、服务意识和贡献意识。在实践中发展社会参与能力,形成法治观念和公民意识。在服务过程中学会合作、交往,形成团队意识和归属感,增强社会责任感。发展社会交往能力、社会活动的组织能力。

---

① 胡江倩:《欧美日本中小学社区服务与社会实践活动比较及启示》,《洛阳师范学院学报》2001年第4期。
② 潘洪建、李庶泉等:《小学综合实践活动指导》,江苏大学出版社2010年版,第148—150页。

如"科技宣传活动"的内容：

①在社区宣传窗内开辟科技信息栏，定期向群众提供专题科技信息。

②协助社区科技文化部门以报告会、展览会的形式进行科技文化宣传。

③深入田间、果园、养殖场、草原等地了解农民、牧民的实际困难和科技需求，咨询当地科技部门，有针对性地编发一些科技宣传资料。

④建议社区定期放映科教片，组织开展科技咨询、医疗保健等服务活动。

⑤到邮局、书店了解适合居民阅读水平的科普报刊、书籍，推荐居民订阅、购买。积攒零花钱，购买此类读物送给需要帮助的人。

⑥了解新闻媒体有关科普宣传栏目，推荐给居民收看或阅读。

⑦为社区居民表演科普、文艺节目。

（2）珍惜环境

进入自然，了解自然，通过和自然的接触，领悟自然的神奇与博大，懂得欣赏自然的美，产生对自然的热爱。通过观察、考察身边的环境，懂得自己的生活与环境息息相关，加深珍惜环境的情感。通过保护环境的活动，掌握有关自然的知识、技能，懂得人们的生产、生活对环境的各种影响，能综合运用所学知识解决环保问题；关注周围、社区、国家乃至世界性的环境问题，养成随时随地保护环境的习惯，形成关爱自然、保护自然的意识。

（3）关爱他人

学生通过和他人的接触、交流，学会理解他人的生活习惯、个性特点、职业情况，懂得尊重人、体谅人，发展关心他人的意识和情怀，富有同情心。通过体验个人与群体的互动关系，懂得他人和社会群体在个人生存与发展方面的重要性，体验关怀的温暖，对他人的帮助心存感激。主动关心特殊社会群体，自觉地为他们服务，培养爱心和同情心。通过与人交往，形成团结、合作的精神。经常留意身边需要帮助的人，自觉并乐意为他们服务，掌握志愿服务的有关知识和技能，对他人富有爱心，使学生在与那些由于他们的帮助而获益的人的接触中，获得深刻体验、感受和满足。

如"与残疾人携手"的活动内容：

①了解残疾人的具体知识。学习《中华人民共和国残疾人保障法》的主要内容和基本精神；查询有关资料，了解残疾人的类别、分类标准。

②调查当地残疾人的生活状况。到有关机构了解残疾人的就业情况、生活保障状况、受教育机会。

③分析研究社会对残疾人的消极态度。

④分析有待研究的其他问题，设计并实施。

⑤展示研究成果。

（4）善待自己

学生通过各种活动感悟生命的奥妙、意义和价值。发现自己的优点与弱点，知道如何发挥自己的优势、弥补短处。能够了解自己的情绪，并学会用适当的方法控制和调节自己的情绪，进一步适应各种社会角色，正确理解个人价值。通过各种锻炼活动，掌握安全生活的常识，能够在危难中自救与求救，养成对自己的生命高度负责的态度。懂得自己的权利和义务，能够学会用法律来保护自己。养成良好的生活习惯、健康乐观的生活态度，愿意为创造美好的生活而不懈努力。养成自我管理能力与自我教育能力。

如"关注眼睛，告别近视"的活动内容：

①"科学小博士"组，请教科学老师、卫生教师、眼科医生，弄懂眼睛里的科学。

②"火眼金睛统计师"组，调查了解当地中小学学生的视力情况，填写表格。有的同学还通过网络搜集到我国中小学视力情况的有关数据。

③"亮眼睛走访队",调查了许多的家庭,采访了眼睛近视的人,了解他们的生活学习状况,询问他们由于眼睛近视而在日常生活中遇到的不便,分析他们眼睛近视的原因,做了大量的笔录。

④"爱眼小医生"小组,通过查阅图书、网上查询、访问眼科医生等方法,归纳总结出许多预防近视和矫正近视的方法并办了科学小报。

2. 内容选择与组织原则

(1) 密切联系生活实际

社会服务是在社区和更大的社会环境中实施的实践活动,学生的视野和活动范围从学校扩展到社会,让学生不仅将所学知识应用于社区和社会,而且在社会服务中学习一些新的知识和技能。因此,社会服务内容应贴近学生的日常生活,应从学生接触的生活世界出发,从学生熟悉和关注的社会生活实际中选取主题,或选择一些与现实人类生活密切相关的人生问题,如生与死、家庭、性、老人福利、大众文化等。由于中小学生已具备一定的知识和经验,选择的内容可从日常生活扩展到地区、国家的一些问题,从而拓展学生的学习领域和发展空间,增进学生的经验积累,加深学生的生活体验。

(2) 适应中小学生的特点

中小学生身心发展迅速,但未完全成熟;对周围世界有了自己的一些看法,但往往比较片面;对社会生活中的许多事情十分感兴趣,但缺乏持久性,等等。在选择内容时应考虑中小学生的身心特点,适合学生发展的需要,促进学生健康成长。同时,尊重学生的自主权利,引导学生根据自己的兴趣与特长去选择和设计内容,在活动中学会学习、学会选择。

(3) 反映地方和学校特色

每所学校、每个地方都有自己的优势和特点,在选择内容时应根据课程目标,根据社区实际,尽可能就地取材,发挥优势,把握特色,注重利用社区资源,应选择体现地方特色的活动内容。如美国加利福尼亚州戴维斯小学举办"传统周"活动，让学生向自己的父母、祖父母了解祖父辈出生地区的一些风俗习惯等，不仅促进学生对父母的了解，增进了感情，也获得了对社会的认识。此外，社会服务还要考虑学校的特点，比如农村学校和城市学校在开展此类活动时，就要利用学校的资源特色，考虑人力资源、财力资源等，开展相关活动。可以开展以下社区服务活动：

社区环境建设活动。如社区浇花工作、社区卫生清洁、社区绿化工作等。

社区科技文化活动。如社区敬老服务、社区法治宣传活动、社区环保卫生活动、社区科技和科普宣传活动、社区（家乡）民俗活动等。

志愿者服务活动。以公众利益为先，重在社会的参与活动，包含公益活动、义工活动、植树活动、帮困助残活动、拥军活动等。

（4）注重与其他学科、领域的融合

选择的内容应有利于学生综合运用各学科知识于活动实践之中，既要注重学科知识的融合，又要突出社会服务领域的实践性；既要保证社会服务的落实，又要尽可能考虑综合实践活动四大领域内容的贯通，使各学习领域的内容彼此渗透，有机整合，体现出人与自然、人与他人及社会、人与自我的关系，从而帮助学生形成对周围世界的完整认识，形成健康的情感、态度和价值观。

例如，美国马萨诸塞州阿特波罗市布卢纳中学5年级实施的"服务学习""动物园计划"就是一个典范（见图4-1）。此活动围绕着一个核心问题即"在保护野生动物和它们栖息地的活动中，你应承担什么责任？"学生综合运用语言、数学、科学与技术、历史和社会科学以及地理等学科知识来解决这一问题。例如，学生需要通过查找动物园自1700年收藏的展品，解释历史上的事件如何影响美国社会对动物园功能和作用的看法，自然就利用了历史和社会科学的知识。

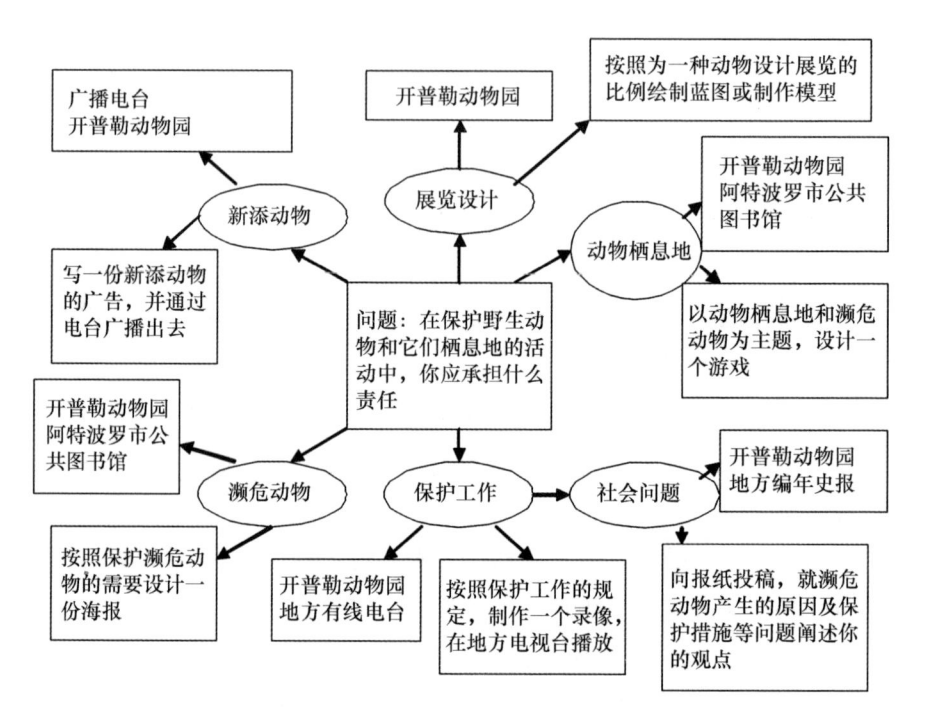

图 4-1 "动物园计划"概念图

资料来源:卢浩、杨海燕《美国中小学"服务学习"课程:内涵、方案、实施及评价》,《外国教育研究》2005年第1期。

(四)活动过程设计

社会服务过程涉及因素较多,一般包括服务对象、服务范围、服务时间、服务方法、服务形式几个方面。

1. 服务对象。老年人,我国已进入老龄化社会,老年人尤其是贫困、孤寡、留守的老人特别需要帮助;残疾人包括弱智儿童、聋哑人,我国人口基数很大,残疾人是一个巨大的群体,需要较多的帮助。此外,患者、无家可归者、留守儿童等也是社会服务的对象与群体。

2. 服务范围。社会服务范围主要涉及生活服务、文化服务、护理服务等。所关涉的机构与地点为:福利设施,包括老人之家、福利院、养老院；公共设施，包括公园、车站、公共集会场所、观光游览地、操场、医院；学校，包括小学、幼儿园、聋哑学校、弱智学校；其他企事业单位，如垃圾处理站、工厂等。

3. 时间安排

社会服务活动时间的安排，应利用综合实践活动的时间由学校统一组织，到社区一些场所、单位或部门开展集体或小组活动；也可以安排在下午放学后或星期六、星期天、节假日。

4. 服务方法

清扫和美化（如清扫公园、车站、校舍内外庭院等公共设施），绿化修整（如绿化校园，保养树木、维护森林资源、修整花坛），修理公共建筑物，整理娱乐场所，捡拾道路垃圾，社会调查（如调查大气污染、水质污染等），义工活动（到医院、公园、街道做志愿者，为特殊群体或个人提供帮助），开展募捐活动（参加为特殊人员募捐的活动，为需要帮助的人提供钱物，帮助他人渡过难关），宣传演出（传播环境状况信息，为居民演出文艺节目，丰富社区居民生活），劳动服务（在学校、家庭、食堂劳动，为家人、同学提供服务，承担学校或班级值日活动等）。此外，还有为学困儿童提供课业辅导，为留守儿童编织毛衣等。

5. 服务方式

直接服务。由学生直接与服务对象接触，提供必要的服务活动。例如，关怀独居老人，为儿童说故事，为住院病人表演歌舞，为身心障碍者做康复等。这种直接服务可以得到及时回馈，比较受学生欢迎。

间接服务。通常是短期的、团体的服务活动，目的在于发掘可用的社会资源，以协助社区或处于不利地位的人群解决问题。例如，协助社会福利机构进行义卖、募捐，办理活动，布置会场等。这种间接服务缺少直接与服务对象接触的经验，学生可能不容易体会服务的价值，所以必须加强指导。

文化传播服务。如协助倡导资源回收、节约能源、戒烟、防毒、拒绝摇头丸、保护生态环境；或者以青少年本身对于文化、艺术、传播等方面的专长，服务他人。这种服务必须配合青少年的专长或就读学科，增强其学以致用的能力。①

如湖南衡阳市珠晖区冶金小学五年级"拒绝超薄塑料袋，争当环保小卫士"主题活动过程分为四大部分，内容较为丰富。

调查了解，包括家庭走访、路边采访、数据统计及分析。

探究实验，包括查找相关资料、进行种豆芽实验等。

策划宣传，包括春游宣传活动、社区宣传活动、设计制作环保袋、制作手抄报。

总结反思，包括整理全部材料并装订成册、写活动心得体会等。②

（五）活动成果展示与评价设计

1. 活动成果的展示

表达和表现自我是学生的天性需求，是学生能量释放的一种需要，也是成长的必需，成果展示能为学生表达和表现的欲望提供舞台。因此，教师要鼓励学生用多种表现形式（如演讲、表演、舞蹈、绘画、文字、图表、音像）来表达自己真实的思想、体验和体会等收获，展示活动成果。学生可以在学校利用图书馆、学校宣传栏和楼道等场所，通过图片、文字或在社区或一些大型活动中进行展示。展示活动应和反思结合起来，因为感受经常是片断化的、直接的、感性的，反思则更深刻、更理性、更全面。

2. 活动评价

为了保证社会服务活动的开展质量，需要对其进行评价。社会服务活动的评价主要是为了激发学生参与服务活动的兴趣和积极性，而

---

① 潘洪建：《有效学习与教学——9 种学习方式的变革》，北京师范大学出版社 2013 年版，第 130 页。
② 姚健：《社区服务与社会实践活动课程的实施——以湖南省衡阳市珠晖区冶金小学为例》，《当代教育论坛》2009 年第 2 期。

不是给学生进行等级分类或下结论。除了对活动的结果进行评价外，还需要对活动的过程进行评价。此外，应重视学生在评价中的主动地位。

三　活动实施

（一）实施的原则

社会服务具有开放性和公益性特征。开放性特征要求我们不时将学生引向社会实践之中，在历史的、社会的和道德的背景中，不断扩展师生的生活经验。公益性特征要求学生运用所学知识为社会服务，回报社会。实施社会服务应遵循如下基本原则。

1. 亲历性原则

教师应利用各种物质条件、文化资源，通过各种途径为学生提供具体的现实情境，改变学生单一的学习方法，扩大学习空间，让学生走出课堂，置身于广阔的大自然和丰富的社会中去亲自接触和感知各种人和事，使他们通过亲身经历、实际操作与活动来获得实践能力以及正确的态度、情感与价值观。

2. 协同性原则

由于该课程的开放性、跨学科性、主题性等特点，课程的实施既需要学校教师的共同协作，又要求教师与社会各界人员（如家长和社会有关机构人员等）的相互配合、协作。学校应善于协调各方关系，调动各方的积极性，发挥集体的作用。

3. 整合性原则

教师要注重帮助学生形成对自然、社会、自我之内在关系的整体认识，发展学生对所学知识的综合运用能力；学校要注重以社会服务为切入点，整合考察探究、设计制作、职业体验，全面实施综合实践活动。

（二）活动实施的基本步骤

社会服务的关键要素包括明确服务对象与需要；制订服务活动计

划；开展服务行动；反思服务经历，分享活动经验。

1. 明确服务对象与需要，做好相关活动准备

教师在组织活动前要了解服务对象及其需求，明确所需的人力、物力等条件，确定参观、访问、服务、实践等活动的时间和地点，与参观、访问的对象（人或机构）取得联系，共同商议活动如何进行。

2. 制订服务活动计划，开展服务活动设计

师生与其他人员共同拟订服务方案和计划。方案内容包括主题、时间、地点、参加人员、具体步骤、组织形式、活动方式和必要的活动设备以及活动评价形式等。

3. 开展服务行动，将计划付诸实施

准备工作妥当之后，学生就需要根据活动方案，走出课堂，进入服务和实践现场，在教师和社区工作人员的协助和指导下，展开服务活动。在活动中，教师既要充分发挥学生的主体性，又要及时了解学生活动的进展情况，做好组织和引导工作，还要注意与家庭、社区保持密切联系。

4. 反思服务经历，分享活动经验

学生把自己或小组在活动中的收获汇集、整理成各种形式的成果，并通过多种方式进行表达、交流。教师则关注每个学生在已有的水平上的发展，适当地给予肯定和鼓励。同时，指导学生进行反思，教师可以提出下述问题引导学生反思。

你从帮助别人中获得了什么？

其他人是如何从你的努力中受益的？

在本次的社会服务中你得到的最宝贵的经验是什么？

你对社会服务的感受是什么？

你在帮助别人时使用了哪些技能和技巧？

还有哪些技能或知识将提高你改变事物的能力？

你发现服务活动的哪些方面十分具有挑战性？你是如何采取行动的？

你对社会服务的看法是否发生了变化？如果是，它又是如何发生的？

四 活动评价

社会服务活动评价应该注意与活动计划中的目标相联系，引导学生收集多方面的数据与资料：活动的参与者、受到社区服务和社会实践影响的人们或环境、取得的成果、活动的组织，据此展开评价。

（一）评价原则

1. 评价要有所侧重

完整的课程评价应包括对学生知识、技能、能力、情感、态度、价值观等方面的评价。社会服务评价要特别注重对学生综合应用知识于实践的能力、社会参与意识和能力、社会责任感、服务社会的态度、精神与能力的评价。

2. 强调学生主动参与

学生既是评价的对象，也是评价的主体。要让学生主动对自己和其他同学的活动经历进行评价，帮助学生逐步学会客观地评价自己和别人，使评价过程本身成为学生学习、体验、发展的过程。

3. 评价贯穿于活动过程中

把评价贯穿在整个活动中，将学生在活动中的策划、参与、组织、体验、表现、感悟情况作为评价的依据。教师应认识到，评价是整个活动过程不可分割的一部分，而不仅仅在课程结束时才进行评价。

（二）评价方式

社会服务的评价，主要指对学生的评价，评价学生在服务活动之中的表现与收获，可以采用心得写作、团体讨论、个别晤谈、督导评价与自我评价等方式。

1. 自评和他评相结合

自我评价包括档案袋、活动记录、学生的活动心得。他人评价包括教师、家长、社区有关人员的评价、其他同学对某位同学的推举与评说等。其中,自我评价是最基本的,因为学校课程通常安排得相当紧凑,无法挪出时间进行团体讨论或个别晤谈,所以教师较常采用心得写作的方法让学生进行自我评价。在这方面,全美服务学习合作组织(National Service Learning Cooperation,2000)曾提出有效推动服务学习的重要因素,作为实施服务学习计划的指标。

涉及服务工作的评价问题有:

(1)在参加服务的过程中,我做了什么事情?

(2)从参加服务到现在,我所服务的对象有何种明显的改变?

(3)在服务过程中曾经发生了什么重要的事情?

(4)在服务工作中,我感到最困难的部分是什么?

(5)在服务工作中,我最不喜欢的工作是什么?为什么?

(6)如果让我来推动服务活动,我会如何做呢?

(7)如果我是督导人员,我的工作和学生的服务工作会有什么不同?

(8)在服务过程中,我认为最有趣、最有挑战性的人是谁?为什么?

(9)在参加服务活动中,我最主要的贡献是什么?

(10)如果我在这次服务活动中有缺失,下一次将如何改进呢?

涉及个人心得的评价问题有:

(1)在服务的情境中,我觉得自己像什么?

(2)谁说了什么话或做了什么事,让我感到非常惊讶?

(3)我得到了什么样的称赞?对我的意义是什么?我是如何反应的?

(4)我受到了什么样的批评?对我的意义是什么?我是如何反应的?

(5)在服务过程中,我是否面临着困难?是否有些话想说而没有说?有些事想做而没有做?

(6)在服务情境中,我比较适合担任职员还是志愿服务人员?

（7）在我所服务的对象中，有什么事情使他们感到高兴或悲伤？
（8）在服务过程中，有什么事情让我觉得满意？
（9）在服务过程中，有什么事情让我有一种特别强烈的感受？
（10）当我觉得特别满意或高兴时，我最想告诉自己的是什么呢？

我们可以围绕上述问题，组织学生撰写个人心得体会，对学生开展社会服务活动进行评价。

锡山高级中学在开展"走进颐养院社区服务"活动中，确定了社会服务活动评价的两个维度：颐养院老人在社区服务过程中情感需要得到满足的程度，学生在服务过程中的感悟和收获。下面是学生自评与他评的示例。

> 学生的记录：带着些许忐忑，懵懂的我们走进了五保老人颐养院。"90后"的我们朝气蓬勃且个性张扬，但是却从未和老人倾心交谈过。初次的青涩令老人与我们周围的空气一度凝滞。然而，当看到隐藏在老人眼底的那抹希冀后，我们最终克服了初次交流的不知所措，微笑着打开了话匣子，一下子一室之间充斥着明朗的笑声和老迈的笑声，和谐而温馨……
>
> 颐养院老人的态度和行为：每当我校学生到来时，老人们都会自发地从卧室出来，聚在门廊周围、广场上；在和学生互动的过程中，除了观看学生的才艺表演外，老人们也会积极地、大方地展示他们的才艺。态度开放而行为主动。
>
> 颐养院院长的总结：省锡中学生的开朗、热情，给老人们的生活注入了活力。学生和老人的耐心交谈、倾听给老人们孤单的生活带来了很大的慰藉；学生们多样的才艺表演给老人们带来了温情，为他们增添了许多的快乐……

2. 日常观察与成果展示相结合

日常观察与成果展示即过程性评价与终结性评价的结合，其具体方式有观察记录、活动日记、活动表演、调查报告、成果展示等。

（1）档案袋评价

建立学生个人"社会服务活动文件夹"（档案袋），是一种比较好的评价方式。文件夹可包括实践活动单位和相关人员的地址和电话、活动小组或者个人的活动记录、各种评级表格、他人评价。其内容包括：第一，活动图片，包括活动开展的照片、视频、录音，真实再现学生们的活动经历与体验。第二，活动日记。学生们利用日记，详细记录社会服务的活动过程，写下他们的体验、感受和观点。也可包括学生关于服务活动所写的时事通讯、文章等。第三，个人反思。教师提出一些有关学生进行活动反思的问题，让学生对活动过程与结果进行反思。

（2）活动产品评价

活动产品评价包括：第一，学生撰写的活动心得体会、调查报告，制作的物化作品。第二，学生的创作，学生可用音乐、舞蹈来展示社会服务活动成果。如学生可以写歌曲来表达他们从服务中所学到的东西，或通过舞蹈形象地展示他们从服务中所获得的感受。第三，学生的作品，可以展示自己的诗词、宣传画、海报设计等，教师对这些作品进行评价。

下面是美国马萨诸塞州阿特波罗市布卢纳中学 5 年级实施的服务学习"动物园计划"课程的评价设计，其主要焦点是对学生作品展开评价，而作品要求是制作一个有图片的短文。

表 4-2　　　　　　　　　"动物园计划"课程的评价设计

评价等级	评价依据
非常好	海报中有至少 10 幅动物展品的照片；照片反映的时间从现在回溯至 1700 年；写一个由 5 句话构成的描述性段落，包含一个转折词的主题句和一个结论；海报看上去打印干净清楚，丰富多彩
较好	海报中有至少 8 幅动物展品的照片；照片反映的时间从现在回溯至 1900 年；写一个由 5 句话构成的描述性段落，包含一个主题句和一个结论；海报看上去打印干净清楚，丰富多彩

续表

评价等级	评价依据
一般	海报中有至少 5 幅动物展品的照片；照片反映的时间从现在回溯至 1960 年；写一个由 5 句话构成的描述性段落，包含一个主题句；海报看上去打印干净清楚，丰富多彩
仅仅完成任务	海报中有至少 5 幅动物展品的照片；照片反映的时间仅为最近一段时间；写一个由 5 句话构成的描述性段落，包含一个主题句；从视觉上讲，海报打印效果需要改进

资料来源：卢浩、杨海燕《美国中小学"服务学习"课程：内涵、方案、实施及评价》，《外国教育研究》2005 年第 1 期。

五 活动指导

（一）服务活动前的指导

社会服务需要做好相关准备，准备是高质量社会服务的重要保证。在这一阶段，要尽可能使所有参加者都参与进来。让教师、学生、社区成员、学生家长和专家共同设计活动的每一个环节。这样，活动成功的可能性才会增大，同时，学生也才能够获得积极的、丰富的学习体验。

在准备阶段，教师们应思考这样一些问题：学生有哪些经验？有哪些资源可以利用？活动持续多长时间？每天或每周应有多少时间用于活动？要达成的活动目标是什么？有没有资金的支持以及开展活动的场所？等等。同时，还要考虑后勤服务问题，诸如，需要提供什么样的后勤服务？由于社会服务活动的种类、地点不同，社会服务的后勤安排也不同，但很多活动都涉及时间表、交通、责任和资金等方面，需要充分准备。

在准备阶段，教师、学生和社区合作者等一起选择活动项目，并且制定一套包括时间、参与者的责任和活动目标在内的活动计划。同时，为了使学生具备每次活动所需要的基本知识和技能，教师要在活动之前和学生一起讨论活动中将要用到的基本知识和技能，诊断还有哪些基本知识和技能需要在活动之前掌握,帮助学生掌握活动需要的知识和技能。

由于社会服务与社区的联系密切,需要教师组织学生与社区人士进行对话。通过对话交流,一方面,学生了解了接受服务者的态度以及其他的与社区服务和社会实践有关的情况;另一方面,学生也了解了社区人员对他们的期望以及在社区活动时所要遵循的工作规则及安全事项。例如,学生们在参加照顾孤寡老人的活动前,学校可以邀请居委会的负责人、有关学生和班主任一起讨论对孤寡老人的传统看法,并请居委会负责人进一步向学生介绍老人的实际状况。这样可以使学生能够快乐地参与服务,同时也使活动获得更大的成功。[①]

（二）服务活动过程的指导

在活动实施过程中存在的主要问题可能是活动的目的性、计划性不强、问题性不足、组织性不严。如果活动没有目的、计划和组织,学生的服务和实践活动可能是走马观花、浮光掠影,缺乏深入的体验。如果学生不是带着问题意识和探究的兴趣参与活动,则服务和实践过程就会沦为单纯的活动主义,在表面的肤浅的活动过后,可能会失去继续活动和深入探究的兴趣和动力,相反,学生如果带着问题意识活动,则会有独特的活动和探究的兴趣与方向。例如,上海某中学在开展"白杨路交通现状调查"课题的时候,有个学生是带着这样的问题意识进入活动现场的:"当我每天经过白杨路芳草路段时,尽管路口有红绿灯,但现实混乱的交通局面总让我小心翼翼地穿马路,上学路上有种不安全感。通过参加这个课题,我想通过自己的调查来了解一下人们的交通意识到底怎样"[②]。

因此,在活动实施的时候,目的性、问题性、计划性和组织性都是活动实施过程中必要的元素,需要教师和相关人员的指导。这些元

[①] 赵玉如:《中小学社区服务和社会实践活动中的准备》,《现代教育论坛》2008年第2期。

[②] 张华、仲建维:《综合实践活动课程设计框架研究》,《全球教育展望》2008年第2期。

素既是活动具体开展之前的准备内容，也是活动过程中和活动过程后应关注的问题。在每次活动中，教师都要和学生一起明确本次活动的目的、意义，以及服务和实践的对象与内容等。在现场活动过程中，教师能够提出一些问题让学生思考，活动结束后带着问题回归，在这些问题的基础上继续让学生讨论相关的话题。

另外，在具体开展服务和实践活动的过程中，可能会出现一些与计划和设想不符的情况，这时候就需要做出恰当的调整。如果根据活动设计方案进行活动有困难，就可以根据活动过程中出现的新情况、新思路和新问题对活动计划做出合理的修改。如果安排的任务总体上难度过大或者给某位成员安排的任务超出了他的能力范围，则可以对任务加以适当调整，否则不但达不到发展实践能力的目的，反而可能会给参与人员带来挫折感和沮丧感。总之，教师和相关人员要根据每位学生的能力和特点等安排或调整任务的种类和难度。

（三）服务活动后的指导

社会服务活动后的指导主要是引导学生对活动进行反思。但在我国的社区服务与社会实践乃至综合实践活动课程的开展中，往往忽视反思，经常存在下述问题：

1. 反思多局限于交流总结阶段。人们常把反思作为社会服务开展过程中的最后环节来对待和处理，但实际上，反思应是渗透在社会服务整体过程中的一种理性精神。

2. 反思的随意性。活动的反思经常是随意的，很少提供确定的时间和专门的安排让学生进行高质量的反思。

3. 反思的作业化和表面性。通常，在服务和实践活动的最后，教师会要求学生用书面形式写出反思和总结报告，但是，通常反思若退化成一种作业，往往会导致反思的形式化和表面化，反思的内容若局限于捕捉和总结个人服务经验和情感体会上，不仅无法从中生成高质量的学习行为和结果，而且会导致学生厌倦和排斥。另外，作业化的反思因为把反思总结本身作为目的或结果，容易忽视反思对学生和学习的根本意义，忽视反思的过程和内容，更忽视对反思本身的反思。

4. 反思缺少互动和反馈。由于上述原因，反思经常是个人性的而不是合作性的，反思过程缺乏互动和反馈，包括教师对学生反思结果的反馈，教师和学生之间以及同伴之间的讨论性互动。[①]

当然，学生的反思并不应局限于某一个时间或阶段，除了服务后的自我反思外，还包括服务过程中的反思。反思的内容可以是对社会的观感，也可以是对自我的认识。反思的类型包括结构化的反思，如撰写日志、小组讨论、研究报告、研读服务对象有关的书籍等；也可以开展非结构化的反思，如口头反思，用舞蹈和音乐等形式表达反思结果，还可以在社区中与被服务者一起反思。反思活动要把握体验学习关于反思的基本结构，即 what——我做了哪些服务；so what——这些服务带给我的意义及对学习的影响有哪些；now what——未来我将如何运用所学。在整个反思过程中还要注意联系学科课程的知识，并结合个人的经验，发展批判性思维，因此十分需要教师提供悉心指导。

【案例】 学生的社会服务反思体会

1. 此次我们走访都昌街办的一户贫困老人，老人家穿得非常单薄，盖着一条多年没有清洗过的破被子。当我为老人家穿上带来的羽绒服时，老人家落泪了，嘴里还一直叨唠着："谢谢你，孩子！谢谢了！"看着这一幕，泪水不由自主地落下来，想想自己现在的生活，想要什么就有什么，而他们呢，却连一双完整的袜子都没有，怎能不叫人心寒呢！以前总以为这样的镜头只能在电视里或者小说里才会出现，没想到今天它却如此真实地发生在我面前，特别是当我为老人家穿衣服时更能真切地感受到发自内心的怜惜。真希望我的微薄之力能

[①] 潘洪建：《中学综合实践活动指导》，高等教育出版社2011年版，第210页。

帮助到他们一家人。在临走之时我们还将带来的大米、油、水果送给他们一家，希望他们和我们一样能过上一个好年。今后，这位老人就是我社会实践的岗位。①

2. 参加社会实践已经不是第一次了，但是我觉得这一次意味更深远。自己感觉更独立了，虽然所在的餐厅是一个亲戚开的，但是我不会因为与老板有亲戚关系而拈轻怕重，只要是我的任务，我都会一件不落地很认真地完成。扫地，端菜，洗餐具，洗菜样样都做得很完美，赢得了老板娘的称赞。这使我感到，原来我还那么有潜能，就算现在依然处在父母的羽翼下，但有一天我不在他们的羽翼庇护下了仍旧能独立地生活，而且会活得很精彩。参加这次社会实践，真的长了很多知识，我明白了一个十分简单又很难做到的问题，在社会上立足，社交是不可少的过程和环节。这次社会实践真的是我以后步入生活的一次锻炼。②

以上案例的反思都是服务活动结束之后的反思，各有特点和侧重。第一个反思案例是对自己情感体验的捕捉和升华，第二个案例把反思转向自身，体现了社会认知能力的提升。

第二节　设计制作

2017年9月教育部印发的《中小学综合实践活动课程指导纲要》，将"设计制作"列为综合实践活动的四大活动方式之一。它是我国教育对21世纪科学技术迅猛发展所作的回应，也是原综合实践活动课程方案中劳动与技术教育、信息技术教育的整合，具有其独特的性质和价值。

---

① http：//www.dzsx.net/show.aspx？id=599&cid=5.
② http：//res.hersp.com/content/172715.aspx.

一　设计制作的性质与价值

（一）设计制作的含义

从词义上分析，设计制作是由"设计"与"制作"两部分组成的。所谓"设计"，《技术学辞典》的解释是指"人类在实践活动中为实现或物化自己的创造设想而进行的一种创造性构思活动。它预先规定某一实践活动的具体目标，实现目标的途径和手段、行动的步骤和方法以及最后结果的样式，并且用计划、方案、图表、模型等形式表示出来传达到实践活动中去。在认识论的领域中，设计是理论到实践的重要环节"。在综合实践活动课程中，设计则是通过为实际生活中的问题建构创造性的解决方案而进行学习的过程，它又被称为"基于设计的学习"（design-based learning，DBL）和"基于项目的学习"（project-based learning，PBL），也体现了"设计教学法"（project method）的一些理念和追求。"制作"一词是指利用原材料做成各种不同的作品，在综合实践活动课程中，制作不仅仅要求学生简单地利用工具、原材料做出自己的作品，还要求在此过程中掌握工具的运用方法、工作原理，相对于传统教学中基于教科书的知识授受来说，基于制作的学习具有"动手学习"（hands-on learning，HOL）的特征，符合杜威所提出的"做中学"的教育观念。

《中小学综合实践活动课程指导纲要》（2017）指出："设计制作是指学生运用各种工具、工艺（包括信息技术）进行设计，并动手操作，将自己的创意、方案付诸现实，转化为物品或作品的过程。"可以说，设计制作属于技术与工程类活动，它是一种着力培养学生的动手能力、实践能力，发挥学生想象力、创造力的学习活动。

（二）设计制作的性质

设计与制作具有下述特征。

1. 创造性

设计与制作的基本目标为"创意物化"，要求学生将一定的想法或创意付诸实践，发展学生的实践创新意识，并增强其创意设计能力。设计制作以设计和制作为基本的活动方式，鼓励学生手脑并用，为学生的创造力发展提供途径和平台。与传统学科课程的学习方式不同，在设计制作活动中，特别是在设计过程中，学生个体的想法或创意是活动的灵魂与核心，活动始终围绕着学生的"设计构思"进行。无论是基于信息技术的编程、动漫制作、机器人设计，还是基于劳动技术的陶艺设计、手工制作、工具创新，都需要学生在掌握相关知识的基础上，结合生活实际，发挥自己的想象力和创造力，设计出属于自己的、独一无二的方案或作品。一千个读者眼中有一千个哈姆雷特，一千个学生头脑中就有一千个作品/方案。设计制作没有标准的、固定的答案，它本身就是一个寻求问题的多元解决过程，也是学生"创造力"碰撞的舞台，创造性是其最基本的性质。

2. 实践操作性

设计制作是将"做中学"和"学中做"相结合的学习活动，强调在真实世界中开展体验性学习和实践性操作，具有较强的实践操作性。其活动过程要求学生将头脑中的想法和创意转化为实际的产品、作品，以学生的动手操作、个人实践为基础，强调学生通过技术操作、劳动实践获得直接经验和操作体验，并将已学到的间接经验、理论知识应用于实际操作与问题解决的过程之中。此外，在创意物化的过程中，学生需要操作各种工具、器械，通过对工具的操作实现个人创意的物化，它不仅强调了活动中学生的技术操作，也凸显了学生在活动中的全身心参与，有助于克服传统教学手、脑分离的局限。设计制作以发展学生的动手实践能力、技术操作为出发点，鼓励学生手脑并用，最终实现理论与实际的结合，加深学生对知识的理解，促进学生的知识迁移与运用。

3. 跨学科性

设计制作活动内容涉及信息技术与劳动技术两大方面，其内容具有跨学科性，如基于信息技术的动漫制作，要求学生在掌握计算机网络基本技术的同时，还要有绘画、美学等多方面的知识和技能，而基于劳动技术的手工制作，如涉及制造建筑模型，需要学生了解一定的房屋结构、材料性质，具备初步的识读图纸能力以及审美能力，这些都体现了科学、艺术、技术、道德等多方面的融合，具有极强的跨学科性。此外，它鼓励学生综合运用多种知识和技能，将所学的知识运用于解决与自己生活息息相关的问题。在创意设计、操作实践的过程中，学生能感受到对多门学科知识的综合运用，以及知识、技能与生活实际的联结，促使彼此隔离的知识、技能在活动过程中互相融合，从而有助于学生融会贯通各类知识和技巧，提高知识迁移水平，促进学生的全面发展。[①]

（三）设计制作的价值

1. 培养学生的动手操作能力

设计制作具有实践操作性，需要学生在动脑的基础上动手，亲历实践。与传统学科教学注重教材知识授受、理论学习不同，设计制作强调学生在学习活动中对所学知识、技能的适切运用，从单一的、抽象的理论学习转变为多元的、具体的动手实践。设计制作活动具体实施的环节如设计、选择工具和材料、制作、交流展示、反思改进，无不要求学生动手动脑相结合，手脑并用，无疑能发展学生的动手操作能力。

2. 培养学生的创新精神

21世纪是知识经济时代，知识经济的发展对培养和造就具有创新精神的下一代提出了迫切的要求，培养当代青少年的创新精神成为学校教育的重要任务。设计制作为培养学生的创新精神提供了契机。设计制作活动与学生的实际学习生活密切相关，要求学生动手和动脑结合，手脑并用，通过创意设计、动手实践来理解和掌握相关的知识、技能，培养学生的创新精神。学生的创新精神和能力不是一蹴而就的，需要长时间的创新积累和实践锻炼。学校组织开展多种形式、

[①] 潘洪建、杨金珍等编著：《小学综合实践活动指导》（第2版），江苏大学出版社2018年版，第150—151页。

主题的设计制作活动,在学校中营造一种"人人会设计,个个能制作,大家爱创新"的良好氛围,学生在活动中感受创新的喜悦,收获创新的成果,养成创新的精神。

3. 培养学生的技术素养

劳动素养包括劳动态度、劳动品质和劳动能力,它是人们在劳动实践、劳动体验中逐步形成的。学生通过丰富多样的劳动活动,在了解劳动世界、理解劳动意义、获得积极劳动体验的基础上,形成较强的劳动意识,尤其是尊重他人劳动、愿意参与劳动的观念和态度。而技术素养是指人的技术意识、技术实践能力、技术创新能力等多方面的相关能力,是"人的现代化"的重要标志。学生通过参与信息技术活动,能够对技术与人类文明产生更深刻、全面的理解,产生对技术发展与用技术解决问题的兴趣和能力,提供技术素养。[①]

二 活动设计

设计制作活动涵盖劳动技术活动与信息技术活动,其设计主要指制定活动方案,这里主要以劳动技术活动为主进行说明与分析。

(一) 活动主题

《中小学综合实践活动课程指导纲要》(2017) 在附录部分列出了设计制作、信息技术活动的主题,可供确定活动主题时参考。这里选择劳动技术活动领域的主题加以示例(见表4-3)。

(二) 活动目标

设计制作活动总的目标可从"知识与技能""过程与方法""情感态度价值观"三维来划分。

知识与技能目标。认识日常生活中的各种材料,掌握与设计制作相关的知识、原理以及操作技能,获得创意设计、动手操作、技术应用和物化的技能。

---

① 邱夏琦:《设计制作活动:性质、价值与实施》,《当代教育评论》2018年第7期。

表 4-3　　　　　　　设计制作活动（劳动技术）推荐主题

学段	活动主题	
1—2 年级	1. 我有一双小巧手——手工纸艺、陶艺	2. 我有一双小巧手——制作不倒翁、降落伞、陀螺等
3—6 年级	1. 学做简单的家常餐 2. 巧手工艺坊 3. 魅力陶艺世界 4. 创意木艺坊 5. 安全使用与维护家用电器	6. 奇妙的绳结 7. 生活中的工具 8. 设计制作建筑模型 9. 创意设计与制作（玩具、小车、书包、垃圾箱等）
7—9 年级	1. 探究营养与烹饪 2. 多彩布艺世界 3. 我是服装设计师——纸模服装设计与制作 4. 创作神奇的金属材料作品 5. 设计制作个性化电子作品 6. 智能大脑——走进单片机的世界 7. 模型类项目的设计与制作 8. 摄影技术与电子相册制作	9. 3D 设计与打印技术的初步应用 10. 现代简单金木电工具和设备的认识与使用 11. 基于激光切割与雕刻的创意设计 12. 立体纸艺的设计与制作 13. "创客"空间 14. 生活中的仿生设计 15. 生活中工具的变化与创新

过程方法目标（能力发展目标）。在设计制作的过程中，学生自主学习和探究，发展探究能力和问题解决能力，反思质疑和问题解决能力；开展创意物化，提升创新能力、审美能力、实践操作能力。

情感态度目标。养成正确、良好的技术操作习惯，形成积极的劳动态度、安全意识，热爱劳动、热爱创新、热爱动手实践；培养学生的社会责任感，信息社会的责任感，具备负责任的技术伦理。在掌握各种操作技能的基础上，感受文化创意产品的传播以及工匠精神、创客精神。

【案例】　　"水火箭的研制"活动目标

知识与技能目标：知道我国的宇航发展史；陈述水火箭制作的原

理；尝试制作水火箭，并与同学分享自己的制作要点；美化水火箭，并说出美化原因及美的特色。

过程与方法目标：通过用废弃物品制作水火箭活动，培养创新精神和创造能力；通过制作水火箭，在过程中与同学的交流，培养学生与人合作的能力。

情感态度与价值观目标：学生通过描述火箭的神奇威力，培养学生相信科学、积极探索科学的精神。①

（三）活动内容

设计制作内容可以分为两大部分：一是信息技术活动内容，主要是让学生通过计算机、互联网技术进行数字化的设计和制作；二是劳动技术活动内容，是基于实际的物质材料、操作工具进行设计和制作。以下简要罗列各学段的活动内容：

1—2年级，设计制作活动只涉及劳动技术，活动内容主要为简单的纸工、陶泥制作以及小玩具的制作。

3—6年级，劳动技术活动内容主要为初步学习传统手工艺（布艺、纸艺、刺绣编织、陶艺等）、木工，了解家电及安全使用方法，认识并学会使用常见的五金工具、简单的模型制作及尝试创意设计；信息技术活动内容主要为认识、使用计算机外部组件，常用软件（画图、文字、演示文稿、多媒体等）的基本操作，三维设计、编程入门、艺术设计等。

7—9年级，劳动技术活动内容主要为食物营养与烹饪，进一步学习传统手工艺、金工、木工、模型设计制作，电路和电工、摄影、3D打印、激光切割和雕刻、仿生设计等；信息技术活动内容主要为进一步了解计算机的软硬件、网络设备、编程、动画制作、数据分析，机器人设计，二维、三维设计与转化等。

---

① 西北师范大学教育技术学院：《设计制作类综合实践活动案例："水火箭的研制"》。

设计制作的活动内容要素在各年级段基本相同，不同学段的活动内容是对前一学段活动内容的加深和拓展。活动具体内容的确定，应该结合地方、学校资源，综合考虑教师专长以及学生实际加以选择和组织。另外，要重视学生自身发展和兴趣的需要，为学生的自主选择留下空间。

（四）活动准备

鉴于设计制作活动的特殊性，在活动正式开始之前，相关指导教师必须做好活动前的准备工作。一般来说，活动准备主要分为以下几个部分：

1. 备知识：了解与活动主题相关的知识背景、原理，掌握相关的工具、使用方法以及制作技术等。

2. 备资源：在了解、熟悉学校现有器材以及可使用资源的基础上，适度开发本土的自然资源、人文资源，为学生活动的进行开辟更广阔的天地，从而使活动真正和生活相连接。

3. 备学生：了解学生的知识、操作水平以及日常学习生活等，有针对性地开展活动。

除了教师进行必要的活动准备外，在活动正式开始之前，学生还需要进行一定的活动准备。一是根据活动需要，学生应合理分组，形成活动小组；二是小组内学生要合理分工，根据自己的特长协商安排工作。

（五）活动过程

设计制作活动的过程主要分为四个阶段：发现问题—设计方案—制作作品—作品评估及改进。问题的发现和选择应取材于学生的实际学习生活，并为其创设相关情境，使学生融入情境，在真实的情境中思考和发现真实的问题。设计方案为"创意设计"环节，作品制作包含"选择材料、工具""动手制作"两个环节，作品评估及改进则相当于"交流展示""反思改进"两个环节。

（六）活动成果展示与评价

作品制作完成并不代表着活动的结束，任何一类课程中学生的学习成果都需要得到合适的评价。而设计制作活动的特殊性决定了它不能采取传统评价方式。因此，我们可以采取成果展示、专题活动、撰写活动日记等形式对学生的活动做出相应的评价。

三　活动实施

（一）实施流程

在活动方案确定后，即可进入活动实施阶段。依据《中小学综合实践活动课程指导纲要》精神，设计制作的基本流程为创意设计—选择材料、工具—动手制作—交流展示—反思与改进。

1. 创意设计

创意设计是实施设计制作活动的第一步。本阶段，首先需要明确设计应解决的实际问题，将问题转化为主题。其次要考虑设计制作的人力、物力、时间、技术条件；再次要厘清与该问题相关的背景知识、科学原理与技术，通过小组、集体讨论分析产生具有独创性的设计理念和解决方案，并通过思维导图、思维树等方式加以表达；最后进行修改完善，形成最终的设计方案。

2. 选择材料、工具

选择合适的材料、工具，将设计方案转变为实际作品和产品。设计制作的材料包括金属、塑料、陶土、布、纸、食材等各种生活中常见的材料；工具包括剪刀、扳手、起子、仪器、饮具等传统工具，编程软件、办公软件、可视化工具、数据库等计算机虚拟工具，记忆摄影摄像机、3D打印机等数字化、智能化工具等。

本阶段，学生需要选择活动所需的材料、工具，这要求学生从问题出发，结合现实条件和材料的属性、工具的作用，做出恰当的选择。在这一过程中，学生可能会做出错误选择，教师应予以适当指导，让学生在错误中收获知识。

3. 动手制作

动手制作是整个活动流程中最重要的环节，在这一环节中，设计方案、理论知识都将通过学生的动手操作付诸实践。制作的内容包括使用工具的方法，改变材料形态的技术，按照设计方案完成作业的过程。根据材料的不同，活动主题、内容表现的不同，动手制作的程序可能包括折、叠、裁剪、切割、激光雕刻等手工制作，以及建模、编程、3D 打印等数字化制作。动手制作需要学生全身心地参与。此外，教师和指导者可在学生动手之前讲授制作要领，进行必要的示范，并指出可能发生的问题，需要特别注意工具使用的安全性与规范性，避免意外发生。在学生动手制作的过程中，根据出现的问题，教师应给予适当的辅导。

4. 交流展示

交流展示是设计制作过程中不可或缺的一个环节。学生通过彼此的交流，能够促进对活动内容的理解，巩固在活动中所获得的知识；通过活动成果展示，能够检查学生的活动效果，促使学生反思与改进。

在这一环节，要注重交流展示方式的多样化，学校和教师可以组织舞台剧、学校电影节、博览会等形式为学生提供展示的平台；也可以利用展板、橱窗、文化墙、多媒体等手段展示作品。此外，要鼓励学生在交流展示的过程中学会互相欣赏和互相学习，这既有利于发展学生的审美能力，也有利于培养学生的团队意识和互助精神。

5. 反思与改进

反思与改进是活动的最后环节，也是新活动的起点。反思是指学生对活动全过程及活动成果的再审视，思考设计方案的合理性，分析作品存在的局限与不足；改进则是建立在学生反思基础之上的，追寻更优方案，并将新方案予以再实施，以便获得更优结果的过程。[①]

[①] 邱夏琦：《设计制作活动：性质、价值与实施》，《当代教育评论》2018 年第 7 辑。

(二) 实施途径

1. 小组合作，分工协作

在实际的社会生活中，无论何种工作、何种产品都不可能由一人来完成，需要分工合作。同时，设计制作活动具有"基于项目学习"的特征，需要学习者在活动过程中进行合作交流。因此，以小组合作的形式进行设计与制作，一方面更有利于活动的顺利展开，另一方面能更好地促进学生合作能力的发展。

2. 校内、校外相结合

与其他活动不同，设计制作活动内容广泛，从了解计算机技术到制作动漫视频，从手工纸艺到生活工具创新，教室和校园环境、资源已无法满足学生活动的需要。因此，设计制作活动，一方面应将校内活动和校外活动结合起来，鼓励学生走出教室、走出校园，到社会实际生活中去寻找设计的灵感、制作的工具，如到工厂参观操作工间，到博物馆参观了解民间传统工艺，到科技馆参观了解最新的科学技术；另一方面，学校除了充分利用自有师资、资源外，还应聘请一些校外专业人士，为学生提供更专业的指导，弥补教师专业知识的不足。当然，在走出校园的活动过程中，学校必须为学生提供必要的安全保障，以确保活动安全、有效的开展。

四 活动评价

设计制作活动评价应坚持多元化原则，可采取成果展示、专题活动、撰写活动日记等形式，学生自评和互评与教师考核相结合，以下简要说明几种评价形式。

(一) 成果展示

在设计制作的整个过程中学生的创意构思、动手制作等都凝结在其最后的作品之中。成果展示有多种方式，如可在学校网站开辟专门的空间，展示学生信息技术活动的作品；也可在学校宣传栏、文化橱窗中陈列学生的手工作品;还可以举办学校博览节等大型活动,将学生的作品集中展示陈列,邀请家长、专业人士出席,对学生的作品进行指点。

(二) 量表评价

设计制作活动评价除了成果展示外,还可采用标准化评价方式,量表评价可以作为成果展示之外的补充评价。无论是学生自评、互评,还是教师考核都可采用量表评价来实施。可制作学生活动自我评价表、教师活动评价表,具体见表4-4与表4-5(表中5、4、3、2分别对应非常好、很好、好、一般;综合自评是指描述性评价)。

(三) 档案袋评价法

设计制作活动评价还可选用档案袋评价法。档案袋评价又被称为"学习档案评价"或"学生成长记录袋评价",是以档案袋为依据而对评价对象进行客观、综合的评价。通过对学生活动作品的收集,体现学生在某一时段、某一领域内的技能发展状况,以学生的现实表现来判定学生的学习质量。

档案袋中所收集的基本材料是学生的作品,但也可收集其他材料,如学生对设计、制作作品过程的描述、记录,学生本人、教师以及同学等对其作品的评价。在档案袋评价法中,学生是评价的主体,由学生自己决定档案袋内所需收集的材料,当然,学生也可以向指导教师、同学或家长征求意见。但要注意,档案袋中的作品收集并非随意的,"一个完整的档案袋主要由作品产生过程的说明、系列作品以及学生的反思三部分组成,它的意义在于它们为学生提供了一个评价的机会,使学生能够判断自己的进步。这种方法充分体现了对学生成就的评定,是对其进步的连续考察,而不仅仅是对学生的成就做阶段性的总结"[①]。因此,在收集材料时,首先要注意所选择的作品应能体现学生的进步或技能发展;其次,所收集的材料能反映学生的反思和对作品的改进;最后,要注意学生彼此之间的沟通交流,促进学生

---

① 靳玉乐:《新课程改革的理念与创新》,人民教育出版社2003年版,第126页。

共同发展与进步。

表 4-4　　　　　　　　设计制作活动学生自我评价表

活动主题　　　　　　　　　　　　　班级　　　　姓名

评价类别		评价内容	得分			
			5	4	3	2
学习能力	基本知识	我对活动主题知识的掌握程度				
		当我遇到不明白的知识点时，我主动向老师和同学请教				
	基本技能	我对活动中操作技能的掌握程度				
		在操作过程中我找到了解决问题的最佳途径				
		同学介绍了不同操作方法，我从中受到启发				
		在操作过程中遇到困难，我主动向老师和同学请教				
	应用创新	我的作品有创新之处				
		我能运用学到的知识技能解决其他学科中的问题				
		我能运用学到的知识技能解决生活中的实际问题				
		我能用老师、同学介绍的其他方法进行操作				
情感态度	学习态度	在这次活动中，我认真听取老师的指导				
		在这次活动中，我认真聆听其他同学的发言				
		我在小组中善于和其他同学交流合作				
		我认真完成自己在小组中的工作任务				
	情感体验	在完成作品的过程中我体会到了运用劳动/信息技术的喜悦				
		我为自己/小组的作品感到骄傲和自豪				
		小组合作过程让我感到愉快				
总分						
综合自评						

表 4-5　　　　　　　设计制作活动评价表（教师用表）

活动主题　　　　　　　　　　　　　　班级　　　　　姓名

评价类别	评价要素	学生表现	得分			
			5	4	3	2
课堂表现	课堂表现	上课是否认真听讲，认真思考				
		是否积极参与讨论，主动探究新知，勤于动手动脑，有创新精神				
		上课是否注意工具操作安全，爱护公物，遵守课堂纪律				
劳动/信息素养	劳动/信息素养	在活动过程中掌握应用劳动/信息技术解决问题的思想和方法；能将所学的劳动/信息技术积极地应用到各项实践活动中去，在实践中创新，在创新中实践				
		会根据问题确定信息需求和信息来源，并选择适当的方法获取信息				
		能够根据任务需求，选择恰当的工具、材料，并能熟练掌握工具进行实际操作，呈现主题，表达创意				
		能根据表达、交流或创造的需要，对创作过程与结果进行评价				
		能掌握与人们学习、生活密切相关的劳动/信息技术的基本使用方法				
学习能力	学习兴趣	对劳动/信息技术有学习的愿望、兴趣和信心				
		有认真学习的态度和勤奋刻苦的精神				
		能努力克服学习活动中遇到的困难				
	学习方法	认真完成作品制作，认真修改，能运用各种学习方式提高信息技术学习水平				
		善于用不同的知识和方法解决学习活动过程中出现的问题				
		能把学到的知识、技能应用到实际生活中				
	独立探究	能够独立思考				
		善于发现问题、提出问题、解决问题				
		掌握探究问题的策略和方法				
	计划与反思	能制定有效的活动方案				
		善于从学习活动中总结反思				
		能够听取他人建议，自己不断总结改进				
	创新能力	作品具有一定的创新性				
		能够从不同角度运用多种方法思考、解决问题				

续表

评价类别	评价要素	学生表现	得分 5	4	3	2
交流与合作	团队精神	有合作意识和团队精神				
		愿意参与集体活动,能够为实现集体目标付出努力				
	沟通分享	积极参与讨论与交流,认真倾听别人的观点				
		能主动与小组成员协商,解决交往中发生的分歧				
		善于与他人进行交流和分享				
		乐于并善于和不同的人共享活动工具和资源				
		能综合运用各种交流和沟通的方法进行合作				
审美与表现	审美与表现	能从活动中体会到劳动/信息技术中蕴含的美				
		能够通过自己的作品创造美、表现美				
		学会欣赏美和评价美,尊重他人的活动成果				
总分						
综合评价						

资料来源:郑多《小学生在信息技术学习中基础性发展目标的具体体现》,http://blog.sina.com.cn/s/blog_5f0e36130101jlda.html. 具体内容有修改。

五 活动指导

活动指导是保证活动顺利开展、进行以及保证活动效果的必要手段。在活动的每一阶段,指导教师应给予学生必要且适量的指导。在保证学生顺利开展活动的同时要让学生自主活动。

(一) 指导原则

设计制作活动要强调学生的主体性,在活动实施过程中,以学生的自主创新和动手操作实践为主,但教师的指导和辅导对学生活动的顺利开展和进行也起着至关重要的作用,教师在对学生进行相关指导时应坚持以下原则。

1. 尊重学生主体性原则

学生是综合实践活动的主体，教师只是活动的指导者，但学生的综合实践活动却不能脱离教师的"教"。在设计制作活动中，教师的"教"实则就是指导。指导并非"大包大揽"，也不是越细致越好，而是必须为学生留有足够的自主思考和发展的空间。在设计制作活动时，教师可以利用与学生学习生活息息相关的事物引导学生思考、发现问题，在过程中给予学生适度的点拨和引导。通过适度、适量、有的放矢的指导，特别是在创意设计、手工制作等环节，给予学生真正的自主空间，鼓励学生自主设计学习活动、互相交流合作，提高学生的自主性、创造性等，锻炼学生探索发现、创意设计、动手操作等能力。

2. 个别指导和集体指导相结合原则

在活动中，对于活动主题的确定、小组活动计划、主题中蕴含的知识原理等内容，教师应给予宏观指导，面对班级学生，进行集体指导，使所有学生明确活动内容。但是，对于小组活动方案与实际操作中凸显的问题，需要教师具备"火眼金睛"，发现个别小组、个别学生在活动中所遇到的问题，有针对性地进行个别指导。此外，教师要特别注意学习、动手能力较差的学生，给予其更多的指导和帮助。

3. 全过程原则

设计制作活动虽应强调突出学生的主体性，但教师的指导应贯穿活动的全过程，在活动的每个环节都对学生进行必要的指导和帮助。如在活动实施阶段，教师要随时关注学生的创意设计、工具材料选择等，确保学生在发挥主体能动性的同时少走弯路、少走错路。如果学生在活动过程中走错方向、遇到无法解决的困难，就容易产生消极情绪，对此教师必须给予及时指导，防止学生活动积极性的下降。从活动开始到最后成果的展示评价，活动时间短则一个星期，长则一两个月甚至更长。在活动过程的每一阶段，教师都应随时为学生提供指导，了解学生在活动中所遇到的各种问题、障碍；还应通过多种途径主动与学生进行沟通交流，了解活动的进展情况，给予学生适时的指导帮助。

（二）活动各阶段的指导

1. 活动实施前

针对活动主题所涉及的新知识、新技能，教师应在活动开始之前，就为学生进行全面的讲解，让学生对活动主题、内容以及活动所涉及的知识、技能有所了解，避免学生"只为动手操作而操作"，要使学生对活动有所知、有所疑，从而更好地达到设计与制作活动的目的。对于一些新工具的使用，教师必须在活动开始前进行示范操作，指出操作要领以及需要学生特别注意的安全事项，为活动的顺利、安全展开打好基础。

2. 活动实施中

在活动实施中，教师要扮演好"旁观者"的角色，一方面给予学生足够的自主活动空间，放手让学生自己去尝试、去操作。但另一方面，教师要时刻注意学生在活动中所遇到的问题。在活动中要巡视全班，对于个别学生或活动小组所遇到的问题，教师可以单独指导，个别解答。在巡视中若发现共性问题，教师则可以适时中断活动，进行集体指导、答疑。

3. 活动实施后

在设计制作活动实施结束后，一些教师可能认为没有什么需要指导的了。但活动实施结束并不代表活动的结束。在此阶段，教师可以和学生进行交流，听取学生在活动中的感受以及遇到的问题，针对一些共性的问题再次给予必要的讲解和指导，加深学生对知识和技能的理解、掌握。此外，在活动结束后，教师也要指导学生进行反思，引导学生改进、完善自己的作品。

第五章　综合实践活动评价与教师发展

综合实践活动评价属于综合实践活动课程评价的范畴，是综合实践活动过程展开的重要支撑。教师发展是综合实践活动有效实施的根本动力，没有教师发展，综合实践活动就难以深度推进。

第一节　活动评价的价值与理念

综合实践活动评价是指对学生参与活动的过程及其结果的评价，它是指依据一定的标准和理念，运用一定的评价方法，对学生参与综合实践活动的情况以及结果做出价值判断的过程。综合实践活动评价不同于一般的学科学习评价，它主要评价学生在综合实践活动中的素质和品质发展状况。如果说学科学习评价多采用书面的、量化的纸笔测验的方式，比较客观地测验学生的学科知识掌握状况，那么，综合实践活动评价不仅关注学生掌握知识的多少，而且关注学生在实践活动过程中的能力发展、情感培养、态度和价值观的养成，更多地采用质性评价方式。

一　综合实践活动评价的价值

综合实践活动评价具有积极的意义，它对于学生的发展有着促进作用。

（一）活动评价有助于促进学生的全面发展

综合实践活动除了关注跨学科、跨领域知识技能的学习与运用外，还关注学生在活动中实践能力、情感态度价值观的发展，要求对学生多方面的发展状况进行评价。因此，活动评价有助于引导和促进学生知识、能力、态度、品质的全面发展，特别是学生社会责任感、创新精神、实践能力与综合素质的发展。

(二) 活动评价有助于促进学生的个性发展

综合实践活动评价遵循多元评价的原则，依据学生的不同背景和特点采用不同的评价内容，运用不同的评价方法，能对学生的个性发展做出客观的判断，有利于提高学生参与活动的积极性和主动性，鼓励和促进每个学生开发各自的潜能，进行个性化发展。

(三) 活动评价有助于促进学生自我教育能力的发展

综合实践活动评价通过关注学生对评价过程的全面参与，能够促进学生自我审视、自我反思，增强他们认识自我、激励自我、改造自我的能力。活动评价能使学生充分体验到在综合实践活动过程中成长的愉悦，发展健全的自我意识；发展学生自我教育的能力，促进学生不断成长。

二 综合实践活动评价的理念

综合实践活动评价理念和评价标准与学科学习评价标准存在着重大的差异，其评价理念包括以下几个方面。

(一) 发展导向

评价要关注学生的发展，要以促进学生身心素质的全面健康发展为宗旨，以学生为中心，从活动中挖掘发展因素，最终促进学生的发展。《中小学综合实践活动课程指导纲要》(2017) 指出："坚持学生成长导向，通过对学生成长过程的观察、记录、分析，促进学校及教师把握学生的成长规律，了解学生的个性与特长，不断激发学生的潜能，为更好地促进学生成长提供依据。"评价要关注学生整体发展状况，在评价中将学生在综合实践活动中的各种表现、行为以及活动产品，如研究报告、模型制作、主题演讲、心得体会等作为评价他们学习情况的依据，将评价贯穿于整体活动过程，对学生的表现加以整体观照与评价。综合实践活动还要面向全体学生，重在促进每一个学生均有所发展，学生的发展是判断综合实践活动课程的根本标准。综合实践活动评价在评价功能上应淡化甄别与选拔功能，重视评价的发展性功能，以促进每一个学生的进步与提高。

（二）注重过程

注重过程是指综合实践活动评价不能仅仅针对活动的成果、水平，而要重视学生的知识掌握状况、方法运用状况，重视活动开展的过程，揭示学生在活动过程中的表现，诸如他们是如何解决问题的。综合实践活动目标的重点在于培养学生的情感、态度和能力而非传递特定的学科知识，所以评价时不应过多地看重学生知识获得的多少以及作品成果的优劣，而应特别关注学生参与活动的态度、创新精神以及所获得的直接经验。综合实践活动课不能以成败论英雄，而应关注学生的活动参与、探索和体验。

例如，研究性学习是高中综合实践活动的一个重要领域，也是综合实践活动实施的基本方式，即用类似于科学研究的方式让学生主动地获取知识，形成认识。但高中生的研究性学习与科学家的研究毕竟不同，研究性学习更多的是对探究过程的关注，让学生在过程中获得一种经历、一种体验，对他们进行一定的科学研究熏陶和培养，培养探究意识，重在过程而不在结果。所以，在评价上要重视过程，要关注学生在参与活动过程中的表现、态度和体验。

（三）倡导多元化

多元化评价主要指评价主体、评价内容、评价标准、评价方式的多元化，它是综合实践活动评价的基本追求。[①]

评价主体多元化。评价要改变单一由教师评价学生的状况，实现评价主体的多元化。长期以来，以教师为单一的评价主体，忽视了其

---

① 潘洪建：《中学综合实践活动指导》，高等教育出版社2011年版，第133页。

他主体特别是学生主体的作用。综合实践活动评价主体多元化，就是使教育评价成为管理者、教师、学生、家长共同参与、共同建构的过程，同时，应特别重视学生在活动中的自我评价和自我改进，使评价成为学会实践和反思、发现自我、欣赏他人的过程。

评价内容多元化。综合实践活动评价应注重对学生综合素质的考察，不仅关注学生的知识掌握状况，而且注重学生创新精神、实践能力、心理素质、学习兴趣以及情感的体验等方面的进展。在评价时，不仅涉及对活动结果的评价，而且关注对活动过程的评价；不仅关注学生的全面发展，还关注学生的个性化发展情况等。

评价标准多元化。综合实践活动评价标准应该尽可能多元化。在具体实施中，评价主体应注意用不同的标准去评价不同的对象。如对不同年级的学生，评价标准应有一定的层次，对同一班级的不同学生，评价标准也应有差异。综合实践活动评价应根据学生的经验背景、智力发展水平和情感发展水平选择不同标准，提出不同的要求，进行不同的评价。要承认学生的个体差异，充分尊重学生的差异，尊重学生独特的思维方式和活动方式，努力做到因材施评。

评价方式多元化。综合实践活动评价方式应灵活、多样、多元，一般地，可将口头报告与书面评价、活动展示评价相结合，教师评价与学生自评、互评相结合。在演讲、绘画、表演、写作、参观、访问等多种活动展开过程中进行评价，还可使用讨论、协商、交流等方式对学生进行评价。

第二节　　活动评价的维度与观测点

综合实践活动评价有量化评价与质化评价两种形式。其中量化评价是指采用测量、问卷等方式，对学生活动的质量特别是知识获得、技能掌握进行评价，并用分数或等级加以表示的评价。综合实践活动的量化评价范围主要包括对活动方案的评价、对活动过程实施的评价、对活动结果的评价三个部分，不同评价内容具有不同的评价维度。

一　活动方案评价的维度、观测点

综合实践活动方案的评价主要是对活动主题选择及活动方案设计所进行的评价。对于活动方案本身的评价，主要涉及评价活动方案的合理性、教育效能与可行性程度等。

（一）对活动主题的评价

1. 主题的时代性

活动主题选取要具有现实意义，其评价观测点为：主题选择是否富有时代感，是否贴近学生生活实际，是否反映社会热点或焦点问题。

2. 主题的适切性

活动主题选择应符合学生实际，满足学生发展需要，选择那些与学生经验、能力水平相当或略高于学生发展水平的主题，其评价观测点为：活动主题是否切合学生身心发展水平，是否适合学生的知识经验水平，是否符合学生的兴趣与需要。

3. 主题的可行性

活动主题切口要小，避免大而空，且具备一定的实施条件。其评价观测点为活动主题大小是否适宜，学校与社区是否具备相应的实施条件，是否有相应的活动指导教师。

（二）对活动方案的评价

活动方案的评价是指对教师与学生制作的主题活动方案进行的评价，主要指对教师设计的活动方案进行评价。活动方案的评价需要评估活动方案在多大程度上与综合实践活动的理念、目标相一致。有学者探讨了活动课程指导计划与活动指导纲要评价的具体内容：活动课程指导计划在整个课程计划之中按照统一协调的原则建立；指导方案和部分活动指导纲要所提出的各项指导目标，与学校整个教育目标相符合，是这些目标的进一步具体化；各类活动及其具体内容保持联系并形成体系，是有机的整体；考虑到地方学校的实际情况；指导计划有利于学生和社会、家庭的联系，有利于学生和教师、学生与学生之间的广泛交往；各类指导纲要都给予学生自主活动和动手操作的机会；（时间、资料等）有利于学生自行"设计"；为学生的自主活动准备了必要的材料。①

具体而言，综合实践活动主题方案设计的评价维度包括活动方案的完整性、规范性、科学性、操作性、创新性等。

1. 活动方案的完整性

活动方案是否包含方案的基本要素，如活动背景、活动目标、活动内容、活动方式、活动步骤、活动评价等，完整的方案应涵盖综合实践活动的主要内容。

2. 活动方案的科学性

活动方案的设计应科学、合理，如活动目标明确，活动内容丰富多彩，活动方式多种多样，活动过程安排合理等。主要评价维度有三个方面（见表5-1）。

表5-1　　　　　　　综合实践活动方案评价表

评价项目	评价维度	观测点	评价等级			
			A	B	C	D
活动主题	主题的时代性	主题是否富有时代感，是否贴近学生生活实际，是否反映社会热点或焦点问题				
	主题的适切性	主题是否切合学生身心发展水平，是否适合学生的知识经验水平，是否符合学生的兴趣与需要				
	主题的可行性	主题大小是否适宜，是否具备相应的实施条件，是否有相应的活动指导教师				

---

① 李臣之：《活动课程评价初探》，《课程·教材·教法》1997年第7期。

续表

评价项目	评价维度	观测点	评价等级			
			A	B	C	D
活动方案	方案的完整性	包含方案的基本要素				
	方案的科学性	活动目标清晰，符合实践能力、创新精神、综合素质培养目标				
		活动内容综合，运用多门学科知识				
		活动方式多种多样，学生亲自实践，动手、动脑、动口，丰富学生的体验				
		活动过程安排合理，走入社会，面向大自然，各实践环节有机结合				
	方案的操作性	切合学生实际（时间、精力）				
		切合学校实际（条件、经费、指导力量）				
		切合社会实际（资源、安全、指导力量）				

3. 活动方案的操作性

活动方案中活动内容与活动方式具体可行，切合学生实际，切合学校实际（学校具备实施方案的指导力量、图书设施、活动场地和必要经费），切合社会实际。

二 活动过程评价的维度、观测点

活动过程评价主要指对学生参与综合实践活动的整个阶段、环节及其行为表现进行评价。过程评价重视考查学生在实施过程中的参与程度与活动表现，关注学生在综合实践活动过程中的操作行为、合作情况、活动体验以及学生的主动性、积极性、创造性发挥程度。[①]

（一）学生参与活动的状况

参与态度体现了学生参与的主动性与积极性，它可以通过学生在活动过程中的许多外显行为表现出来，如从学生参与活动的次数、出勤率、持续时间等外显的行为进行考查。

---

① 潘洪建、李庶泉：《小学综合实践活动指导》，江苏大学出版社2010年版，第94页。

(二) 学生在活动中的情感投入

可以通过学生参与综合实践活动的认真程度、行为表现等方面来评价。学生的主体精神的评价，如是否认真收集资料、观察思考、动手动脑，是否主动提出活动设想、建议，能否按时完成活动任务。合作精神的评价：通过观察学生在活动过程中的人际交往情况，对学生在参与小组及班级活动中的合作态度和行为表现进行评价，如学生与同组同学的相处、交流合作情况，与指导老师的沟通交流以及与其他人员的合作交流情况等。学生是否乐于帮助别人和寻求别人的帮助，主动和同学配合，乐于和别人一起分享成果等。创新精神的评价：能否提出新的建议、新的设想，等等。这一维度可以通过学生在解决实际问题中所表现出来的创新思维，创造性地解决问题的表现、技巧，动手操作情况等具体指标来反映。情感投入评价可以通过学生的外在行为表现与自我叙述来加以评价。

(三) 学生在活动中的意志和努力程度

综合实践活动具有开放性、不确定性和挑战性，活动过程中总是存在这样或那样的问题、困难，需要学生自己去面对困难，排除险阻，完成活动任务。因此活动过程评价要关注学生接受挑战、克服困难的情况。诸如，在活动中遇到困难时学生是迎难而上还是退缩逃避，是否能主动提出解决问题、克服困难的设想和建议，是否能接受挑战、克服困难、完成预期的活动任务，等等。对意志和努力程度的评价可以通过活动记录、照片、日记等进行。

表 5-2　　　　　　　　综合实践活动过程评价表

评价维度	观测点	评价等级			
		A	B	C	D
活动参与	活动参与次数				
	出勤率高低				
	活动坚持时间				

续表

评价维度	观测点	评价等级			
		A	B	C	D
情感投入	主体精神				
	合作精神				
	创新精神				
意志和努力程度	面对困难，迎接挑战				
	提出解决问题的建议				
	排除阻碍，克服困难				

三 活动结果评价的维度、观测点

综合实践活动评价注重过程，但并不意味着忽略活动结果或成果的评价，综合实践活动课程最终要求对学生的课业学习做出鉴定，作为学生结业或毕业的依据。同时也需要对教师的教学工作进行考核。因此，对学生活动结果或成果的评价是综合实践活动评价的重要内容。学生综合实践活动结果的评价主要指对学生通过参与综合实践活动后在知识、技能、能力以及情感态度等方面发展状况进行评价。

（一）情感态度的评价

评价学生通过综合实践活动在情感、态度和价值观方面是否有进步以及进步的程度。其表现主要为两个方面。

1. 价值认同状况

学生亲历多种社会考察与实践活动，参与设计与制作，在活动中可以获得一些积极的情感体验与价值认识，形成与发展对社会、对他人、对自然、对科技的价值观念。在活动后与老师、同伴进行思想交流与经验分享，有助于形成学生的集体意识、团队观念、国家认同、职业态度、自然情感、技术态度。由此，价值认同评价包括：（1）对社会的价值认同。学生通过社会考察与调查所获得的对社会、团体、国家的意识与态度。（2）对自然的价值认同。学生通过自然探究、野外考察、设计制作活动所获得的对自然、科技的意识与态度。（3）对职业价值的感受。学生通过职业体验活动所形成的劳动观念和态度以及生涯规划意识和能力。由于价值具有内隐性，评价会面临一些困难。但价值认同的评价还是可以通过观察、谈话、活动报告书等方式或一些外显的活动标志进行的。

2. 责任担当状况

责任担当主要体现在社会服务活动领域。围绕家庭、学校、社区的实际需要开展多种服务活动，学生观察自己的周围生活环境，了解他人的需求，能增强服务意识，形成责任担当能力。责任担当评价的主要内容包括：（1）家庭责任担当。通过生活自理活动、家庭服务活动，承担一定的家务劳动，形成作为一个家庭成员应承担的责任。（2）学校责任担当。学生参与学校服务活动，如轮流担任不同种类的值日生，为老师、为同学提供必要的服务，发展服务学校的意识和能力。（3）社区责任担当。学生参与自己所在社区的服务活动，探究社区问题，发展服务社区的意识与能力。通过各种社会服务活动，形成对自我、学校、社区负责任的态度和社会公德意识。责任担当状况的评价可以通过学生参与服务的活动状况、行为变化、活动记录、服务日记等进行，责任单位人员如家长、班主任、老师、社区管理人员对学生的社会服务情况有较多的了解，也可通过出具真实证明与说明，对学生的服务态度、质量进行一定的评价。

（二）对实践能力的评价

1. 问题解决能力的发展状况

评价学生在提出问题、解决问题过程中的表现及其成果表达情况，如是否敢于提出新颖的问题、以独特的方式着手解决问题，并采用恰当的方式表达问题解决的成果。评价内容包括：（1）提出研究的问题，即在教师的引导下，结合学校、家庭、社会生活中的现象，发现并提出自己感兴趣的问题。（2）运用科学的方法开展研究。包括收集相关研究资料，并对信息的多少、方法、途径、真实性进行评价；展开调查与考察，进行观察与记录，获得第一手研究资料。对所搜集的资料进行归类、整理，运用恰当的工具进行数据分析、加工处理，做出基于证据的解释。（3）表达研究成果。能综合运用所学知识理解与解决问题，运用相关的资料、采用多种方式生动形象地表达自己的研究结果，形成符合规范的研究报告或其他形式的研究成果。

2. 创新物化能力的发展状况

评价学生在操作实践活动中运用相关技能，进行设计与制作，解决生活中的实际问题。评价内容主要包括：（1）对劳动技术的掌握与运用能力。在劳动技术教育领域，学生能否运用一定的操作技能解决日常生产、生活中的实际问题（而不是学科学习中运用公式做习题），将一定的想法或创意付诸实践，通过设计、制作或装配，改进较为复杂的制品或用品。（2）对信息技术的掌握与运用能力。在信息技术的学习实践中，学生能否利用信息技术分析问题和解决问题，能否进行一定的数字化产品的设计与制作。（3）科技设计与制作能力。运用科学知识与技术工具，进行小设计、小制作、小发明，开发具有创新意义的产品。设计与制作活动强调在技术运用过程中培养学生的设计与操作能力，强调规范操作与技术创新的统一，因此，创新物化能力可通过技术作品的表现形式对学生进行评价，主要对学生的设计作品，制作产品的合理性、科学性、创新性进行评价。

（三）对知识获得的评价

活动评价除了评定学生在参与综合实践活动后能力、情感的发展外，还应评价学生通过综合实践活动的参与在知识方面的收获。尽管综合实践活动不以知识获得为主要目的，但通过参与综合实践活动和历练，学生也能获得一些新知识、新观念，扩展知识视野，形成一些新的认识成果。但需要指出的是，综合实践活动对于知识获得的评价应有别于对学科教学中知识掌握的评价。与学科教学相比，综合实践活动对学生知识获得的评价更加重视广度而不是深度，同时注重跨学科知识的学习。知识获得评价包括以下方面。

1. 学科知识的运用

即在综合实践活动中是否运用了某个学科的知识，包括事实性知识、概念性知识、程序性知识，巩固、加深对学科学习中所获得知识的理解。

2. 跨学科知识的运用

在综合实践活动中运用一些跨学科、跨领域的知识，从活动中感受到事物的复杂性、多样性，在解决问题的过程中突破学科、领域知识的疆域，运用多学科、跨领域的知识与技能解决实际问题，从而能认识到事物是相互联系的，知识是相互关联的，增进对问题的多方位审视与整体理解。

表 5-3　　　　　　　　　综合实践活动结果评价表

评价项目	评价维度	观测点	评价等级			
			A	B	C	D
情感态度	价值认同	对社会的价值认同				
		对自然的价值认同				
		对职业价值的感受				
	责任担当	家庭责任担当				
		学校责任担当				
		社区责任担当				
实践能力	问题解决	提出研究的问题				
		运用科学方法开展研究				
		表达研究成果				
	创新物化	劳动技术的掌握与运用				
		信息技术的掌握与运用				
		科技设计与制作				
知识获得	学科知识的运用	事实性知识、概念性知识、程序性知识				
	跨学科知识的运用	跨学科、跨领域的事实性知识、概念性知识等				
	新知识的获得	获得对自然、社会与生活的新认识				

3. 新知识的获得

除了运用所学知识外，还要在活动中拓展知识领域，学生在自然、社会、生活等领域获得一些新的知识，获得对自然、社会与生活的新认识、新理解与新洞见。知识获得的评价可以通过学生的活动报告、心得体会与个人描述来进行。

需要指出的是，活动结果评价属于终结性评价，它不是仅仅针对某一活动进行的评价，而是对某个学期、学年或学段中所有活动参与及其质量的评价，工作量较大，需要广泛收集评价资料，进行系统评价。

四 学生综合素质评价

《中小学综合实践活动课程指导纲要》提出："原则上每学期末，教师要依据课程目标和档案袋，结合平时对学生活动情况的观察，对学生综合素质发展水平进行科学分析，写出有关综合实践活动情况的评语，引导学生扬长避短，明确努力方向。"对于学生的综合评价，应坚持学生自评与教师评价相结合，两者相互为用、相互补充、相得益彰。

（一）教师评价

可以使学生客观、清醒地认识自我、修正自我评价的主观性，而自我评价则可以使教师评价变得更为丰满、真实，使教师更为全面、具体地了解学生的进步状况。

（二）引导学生进行自我评价

在综合实践活动过程中，学生既是实践活动的参加者，又是实践活动的设计者和创造者，学生对自己的实践活动具有第一位发言权。活动评价可以引导学生从不同方面对综合实践活动的参与过程及其活动结果进行较为全面的认识和判断。学生自我评价应注意：自我评价需要预先规定评价项目和评价标准，由学生对照着进行评价。可以将有关评价项目、评价标准列入表格，制成自我评价表，发给评价对象，自评后立即收回。重视学生自我反思性评价，通过学生的自我反思评价，提高他们辨别是非的能力、自我教育的能力。

学生评价还可区分出不同的发展层次[1]，参考相关研究成果，可以将学生评价要求列表呈现出来（见表5-4）。

表5-4　　　　　　　　综合实践活动学生评价要求

发展层次	具体要求
达标	1. 能参加活动，无迟到现象 2. 知识面有所拓宽，能力有所提高 3. 有成果产生并获校级奖励 4. 在活动中能提出有创意的建议
良好	1. 自觉参与活动，没有无故缺勤现象 2. 知识面明显拓宽，能力明显提高 3. 成果数量增加并获区（县）级奖励 4. 在活动中敢于创新，主动关心他人
优异	1. 积极主动参加活动 2. 有一定的知识深度，能用两种（以上）不同方法解决同一问题 3. 参加市级以上竞赛并获奖 4. 在活动中有独创的小发明，与同学和老师关系融洽

第三节　活动评价的方法与操作

综合实践活动评价可以分为两大类：一类是量化评价，另一类是质性评价，两类方法有着不同的假设、特点与要求。除了量化评价方法外，质性评价特别适合综合实践活动，是活动评价经常采用的一种形式。所谓质性评价，就是力图通过自然观察、调查访谈，通过对评价对象的全面观察、深度访谈，充分揭示和描述评价对象的各种特质特别是情感态度。本节主要讨论质性评价方法及其操作运用。综合实践活动质性评价方法主要包括档案袋评价、表现性评价、评语评价、成果展示评价等。

---

[1] 李臣之：《活动课程评价初探》，《课程·教材·教法》1997年第7期。

一 档案袋评价

档案袋评价又称成长记录袋评价、文件夹评价，它是指学生较为全面的活动过程中的各种表现、作品、反思，通过对成长记录袋的制作过程和最终结果，以学生的现实表现作为判定依据的评价方法。

档案袋评价是新一轮课程改革所倡导的一种重要的质性评价方法。《中小学综合实践活动课程指导纲要》对建立档案袋提出了特别的要求："在活动过程中，教师要指导学生分类整理、遴选具有代表性的重要活动记录、典型事实材料以及其他有关资料，编排、汇总、归档，形成每一个学生的综合实践活动档案袋，并纳入学生综合素质档案。"一般来讲，成长记录袋的形成是由学生和教师共同完成的。通过收集表现学生发展变化的资料，反映学生成长的轨迹，它的制作过程涵盖了学习活动从起始到完成的整个阶段。对成长记录袋中选择哪些内容并没有硬性规定，关键是看建立成长记录袋的目的、如何使用以及对学生有什么帮助等。因此，学生有权决定成长记录袋的内容，也可以与指导教师或家长、同伴协商。实施档案袋评价有助于促进学生反思与进步，特别是在作品展示或过程记录中，学生自己负责判断提交作品或资料的质量和价值，从而拥有判断自己学习质量和进步、努力情况的机会。学生通过自己的全程参与，学会自我反思和判断。档案袋评价主要类型与具体制作方法有如下几点。

（一）过程型档案袋

过程型档案袋是指教师指导学生在综合实践活动过程中，将不同阶段的活动记录与成果放入档案袋之中。指导教师对学生放入档案袋的作品应提出一定的要求，让学生根据老师的要求有选择地放入一些作品，并引导学生主动反思，审视自己的作品，提出改进建议。过程型档案袋中学生作品可以包括学生活动前搜集的研究资料、所做的活动计划、设计的调查问卷、访谈提纲，活动过程中的活动记录、观察日记、收集的数据、调查报告初稿与修改稿、设计草图与修改稿，等等。

(二) 成果型档案袋

除了过程型档案袋外,还需要制作成果型档案袋,让学生展示自己的标志性活动成果。教师应引导学生将一些优秀的作品或者好的活动成果放入档案袋之中,并让学生说出放入这些作品的理由,如放入这张照片的原因是照片很美,引导其他学生对自己的作品进行鉴赏,同时,吸收其他同学好的经验和方法,教师可以将这些作品与成果向全班同学展示。教师可以设计一些成长记录袋小栏目,如"收获园""新发现"等,让学生根据小栏目自定目标、自设标准、自选形式、自组内容,培养学生的反思能力和独立性,丰富档案袋的内容,以全面体现学生多方面的发展状况。

例如,以浙江杭州市余杭区塘南中心小学采用的小组档案袋评价方法为例,该学校为学生统一购置了档案袋,并在充分尊重学生意愿的基础上,统一打印了小组档案袋的封面。档案袋中的记录内容丰富多样。针对"小组档案袋中究竟应该放什么"这个问题,该校经过不断探讨与总结,最终形成了综合实践小组档案袋的内容,包括小组学习记录表、小组成员作品集、合作学习评价表、课堂得分表、家长评价表等内容。

该例中档案袋的内容十分丰富、全面,将学生进行研究性学习活动的整个过程以及所获成果都记录进去,有助于对学生学习过程和结果的最终评价。

表 5-5　　　　　　　　　　小组档案袋封面

组　名		照片
组　员		
	爱好:	
	你们喜欢的实践活动:	
	你们喜欢的座右铭:	
	奋斗目标(口号):	

资料来源:何云荣《小学综合实践活动小组档案袋的研究》,http://jxjy.com.cn:88/Article_Show.asp?ArticleID=4111.

二 表现性评价

（一）表现性评价的基本含义

表现性评价是指为学生提供一定的问题情境，通过观察学生在实际任务中的表现来评价学生发展成就的一种评价方式。表现性评价要求设置若干情境或具体任务，让学生按照一定的要求去完成某项任务，教师观察学生完成任务的具体表现，从而较为准确地对学生的实际能力发展状况做出判断。运用表现性评价，不仅能考查学生知识技能的掌握水平，还能考查学生运用所学知识分析和解决问题的能力。因此，表现性评价被称为"一种高级学习的评价方式"[①]。

与传统的、以检测学生对知识和技能的识记、理解和简单运用情况为目的的学科纸笔测验相比，表现性评价有助于客观地评价学生知识技能的综合运用能力、创造性地解决实际问题的能力，有助于检测学生情感态度维度的发展状况。表现性评价主要通过对学生在活动中外在行为表现的分析，评判学生实际能力、内在心理品质或人格倾向的发展，它可以弥补传统纸笔测验的局限，克服传统评价方式的弊端。同时，由于综合实践活动具有综合性、实践性、自主性、生成性、探究性、开放性等特征，强调跨学科知识、技能的运用与实践能力、创新精神的培养，简单、封闭、单一的纸笔测验无法满足综合实践活动的要求，而表现性评价正好可以体现综合实践活动的性质，满足综合实践活动的目标，表现性评价与综合实践活动具有较大的契合度，因而表现性评价是一种能真正体现综合实践活动理念的评价方式。

表5-6　　表现性评价特点与综合实践活动性质比较表

综合实践活动课程性质	表现性评价的特点
综合性：超越学科中心，面向完整的生活世界，培养学生综合运用各学科知识的能力	学生面临的问题情境是比较真实的，任务是相对复杂的，需要学生综合运用多学科的知识和技能加以解决

---

① 王小明：《表现性评价：一种高级学习的评价方法》，《全球教育展望》2003年第11期。

续表

综合实践活动课程性质	表现性评价的特点
实践性：以学生的直接经验为中心，以活动为主要形式，强调学生亲身参与并经历实践活动	强调"从做中学"，主要采用实作、表现的方式，关注的不仅仅是学生知道多少，而是学生做了多少
自主性：在教师的有效指导下，学生自主选择学习活动的目标、内容、方式，开展自主学习、自主实践、自主反思	尊重学生的创造性、主体性，鼓励学生自主运用知识，个性化地解决问题
生成性：课程由师生双方在活动展开过程中逐步建构，学生的认识和体验随着活动的展开不断深化，活动的目标和主题不断生成	评价过程即学生的学习过程，学生在完成表现性任务的过程中，不断生成学习的兴趣，促进自身的学习
探究性：关注生活中的问题，能经历科学探究的一般过程，激发探究兴趣，积累探究经验，养成探究习惯，发展探究能力	学生面临真实或近乎真实的问题情境，需要创造性地提出解决问题的办法，尝试行动并不断修正，直至解决问题、获得结果
开放性：强调在开放的社会生活中进行学习，其目标、内容、学习活动方式与过程、评价与结果均具有开放性	鼓励学生发散性思维，允许答案多样化，提倡用自己喜欢或擅长的方式呈现解决问题的结果

资料来源：钱新建《综合实践活动表现性评价的认识、开发与运用》，《课程·教材·教法》2015年第5期。

(二) 表现性评价在综合实践活动中的实施

在综合实践活动评价中该如何实施表现性评价呢？综合实践活动中表现性评价的实施是一个基于评价目标、运用评价工具、展开评价活动、形成评价结果的系列活动。其中，开发评价工具是表现性评价实施的关键环节，评价工具主要包括拟订表现性任务和制定评判规则。[1]

1. 表现性任务的开发：目标情境化

拟订表现性任务，即依据评价目标设计情境和活动，将评价目标情境化，它包括明确评价目标、设置活动任务、选择活动情境、拟订活动要求。表现性任务设置应当科学、清晰、可操作。

---

[1] 钱新建：《综合实践活动表现性评价的认识、开发与运用》，《课程·教材·教法》2015年第5期。

第一，明确评价目标。在综合实践活动课程中实施表现性评价，首先要仔细研读《中小学综合实践活动课程指导纲要》（2017），弄清综合实践活动课程的目标、学段目标以及不同主体的活动目标，熟悉各项目标的能力表现描述，增强表现性任务设计的针对性。

如《江苏省义务教育综合实践活动课程纲要（试行）》（2014）对综合实践活动课程目标进行了系统的建构和具体的阐述，将课程的总体目标细化为"情感态度价值观及知识""能力""方法"三个维度19个项目，并对每项目标按学段做了较为明确具体的描述。例如，关于能力目标之一"发现和提出问题的能力"，该纲要这样描述道：

（1）能在教师引导下，结合学校、家庭中的某些现象发现并提出自己感兴趣的、具体真实的问题；能将问题表述清楚，确立课题。（3—4年级）

（2）能关注自然、社会、生活中的现象，积极思考并提出比较有意义的问题；能将问题简洁、明确地表述出来，形成课题。（5—6年级）

（3）能对个人感兴趣的领域开展广泛的探索，提出有新意、有深度的问题；能自主确立较为规范的研究课题，并尝试分解子课题。（7—9年级）

以上描述可以作为表现性评价的目标依据。由于2017年颁布的《中小学综合实践活动课程指导纲要》只有学段目标，没有明确规定领域目标，我们可将三个学段的四大目标具体化，将其转化为表现性评价的目标。

第二，设置活动任务。表现性评价的任务是考查学生的活动表现。可通过设置"调查""考察""探究""实验""设计""操作""制作""服务"等活动，考查学生完成相应任务时的表现和结果，判断学生能力及综合素质发展的状况。如"团队合作能力"的评价可设置"合作完成一项课内调查活动"的评价任务，具体活动可包括讨论，明确调查内容和要求；操作，完成调查任务；展示，呈现调查结果；评价，推荐优秀组员。

又如在评价学生的沟通表达能力时，可以设计下述供学生选择的活动任务[①]：

（1）描述任务：想想你的兴趣爱好和特长是什么，请向我介绍一下。

（2）突发事件任务：假设你独自在家，忽然家中起火了，你打电话给消防队，而接电话的正好是我。现在你假装正在和我通话，你要怎样向我求助？（请直接对我说，从"你好"开始。）

（3）顺序任务：想一想你最拿手的菜是什么。请告诉我，怎么一步一步地完成这一过程。

（4）说服任务：假如我就是学校的校长，请针对校园中存在的某些问题或者现象，向我提出若干改进意见或建议，要求尽量说服我。

（5）概括评价任务：给学生相关主题的若干文字材料，要求学生将不同的文字材料进行概括，有条理地介绍这些材料，并用自己的观点评论这些材料。

（6）演讲任务：要求学生在同学面前围绕某一主题进行演讲。

第三，选择任务情境。表现性评价需要在一个真实或模拟的活动情境中展开，以考查学生在实际活动中的能力表现。活动情境应当新颖、贴近学生实际，且具有一定的挑战性。对于较为复杂的活动，可根据活动展开的一般过程，创设多个可能的活动情境，再根据评价的需要和条件予以综合考虑，选定合适的任务情境。

例如，要进行"分组合作完成一项课内调查活动"的表现性评价，可选择的活动情境有零花钱的实际数额、早餐的品种、家庭一月的开支、早晨到校的交通方式、一周课外阅读时间等。

以上任务对于学生来讲是熟悉的、现实的、充满乐趣的，需要同学之间的密切配合，运用正确的方法进行计算。该活动对场地、条件等没有特别的要求，适合在课堂上展开。

第四，拟订活动要求。表现性评价的任务情境确定之后，要用清

---

① 万伟：《综合实践活动课程关键能力的培养与表现性评价》，《课程·教材·教法》2014年第2期。

晰的语言对学生完成任务的内容、步骤、方式、结果表达等做出明确的说明。

例如，关于"零花钱的实际数额"的现场调查，可提出如下活动要求：

（1）小组合作完成调查：目前每人随身携带的零钱有多少？记录每人携带零花钱的数额，并计算出合计及人均零花钱数额。

（2）根据调查结果统计：先把统计表的名称填完整，再根据零花钱的数额分段统计，将结果填入统计表中。（表略）

（3）小组讨论：在调查统计的过程中，你们发现本组同学携带零花钱的数额情况有什么特点？把你们讨论的结果尽可能地记录下来。

上述活动要求明确具体，学生明白做什么、怎样做、怎样呈现调查结果，表现性评价能有序、有效地加以实施。

2. 制定评判规则：表现等级化

制定评判规则就是要依据评价目标，分级描述学生的活动表现水平，从而对学生的活动表现进行评价。有了评判规则，就可以对学生完成任务的表现进行层次区分。表现性评价一般是整体性的，即评价建立在对表现或作品的整体印象上，表现性评价规则需要对每种表现水平进行较为具体的描述。

表5-7的"表现描述"分为A、B、C三个等级，每个等级分别从活动目标、活动对象、活动内容、活动形式、活动环节等方面提出了不同的要求，可作为综合实践活动表现水平评价的依据。

表5-7　　　　　　　　整体性评价所使用的评判规则

评价内容	组织规划能力
课程目标	初步形成有计划地解决问题的习惯，能构思一个完整的计划，计划应包括需要考虑的相关要素和情况；计划应表明事情的顺序并考虑资源的运用
表现任务	为了引起大家对小学生近视问题的关注，采取措施控制和降低小学生近视率，请你们策划一次小组活动（写出活动名称、参加对象、活动的主要过程，并简要说明组织这次活动有什么意义）

续表

评价内容	组织规划能力	
	等级	表现描述
评价建议	A	活动设计能紧扣目标，有创意；参加对象明确；活动内容与形式恰当，环节安排合理；对活动意义有较深刻的理解
	B	活动设计能围绕目标；参加对象明确；活动内容与环节安排清楚；对活动意义有基本的认识
	C	活动设计脱离目标要求；参加对象不够明确；活动过程空洞、可行性差；对活动意义的认识模糊不清

资料来源：钱新建《综合实践活动表现性评价的认识、开发与运用》，《课程·教材·教法》2015年第5期。

三 成果展示评价

所谓成果展示评价，是指将学生的小制作、小发明、科技小论文、设计图片和书画作品等具体成果公布于展台上，将具有成果意义的各种奖杯、奖状、证书等公开展示出来，将活动训练的成绩、奖品等展示出来，由成果本身说明通过活动所取得的价值。综合实践活动的成果多种多样，有物化和非物化两种形式。物化的成果可以是一篇论文、一份调查报告、一件模型、一块展板，也可以是一项活动设计方案，其评价要看作品是否达成预期的研究或设计目标及其作品的合理性和创新性。非物化的成果包括学生通过实践活动获得的认识、体验或感悟及对学习方法和技能的掌握情况。综合实践活动既关注物化的成果，又关注学生通过实践活动所获得的认识、体验或感悟。如学生通过调查、实验等活动所获得的对环保的认识、对视力保护的认识、对合作的认识、对严谨科学态度的认识等是建立在学生的积极体验和感悟基础之上的，是学生的直接经验，不是由别人的灌输而获得的。[①]

成果展示评价主要指利用学生的活动成果进行评价，即组织学生

---

① 冯新瑞：《发展性评价在综合实践活动中的运用》，《基础教育课程》2014年第1期。

展示自己的活动成果，依据一定的标准，对学生的活动成果进行评价，该评价的主要依据是学生实践行动的具体成果。成果展示评价的基本要求是成果必须真实可靠，《中小学综合实践活动课程指导纲要》（2017年）特别指出："做好写实记录。教师要指导学生客观记录参与活动的具体情况，包括活动主题、持续时间、所承担的角色、任务分工及完成情况等，及时填写活动记录单，并收集相关事实材料，如活动现场照片、作品、研究报告、实践单位证明等。活动记录、事实材料要真实、有据可查，为综合实践活动评价提供必要基础。"成果展示包括静态的活动成果展示与动态的活动成果展示（表演）两种。

（一）通过静态的活动成果进行评价

静态的活动成果主要有调查报告、考察报告、小论文、小制作、建议书、倡议书、板报、海报、活动方案，也包括学生对实践活动的真实记录、心得体验、活动日记等。其展示方式有：（1）充分利用教室，引导学生进行自我展示。综合实践活动的学习环境是开放的，学生的感受与体验是丰富的，对于它的评价也应该是开放的。在实践中，通过引导学生进行展示性评价，使学生将实践活动中的丰富体验与收获通过多种形式展示出来，满足学生对评价的需要。如在班级教室中将学生活动的照片贴出来，或办一个摄影作品展，将学生所写的关于活动过程的体验办成手抄报展示出来，或设置一个问题专栏，将学生在活动过程中所遇到或发现的问题、新的设想直接写在专栏里，其他同学可一起参与讨论并探究。（2）开展成果交流活动，引导学生感受丰富的过程性体验。当一个主题活动或某一个阶段活动结束后，综合实践活动便进入展示交流阶段，教师要提供机会、打造展示平台，让学生进行交流。学生成果展示交流形式多样：展示调查报告、展示反思日记、展示手抄报、展示手工制作等，充分展示学生在活动过程中的认识成果、操作成果与情感体验。[①]

[①] 潘洪建、杨金珍等编著：《小学综合实践活动指导》（第2版），江苏大学出版社2018年版，第82页。

在综合实践活动开展过程中，学生经常就某些问题采访有关专家或老师，教师要引导学生做好记录并整理写成采访记录稿，可对学生采访过程中语言的使用、与被采访人员的交往等实践行为进行评价。如湖北省武昌水果湖第二小学开展了"与陌生人面对面"的学生采访，以下是关于这次采访内容的记录，可以依据这个记录对学生的采访活动进行评价。

【附录】 "与陌生人面对面：采访陌生人"中学生采访报告（片段）

被采访人：送奶工

时间：3月29日下午2点

地点：东湖路148号大门口

性别：女

年龄：大概40—50岁

谈话内容："请问您一个月收入是多少？"

她不好意思地说："我原来是一个下岗工人，为了维持生活，为了养活家中有点傻的儿子，我只好找一份临时工作，一个月一般400—500元吧。"

她的这番话，使我们拉近了距离。我说，这种工作在社会上是低级人干的，你们也是人，可是上帝给你们安排的命运是如此悲惨，社会上的一些事情太不公平了，我真为你们感到心痛。

她笑了笑，说："我从来都没有想过要放弃生活，生活是人的双手创造出来的，虽然现在的生活有些艰难，但每一天我都在面对生活，活在这个世界上的每一天我都会珍惜，我都会感到无比幸福。因为上帝给了我生命，就要生存下来，生活就需要付出很多、很多……"

采访人心得体会：与一位普通的陌生人进行了一次短短的谈话，而她的话却给了我很大的教育，现在我终于明白了，做任何一件事都是生活，都是幸福。

教师的评价：在这次活动中，学生不仅学到了设计采访专题、设计表格、打印、整理等方面的知识，而且获得了探究合作，大胆尝试等各种情感体验。学生对生活、对人生的价值有了进一步的认识，学生的个性在活动中得到了一定的发展。这有力地证明了综合实践活动课程是一门高度综合、实践性强、充分体现学生主体精神的新课程，对学生综合素质的提高具有重大意义。①

（二）通过动态的活动成果进行评价

对学生动态的活动成果可以通过学生的汇报、表演形式进行评价。如通过学生成果汇报、技能展示、角色表演、小品、戏剧等形式，对学生参与活动的态度情感、技能掌握以及能力发展情况进行现场考察。如某校某班学生开展的"社区小医生"活动结束后，学生将活动过程中所发生的故事编成小品、快板、舞蹈等节目进行汇报，其中小品"我的访谈经历"描述了一位学生在一次访问调查活动中由于缺乏语言艺术而遭到拒绝，后来该学生改变了访谈方法并取得成功，故事形式活泼，发人深思，在班上引发了一场如何与人交往的讨论。教师在使用该形式时应注意对学生各种表演或竞赛的评价，关注学生参与表演或竞赛活动的过程和体验，避免将学生之间的表演能力和竞赛能力进行横向比较，也不要过多地注重比赛结果。

上海浦东新区东方小学举行了"营养早餐"综合实践活动②，其评价主要运用成果展示法。首先说明选择该课题的原因，然后向大家汇报调查结果，表明很多人不重视早餐，接下去进行一次知识讲座，最后学生们还设计了几份搭配合理的营养早餐。这样不仅展示了他们在活动过程中所获得的有关营养早餐的知识，还展示了他们的动手能力，即学会自己如何搭配营养早餐，使得教师和其他学生对他们的评

---

① 参见廖先亮主编《综合实践活动课程案例3—6年级》，武汉大学出版社2003年版，第256—258页。指导教师：陈智。

② 温建芳、胡立峰主编：《小学综合实践活动课程开发与案例》，上海交通大学出版社2003年版。

价比较直观和具体。成果展示内容非常丰富,通过开展汇报会可以将学生的成果全面展示出来。以下是某小学开展的主题为"中秋月饼圆又甜"的综合实践活动成果展示汇报会。

【案例】 中秋月饼圆又甜

中秋节这天下午,我们三年级举行了本次综合实践活动成果汇报会。我班的汇报由孙老师主持。在汇报课上,四个小分队各自站成一排,大胆展示,真是"八仙过海,各显神通"。

温佩淇俨然一位小导游,引领收集"中秋节的来历及传说"的小组向大家绘声绘色地介绍了月饼的来历、传说,使大家知道了"月饼起源""团圆之意""月饼的创新与复古"等关于中秋节的故事,还展示了他们的手抄报及精美图画。

负责调查"月饼的种类及价格"的小组逐一登台,通过他们自己制作的统计图表,展示了不同月份月饼的价格、销售量等,并畅谈了他们的感受。

做月饼的小组穿上厨师服登上讲台,讲了自己是如何查找月饼的成分,自己制作月饼的艰辛,并拿出他们做的几个有点糊了的月饼请同学们品尝,其他的同学竟然很佩服他们可以做出月饼,不停地向他们讨教制作方法,这倒让那几个原本垂头丧气的同学陡然神气起来。最骄傲的要算崔佳宜了,她的月饼是中午回家时做的,香喷喷、温乎乎的,连老师吃了都直夸好,把崔佳宜美的,两只眼睛都眯成一条缝了。同学们品尝着大家亲手做的或成功或失败的月饼,觉得味道格外甜,格外香。

收集月饼儿歌的小组向大家展示了他们排练的精彩节目,有的两个人一组朗诵他们收集的诗歌,有的独自吟咏自己创作的《颂中秋》,有的高歌一曲《八月十五月儿圆》……最后,他们每人说了一句话,祝福美好的中秋节。①

---

① 曾庆伟:《中小学综合实践活动案例与专家点评》,山东人民出版社2005年版,第84—87页。

【短评】"中秋月饼圆又甜"活动的成果展示汇报会形式多样，内容丰富，充分体现了综合实践活动的特点，也体现了综合实践活动评价的特点。该汇报会既有通过讲故事、展示手抄报和图画等形式对"中秋节的来历及传说"的知识介绍，又有通过图表展示的关于"月饼的种类及价格"的调查，也有通过朗诵、演唱等形式展示的月饼儿歌，还有通过邀请师生品尝学生亲手制作的月饼等形式展示的成果。整个成果展示汇报会既是一个对学生开展活动情况的评价过程，又是一个学生相互学习、交流的过程，实现了促进学生成长和发展的良好目的。

有时，学生的成果不一定要在活动结束时才展示出来，一旦发现学生的闪光点和学生所取得的小小成功，指导教师就应该满足学生展示的欲望，及时提供展示的机会。如在"小当家"主题活动中，三年级班的学生在家里学做水果拼盘，洗菜，择菜，并参加了班上举行的"厨房小帮手"比赛，学生还将活动过程进行了录像，老师将他们的活动在校园电视台播放。看着自己在活动中的表现，学生对活动更感兴趣了。这样，随机性的成果展示可以使学生体会到成功的喜悦和与他人分享成果的乐趣，能激励学生更好地、更自信地继续开展活动。

四 评语评价

评语评价包括口头评价与书面评价两个部分。

（一）口头评价

口头评价是一种师生面对面进行交流的评价形式，主要通过言语的方式进行。口头评价基于对学生的日常观察。观察主要是对学生的行为、情绪情感、操作情况、活动状态等进行观看。通过观察，记录和描述学生在活动过程中的表现，以此作为依据，借助口头表达评价学生参与活动的情况。当然，也不能一味地表扬、奉承。针对学生在综合实践活动中所表现出来的不足、问题，教师应当恰当地、适时地指出甚至批评，对学生进行必要的提醒、警示，发挥评价的发展性功能。

口头评价要特别强调教师评价语言的正确使用。教师在进行口头评价时，语言要简洁明了、通俗易懂，不能存在多义、歧义的情况；评价应有目的性、针对性。另外，口头评价要坚持发展的观点，以正面评价为主，用发展的眼光去评价学生，不要轻易批评、指责甚至惩罚学生，允许学生在活动过程中存在各种差别，不要强求一律。以表扬、鼓励、激励为主，通过正面评价为学生营造一个比较宽松的、心理上安全的、能自由舒展身心的活动空间。

(二) 书面评价

书面评价是将对学生的评价结果以书面形式表示出来。书面评价是学科评价中常使用的评价形式，也是综合实践活动课程可以使用的基本形式，它一般通过使用评价表和分析性评语进行评价。这里主要谈谈分析性评语及其使用问题。

分析性评语是指对学生的活动过程及其成果进行定性的分析与说明，它可以让学生全面认识自己在活动过程中的各种表现，激发学生参加活动的兴趣，强化学生活动的动机。例如，"方法太好了，可要细心呀""你肯定有高招""你准行"等这种带感情色彩的评语，能使学生感受到教师的关爱，帮助学生树立自信心，增加他们对活动的兴趣。另外，对于活动中学生由于粗心而导致的过失、错误，教师首先要肯定其长处，增强自信，再提出殷切希望，促使学生改正缺点。例如，"搬开你前进道路上的绊脚石——粗心，奋勇前进"或者"再细心一些，准行"，这样的评语能让学生感受到教师的信任、尊重和期待，从而愿意接受教师的帮助，更加积极地投身到活动中去。

教师进行评语评价时应注意：(1)在评价时应注重综合实践活动的过程、方法，重视体验分享，向他们解释在活动过程中的表现及解决问题应采用的方法。(2)教师要运用多元化的评价方式，重视学生的自我反思，达到促进学生自我教育的目的，让他们在活动中随时反思自己的思想、行为，看到自己的优势与不足，从情感、态度、意志、习惯等方面有所领悟。（3）在综合实践活动课程评价的过程中应尊重差异，培养学生良好的个性。（4）在评价过程中应坚持正面评价，积极鼓励，对学生在活动中出现的闪光点要及时发现并给予表扬。

第四节　综合实践活动课程教师素质要求

近20年的综合实践活动课程实施，逐渐暴露出众多的"教师"问题，人们越来越认识到教师素质是制约课程实施的瓶颈。"谁来指导"已成为广大中小学综合实践活动课程实施面临的严峻的现实问题。相关研究指出，教师课程资源意识薄弱与课程实施实际需要之间的矛盾突出[1]，课程资源开发乏力[2]，指导教师力量缺乏[3]，没有稳定的社会实践指导教师队伍[4]，教师素质参差不齐[5]，缺少专业化的指导教师[6]，等等，表达了对综合实践活动课程实施的种种担忧。针对这些问题，吸收已有相关研究成果，在新的历史时期，综合实践活动课程教师需要强化"懂不懂""能不能""信不信"三方面的基本素质。

---

[1] 黄雪然：《综合实践活动课程社区资源的开发与利用研究》，学位论文，西南大学，2005年。
[2] 苏洁梅：《广西崇左市小学综合实践活动课程实施现状的调查研究》，学位论文，西南大学，2008年。
[3] 苏洁梅：《广西崇左市小学综合实践活动课程实施现状的调查研究》，学位论文，西南大学，2008年。
[4] 殷世东：《普通高中社会实践教育常态化开展探索》，《现代教育科学》2008年第8期。
[5] 于晓琳：《长春市小学综合实践活动校本课程管理的问题与对策》，学位论文，东北师范大学，2009年。
[6] 殷世东：《社会实践与人身心和谐发展》，《东北师大学报》（哲学社会科学版）2011年第3期。

一 "懂不懂"：深刻理解 明确态度

根据古德莱德的理解，课程实施可以被理解为从理想课程到正式课程、领悟课程、运作课程和体验课程五种层次课程转化的过程。在综合实践活动课程实施过程中，教师只有理解正式课程，发展领悟课程，运作课程才会产生。理解课程的结果，是教师对课程的充分了解，只有教师读懂了课程，真正知道了课程是什么，才能产生"愿不愿"实施课程的问题。课程理解可以强化课程实施的态度，而课程实施态度反过来又会促进课程理解。但值得注意的是，如果对课程产生错位、错误的认知，则不是愿不愿意实施的问题了，而会伴随着更为严重的后果，即使课程实施态度十分认真，也可能因为对课程的错误理解而使实施越走越远，偏离正确的实施轨道。所以，教师必须对综合实践活动课程本身有正确而深入的理解。

（一）理解到位

理解到位涉及综合实践活动课程是什么？有哪些特点？对学生全面发展有哪些作用？它的课程地位和定位如何？为什么要设置这门课程？有哪些理论基础？地方和学校如何组织落实？有哪些基本的规定和要求？这些内容部分地体现在《中小学综合实践活动课程指导纲要》中。对于综合实践活动课程教师而言，首先要吃透《中小学综合实践活动课程指导纲要》的基本精神，读懂国家层面对综合实践活动课程性质、理念、目标、内容选择与组织、保障等的基本规定和要求。然而仅仅停留在《中小学综合实践活动课程指导纲要》层面，教师难以深度把握和理解综合实践活动课程。近20年课程实施经验和教训表明，很多问题出在实施者对综合实践活动课程认识不到位、不深入上。诸如钟启泉（2007）、李臣之（2002）、殷世东（2007、2008）、冯新瑞（2010）、万伟（2010）、李臣之和刘怡（2011）、刘玲（2011、2012、2014）、宋时春和田慧生（2015）等，都相继指出过教师问题。

如为什么要设置这门课程？是否能够进一步了解近 20 年成功的典型案例，从案例中切实体会到课程的价值和意义？是否可以进一步从知行合一、实践论、过程论、复杂性科学、具身认知理论等角度深刻理解综合实践活动课程的性质、特点及理论基础？是否能够从儿童发展心理规律方面理解《中小学综合实践活动课程指导纲要》关于"活动方式"的规定？是否从"生活教育""情境学习""有意义学习""教科书使用"等理论角度理解活动主题的推荐与校本课程决定？只有真正深入理解了综合实践活动课程存在的理由、价值、意义，老师才算读懂了这门课程，才会真心实意地做课程，而不是因《中小学综合实践活动课程指导纲要》的要求而被迫实施。也只有彻底读懂了《中小学综合实践活动课程指导纲要》，在实施过程中才会以积极的态度、坚定的信念应对困难，否则，就会消极"怠工"，绕道而行，甚至终止实施。

（二）吸取教训

近 20 年综合实践活动课程实施留下了宝贵的经验，同时也总结出不少的教训。有些学校和教师对课程理念的理解存在偏差，导致大量不符合综合实践活动课程理念的活动充斥在这门课程的教学中。[①]许多教师还存在着模糊的认识，致使在操作过程中出现综合实践活动课程被学科课程完全或部分分解掉的现象，综合实践活动课程正在逐渐失去其独立存在的价值。[②] 广大的一线教师对综合实践活动课程的认识比较肤浅，对具体实施这门课程也表现出较大的畏难情绪……完全不知如何下手，普遍期望专家可以给予具体做法方面的指导……教师在对这门课程的认识、观念上反映出整体的欠缺甚至错误……教师可能畏于"综合实践活动课程"这样一个全新的名词，而不知如何实施，完全认识不到甚至意识不到在我们过去的理论研究以及实践中，已有很多与之相关的成果和经验，这些成果和经验可用来学习、

[①] 刘玲：《综合实践活动：什么样的活动是好的活动》，《教育科学研究》2012 年第 2 期。
[②] 罗永松：《综合实践活动课程的探索与实践》，华中师范大学，学位论文，2004 年。

借鉴或者转化。① 在综合实践活动课程实施过程中出现这些问题,归根到底,是由于教师对课程认识和理解问题。

此外,指导教师方法论意识淡薄,缺少方法创新,甚至有的教师仍然采用讲授法"教授"综合实践活动课程。在综合实践活动课程中,教师在指导上对学生问题意识的培养关注不够,而且没有制定具体的指导方案,指导存在着随意性;在活动实施阶段存在着教师指导不适度的现象,而且指导形式较为单一;在总结交流阶段对学生发展指标的评价不太明确。② 教师指导缺乏相应的理论准备;教师指导的形式缺乏保障,教师指导的能力受制于学科背景的局限,等等。③ 类似这些问题的产生折射出教师对到底如何指导学生综合实践活动,没有做出相应的学习和研究,如果不加强教师对如何实施综合实践活动课程的"指导方法"层面的知识学习,类似问题将会在新一轮综合实践活动课程实施中重现。

因此,需要在教师包括其他课程实施参与者如何理解、认识、把握综合实践活动课程上狠下功夫,主要是下述三方面的知识需要教师及其他实施参与者了解和掌握。

第一,教育方面的文件及相关课程政策:解决"实践依据"问题,包括中共中央、国务院《关于深化教育教学改革 全面提高义务教育质量的意见》《教育部关于全面深化课程改革 落实立德树人根本任务的意见》《中小学综合实践活动课程指导纲要》等,明确综合实践活动课程开设背景、依据,以及课程性质、定位、理念、目标、内容选择与组织、实施保障的相关规定。

第二,综合实践活动课程的基本理论:解决"是什么"的问题,

---

① 陈晓艳:《综合实践活动课程理论与实践基础的探析:历史与现实的维度》,学位论文,陕西师范大学,2005年。
② 张茜:《综合实践活动课程实施中教师指导的个案研究》,学位论文,西南大学,2013年。
③ 易海霞:《综合实践活动选题阶段教师指导的个案研究》,学位论文,东北师范大学,2011年。

包括综合实践活动课程的历史发展、本质特征、内容结构、价值功能、组织实施、管理与评价、资源开发等。

第三,相关课程的理论基础:解决"为什么"的问题,包括综合实践活动课程的哲学基础、心理学基础、社会学基础、生态学基础、脑科学基础、学习科学基础。

二 "能不能":多元能力持续发展

"能不能",也被称为"带着学生一起走的智慧"。知道了,不一定会做。理解了,有助于做,但如果不做,仍然不会做。综合实践活动课程实施对教师能力提出了空前的挑战。学科教学优秀教师往往难以指导综合实践活动课程,难就难在综合实践活动课程的特殊性对教师能力所提出的特殊要求。

(一)空前挑战

关于近 20 年综合实践活动课程实施的相关研究,显示出教师在"能不能"方面遇到了很大挑战。张华(2001)、郭元祥(2004)、刘玲(2012)、张华和唐晓欣(2008)对教师协同,王廷波和熊梅(2010)对教师指导能力提出质疑;郑玉平和李臣之(2016)、万伟(2014)对方案制定,万伟(2012)对主题选择及确定、活动方案制定能力的提升提出建议;沈旎(2007)、万伟(2014)倡议增强小组合作能力;万伟(2012)提出应注重"课型"建构;张华(2001)呼吁教师提高指导艺术。如有研究者发现,教师对全体参与的指导方式、自主的课程开发、开放的课堂环境、弹性课时的安排都有些无所适从;如何自主开发与设计课程,如何与其他教师协同指导,如何有效指导学生开展活动等,都是一线执教教师面临的新问题。[①]

在综合实践活动课程实施之初,"教师如何正确有效地引导学生更多地管理自己的学习、负责自己的探究活动,已成为合作小组学习

---

① 沈旎:《小学综合实践活动课程常态化实施策略研究》,学位论文,华中师范大学,2007 年。

秩序正常进行的突出问题"①。10 年之后，仍然有研究者指出，教师指导设计存在着一些问题：（1）忽略设计过程；（2）缺乏设计指导策略；（3）设计中方法规范性不足。② 教师方面存在的问题有：师资匮乏，能力素养欠缺；教师专业素养难以适应综合实践活动课程的要求，理论知识缺失，指导能力不足；难以摆脱以"教为中心"，指导者、倾听者角色缺失；教师协作能力差，缺乏热情，合作意识淡薄等。③ 教师素质达不到综合实践活动课程实施的要求。最近两年的调查发现，综合实践活动课程师资队伍是流动的，兼职教师占 84.9%，他们都没有接受过综合实践活动课程的专业学习，也缺乏课程开发经验。虽然这些年来各种形式的培训有很多，但是仍有 63.9% 的教师表示得不到有效的培训与指导，校长们（51.3%）也认为，他们的指导能力十分有限。④ 可以说，近 20 年综合实践活动课程实施遭遇了"教师荒"，其能力建设普遍不足。从世界各国课程改革的经验来看，基本上找不到具有如此大流动性的教师队伍介入课程实施并产生明显成效的典型案例。新一轮综合实践活动课程实施，如果不从培养、提升角度彻底解决教师队伍问题，这些问题仍然会存在。

（二）提升能力

综合实践活动课程教师究竟应该具备哪些能力？李芒（2002）提出八大能力，包括教学设计能力、教学预测能力、教学内容与方法"链接"能力、应用信息能力、适应新授课方式能力、协作性教学能力、促进学生学习能力、综合评价能力。⑤ 杨雪梅（2005）提出教师

---

① 李喜文：《在探究与合作中促进学生主体性发展》，学位论文，东北师范大学，2002 年。
② 钮烨烨：《社会工作视角下的综合实践活动课程建设》，学位论文，华中师范大学，2013 年。
③ 徐鹤：《综合实践活动主题学习实施的个案研究》，学位论文，东北师范大学，2011 年。
④ 冯新瑞、田慧生：《区域推进：综合实践活动课程有效实施的重要策略》，《教育研究》2015 年第 11 期。
⑤ 李芒：《论综合实践活动课程与教师的教学能力》，《教育研究》2002 年第 3 期；邹开煌：《综合实践活动课程对中小学教师的素质要求》，《福建教育学院学报》2002 年第 6 期。

应具有课程开发整合设计的能力、反思能力、探究问题与解决问题能力、合作能力、收集和处理信息能力、指导学生学习的能力、综合评价学生的能力。[①] 这些研究对教师能力发展提供了重要参考。也有不少研究是从"教师素质"角度展开的,其中涉及教师更应该具备的能力,如邹开煌(2002)提出,综合实践活动课程教师素质是指教师应该具备课程设计能力,全面跨学科知识应用能力,课程组织、管理与协调能力,应用基本的信息技术和科研方法的能力。孙洪娥(2009)认为,综合实践活动课程对教师素质的要求包括教师需要具备广博、综合的知识、规划与设计的能力,组织、管理与协调的能力,收集和处理信息的能力,掌握基本的科研方法的能力。[②] 杨少英(2014)提出综合实践活动课程对中小学教师的素质要求应该包括转变教育观念、掌握教学的基本技能、掌握基本的信息技术以及掌握基本的科研方法。概括起来,这些研究涉及综合实践活动课程教师应具备能力的共同性,涉及"教学"能力如教学设计、课程开发、协作教学、评价反思能力,还涉及"一般"能力,包括信息收集与处理、指导学习、协调管理、问题解决的能力。对研究综合实践活动课程教师"能不能"有着重要启示。

回答教师"能不能"或者说"会不会"问题,从近20年的实施经验和教训来看,需要看综合实践活动课程实施要求教师必须会做哪些事情。立足综合实践活动课程的性质、理念和目标要求,至少以下事情需要教师独立承担和完成:能够选择适合学生发展的主题或问题、设计主题活动方案,能够组织学生有效实施方案,能够指导学生使用探究方法收集相关资料,能够与不同文化背景的人进行协调沟通,能够应对和解决复杂情境中的问题,能够统筹相关资源并有效利

[①] 杨雪梅:《论综合实践活动课对教师教学能力的新要求》,《国家教育行政学院学报》2005年第8期。

[②] 孙洪娥:《综合实践活动课程对教师素质的要求》,《大连教育学院学报》2009年第2期。

用；能够全程记录活动资料，能够引导学生反思并撰写活动报告；能够指导学生分组汇报与发表；能够反思课程开发成效并提出改进措施。综合实践活动课程教师需要多元能力，综合已有研究成果，可以将综合实践活动课程教师要具备的能力分为关键能力和基本能力两类，具体包括10种能力（见表5-8）。

表5-8　　　　　综合实践活动课程教师应具备的能力

序号	类型	能力	理由
1	关键能力	多学科知识运用能力	由综合实践活动课程"跨学科"性质所决定
2		课程开发能力	由"国家设置、地方管理、校本开发"的课程定位所决定
3		灵活而有效利用课程资源的能力	"教学资源"缺乏是关键问题，课程资源的开发和利用也是活动过程顺利展开的关键
4		活动设计与组织能力	"活动取向"的设计与组织同学科教学设计与管理有很大不同
5		活动评价与反思能力	活动过程和空间的开放性增加了课程教学评价和反思的难度
6	基本能力	发现儿童学习需求能力	"发现儿童"是活动主题确定与生成的逻辑起点
7		心理调适能力	活动过程中因安全等问题的处理产生不小的压力
8		与不同文化背景的人沟通与合作能力	资料来源的广泛性、指导者共同体的多元性、活动空间的开放性以及问题解决的相对复杂性等，要求活动设计与开展需要接触不同文化背景的人，并寻求相关帮助及合作
9		研究能力	活动学习过程本身就是问题解决的过程，受"活动方式"所决定，教师需要有决定收集、处理信息等能力
10		批判性思维与创意能力	受"创意物化"等课程目标的规定

三　"信不信"：情感深厚　信念坚定

"信不信"，可以被理解为信任、信心、信念。很少有研究谈到综合实践活动教师信念、课程教学信念，然而，由于综合实践活动课程实施的复杂性和生成性，也由于课程本身的诸多元素如教材、课标、教师、场地等"缺位"或"不到位",往往会让教师做到一时却难以持续。如果没有对综合实践活动课程抱有高度"信任",没有高度责任感的驱使,教师就不可能具备克服困难的勇气和毅力,也不可能对课程实施积淀出深深的教育爱。反过来,一旦教师坚信综合实践活动课程对学生综合素质、实践能力和基本品格的养成有着学科课程不可替代的作用,他/她就会坚定不移甚至体现出坚强的意志,再难也会坚持下去。

(一)信念的内涵与价值

信念是指"在无充分的理智认识以保证一个命题为真的情况下,就对它予以接受或同意的一种心理定势(或态度)"[1]。信念是人想当然地认为正确的、毋庸置疑的坚信,是教师价值观和行为方式的生长点或"根源",经过透彻领悟、实践体验和情感升华而凝结形成的对人、对事物及观念的毋庸置疑的心灵向往和纯粹坚守,是认知情感行为交融化合的结晶;表现出定力如磐、勇往直前的气概、必胜的决心;具有情境性、情感性、个体性的特征,并且在一定程度上可以支配人的行动。综合实践活动课程教师信念"是教师在设计、实施和评价综合实践活动的过程中所体现出的学生观、教育价值观、课程观以及特殊情感之结晶"[2],渗透在教师的日常教学行为之中,对综合实践活动课程实施的持续开展产生着重要的导向、激励和支配作用。教师信念还是教师确信的思想和认识,信念通过情感的力量,将认识和行为逐步联系起来并对课程实施产生"驱动"作用。教师在综合实践活动过程中需要经历课程开发、活动设计、活动组织、资源开发、协调沟通、安全应对等,整个过程中的行为都受到信念的支配。所以,讨论综合实践活动课程教师应该具备的素质,离不开教师信念。综合实践活动课程教师信念就是

---

[1]《不列颠百科全书》,中国大百科全书出版社2002年版,第345页。
[2] 薛晗、李臣之:《综合实践活动教师信念的价值及培育》,《教学与管理》2019年第8期。

教师通过不断反思而形成的对课程的价值判断和坚信不疑的认识，它能给教师专业发展提供深层次的依靠和坚定的自我追求，使教师的知识、能力、情感统一凝聚于实践活动中，对综合实践活动课程实施以及教师专业发展起统帅、引领和定位的作用。①

（二）认知、情感与信念的关系

信念位于认知和情感领域的交叉部位（见图5-1）。因而，信念可能在性质上属于认知领域，但是在情感领域中却发挥着重要的作用。教师对综合实践活动课程价值认知越到位、理解越深刻，课程信念就越容易建立。教师指导学生参与综合实践活动的成就感越突出，教师的课程信念就越容易得到巩固。教师课程认知、课程情感与课程信念交互作用，共同影响课程实施的成效。课程信念是教师个体想当然地认为正确的课程命题，可以是对课程理念的坚信，可以是对课程本质的坚守，是教师课程价值观和课程行为方式的生长点。观念、情感并非通过阅读、告诉的方式可以获得的。深刻的认识、理解、感受对于课程教学信念的确立有着重要作用，在实践中一次次验证，也是信念生成的重要路径。综合实践活动课程教师信念的确立，需要在持续不断的综合实践活动指导过程中，历经问题—策略—行动—反思的循环往复，在克服困难解决问题、体会学生成长的喜悦中逐步形成。

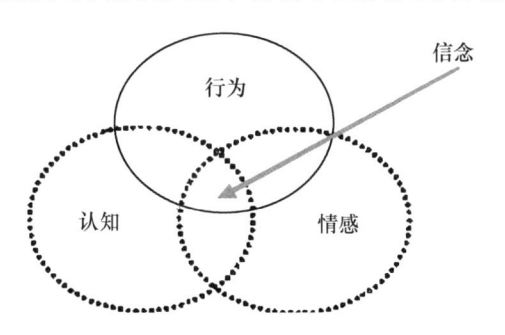

图5-1 信念是认知、情感、行为的结晶

---

① 薛晗、李臣之：《综合实践活动教师信念的价值及培育》，《教学与管理》2019年第8期。

总体而论，综合实践活动课程教师"懂不懂""能不能""信不信"相互联系，整体影响综合实践活动课程实施全过程。无论从哪个角度用哪种方法研究综合实践活动课程教师应该具备的素质，最终都会落实到实施过程是从"整体"角度发挥作用的。因此，有必要从"结构""系统""整体"角度解释教师的素质要求。

第五节　岗位研修：综合实践活动课程教师成长重要路径[①]

师范院校、综合性大学应为基础教育课程改革保驾护航，那么，如何培养创新型、复合型、开放型的能够指导小学综合实践活动的合格师资，是摆在师范院校面前的一个现实课题。[②] 综合实践活动课程教师队伍建设，离不开职前培养和在职培训。大部分教师缺乏专业系统的培训，[③] 师资配备不足及相关培训较为缺乏。[④] 在综合性大学或师范院校设置"综合实践活动教育"或"综合教育"专业，有计划地为中小学培养综合实践活动课程实施专业人才。为综合实践活动课程师资队伍解燃眉之急，也可以在"小学教育"专业加大"全科型"教师培养力度，采用"按需定制，定向培养"的方式，按部就班，逐步增量培养。但是，最为重要的教师来源还是需要立足教师职场，采用"岗位研修"的方式，促使教师逐渐成长。

一　岗位研修的特征

岗位研修以"立足岗位、教研互促、主动进修"为主要标志，期

[①] 本节结合作者在学校开展岗位研修活动的实际做法总结而成，感谢提供岗位研修现场的深圳市南油小学全体老师和同学。

[②] 张海燕：《综合实践活动课程在小学教师教育中的开发研究》，学位论文，陕西师范大学，2002年。

[③] 刘静：《高中历史教师参与综合实践活动课程的研究》，学位论文，华中师范大学，2013年。

[④] 朱志鹏：《综合实践活动的学校课程制度建设研究》，学位论文，西南大学，2016年。

望让教师在综合实践活动课程教学岗位上积极学习、主动成长,反过来又促进综合实践活动课程的有效实施,实现教学研相资互益(见图5-2)。

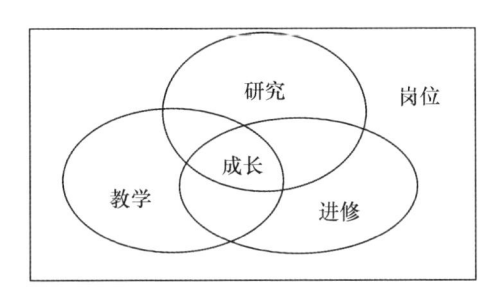

图 5-2 岗位研修要素

(一)立足岗位

岗位研修是以教师主动投入自己的工作岗位——综合实践活动课程开发过程——为轴线,根据岗位(综合实践活动课程实施)适应与发展过程中不断变化的需要,有针对性地改变相关学习与组织方式,优化教学资源,从而使综合实践活动有效延展,教师在与学生家长共同建构课程教学的过程中得到有效成长的过程。相比校本培训而言,岗位研修淡化"学校本位",注重教师的"教学岗位",研修内容、研修方式要针对教师教学岗位的需要,而不是学校层面的整体追求,尽管教学岗位需要也是学校整体需要的一部分,但它们只有间接的联系。强调立足岗位,就是强调基于教师的工作岗位需要设计教师成长需要的活动,活动要反映教师成长的具体性,服务于教师工作岗位的需要。

(二)研教互促

研究即教学,教学即研究,二者互相促进。由于综合实践活动课程属于国家确立、地方督导、学校开发的课程,没有现成的教材可依靠,没有成熟的教学模式可借鉴,教师必须立足学校现有资源,根据学生发展的需要,创造性地开发活动主题,策划并引导学生的活动。

因此，综合实践活动课程教学岗位具有很强的探究性质，客观上要求教师以一种研究的姿态对待之，综合实践活动课程实施本身就是有意义的研究课题。教师也必须在主观上认识到综合实践活动课程教学是一种"研究性教学"，需要主动发现和面对活动过程中所出现的问题，及时学习、交流和借鉴，以探究解决问题的策略，从此意义上讲，综合实践活动课程教学也是一种"在场研究"。

（三）主动进修

任何学习的有效发生，均需要建立在学习者主动投入的基础之上。而主动投入的前提是学习者必须知道自己需要学习什么。低效的校本培训过多地以为教师需要 A，而实际上教师却想知道 B，岗位研修根据教师个人的、实践的知识基础，注重外来知识与实际经验的对话和衔接，让教师感觉到学习与自己的基础和需要密切相关，因而能够主动卷入学习过程。同时，岗位研修强调教师的内省，积极反思岗位学习与岗位教学及其成效，通过内省，使学习与反思建立联系，使新知识同原有经验和知识建立逻辑关系，有利于形成稳定的知识结构，有利于知识的迁移，也有利于教学实际问题的解决，学而思，利于行。在我国 21 世纪新一轮基础课程改革过程中，不少学校坚持做课程行动研究、课题研究，推行"体验""参与""探究"的学习方式，大力倡导教学方式变革，教师在长期的教学实践岗位上，已经发现这些学习方式对学生主动学习的影响，也开始认同这些学习方式对教师自身学习和成长的价值。

（四）强调经历、情境与过程

教师成长离不开实践智慧的生长，而实践智慧是以教师的经验、实践过程为基础的。岗位研修立足于教师的课程开发与教学需求，确立研修内容；基于教师已有的经验确定研修方式和途径，并根据研修过程中成长的经验及时调整研修方式和途径。岗位研修注重教师在场学习，让教师在综合实践活动课程教学情境中主动学习，追求教师教学生活状态的改变，让教师在体验过程中学习，改变传统教师培训片面追求论文写作的"论文化"成长方式。

以学校和教师为本位,充分体现学校和教师发展的个性化需要,凸显教师学习的心理规律。校本教师进修不强调学校以外的菜单式"外控"培训,进修场所下移到学校,下移进教师课堂,主张教师的教育教学实践场所就是教师进修提高的场所,进修空间与发展教学的空间有效统整,进修内容与学校和教师的实际与情境直接结合在一起。

立足自身教育教学实践,发挥教师修行与提高的恒常性和针对性。在校本教师进修过程中,教授的时间、学习的时间、研究的时间、创造的时间是同一的。教就是学,教学就是创造,问题发现和专题学习与研究过程相统一,进修的针对性与教学过程有机统整。

二 岗位研修的运行

根据对岗位研修的基本认识,可以将岗位研修理解为基于教师课程教学岗位需求,立足教师经验,整合资源,让教师在课程教学现场中学习和提高的系列活动过程。其运行过程为:基于综合实践活动课程日常行动,通过诊断岗位研修需求,根据需要配置资源,进行现场研究性教学,再经过系统反思,开始新一轮课程开发行动,重复上述步骤,进入新一轮课程行动。这是一个螺旋上升的过程。在这个过程中,前一轮课程行动形成的主题活动,就是一个完整个案,成为教师下一轮课程行动的教学资源,同时也成为教师学习的资源(见图5-3)。

(一)诊断研修需求

综合实践活动课程是课程体系中难度较大的课程。这一"新生事物"的出现,对教师教学提出了新的要求。面对这些要求,教师心中存在诸多疑团。众多老师在回忆最初进行综合实践活动课程教学情境时,大多与"困惑"密切相关。教师对综合实践活动课程理解不到位,因为综合实践活动课程没有像学科课程那样的教材和课程标准,

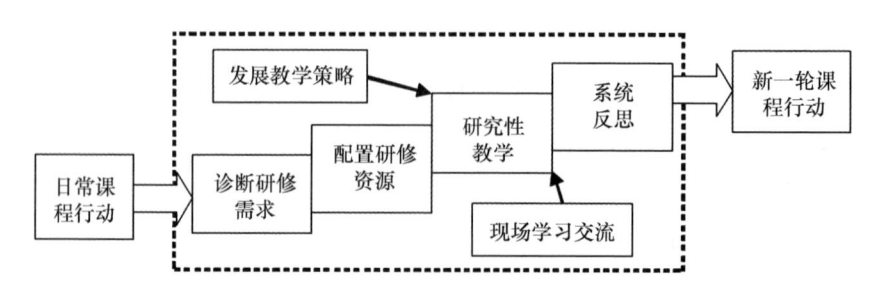

图 5-3　综合实践活动课程教师岗位研修运行过程

所以总担心上不好，也不知道该如何开发综合实践活动课程；总是感觉有很多问题困扰着自己，如怎样给学生分组，如何指导学生搜集资料，怎样避免汇报方式单调化，同时又担心综合实践活动课程会使学生缺乏纪律性，在走出校外时，安全性无法得到保障。综合实践课程的教学管理面临着很多实际困难，教师感觉对这门课程的信心不足，等等。

对于习惯于按照课程标准和教科书"依纲靠本"教学的教师而言，面对无标准、无教材、无模式的综合实践活动课程教学，一时很难适应，加之综合实践活动课程教学对教师素质提出了很高的要求，教师会产生种种困惑是必然的。实际上，教师的困惑就是岗位研修需要面对的问题，这些问题反映出教师岗位研修的紧迫需求。如果认真收集有关教学困惑的资讯，将这些困惑进行归类，分析出现的原因，就可以诊断、确立"研修需求"，如综合实践活动课程产生的背景与目标定位、活动主题生成策略、活动设计策略、活动指导与管理策略等。针对这些需求，有针对性地选择相关人力资源，适时交流，直至解惑。

（二）配置研修资源

为教师研修排忧解难的重要策略是对资源的广泛整合。资源是保障综合实践活动课程开展的重要因素。没有资源就预示着研修或课程无法得到有效实施，更谈不上发展了。学校需要采取一系列举措让教师感受到校内外蕴藏着极其丰富的资源，只是有待于有效整合而已。

具体措施有"请进来"和"走出去"。"请进来"是指邀请家长参与，成立家长委员会，为学校注入亲情的力量和丰富的社会资源；邀请教育专家前来指导，成立专家诊断团，给学校注入科研力量和丰富的学术资源；邀请教育界的领导亲临指导，给学校提供保障力量和有效的政策支持；邀请兄弟学校前来交流，开展"同题异教"活动，为学校吸收先进的教学方法提供现场的学习资源……"走出去"是指教师主动到校外开会、考察和学习，以借鉴好的经验。

"请进来""走出去"策略，能够很好地实现"资源人"的整合（见图 5-4）。在资源人整合中，大学教师合作者侧重于新知识、新理论的输入，以及新经验的升华；教研员侧重于综合实践活动课程教学研究指导；家长则立足于自身工作岗位对主题综合实践活动课程的实施提供力所能及的支援，可以参与综合实践活动问题解决的过程，也可以享用岗位物质资源；校长则提出综合实践活动课程岗位研修远景期望；教科室分享管理措施；同伴学校、同伴教师相互分享和帮助；教育行政机构提供评估措施；社会行业人士提供相关行业资源及分享行业知识。来自不同领域的人，围绕综合实践活动课程教学过程中具体问题的解决，形成专业学习社群，展开讨论，群策群力，在解

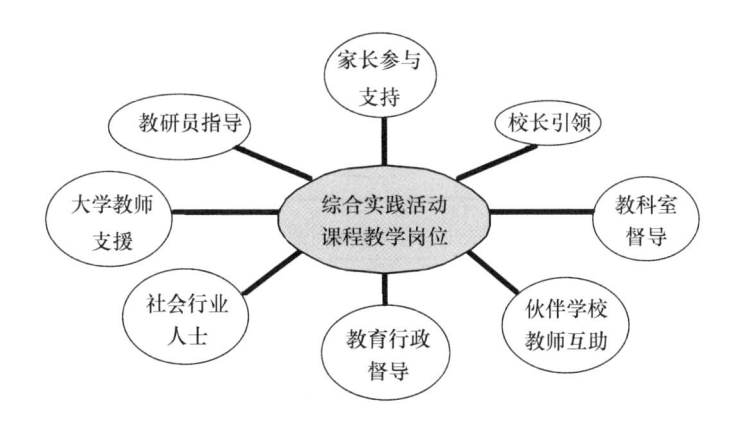

图 5-4 岗位研修资源人整合

决问题的过程中互相学习，共同发展教学策略，为研究性教学提供重要支撑。

通过整合资源，在教师的头脑中逐渐形成这样一种认识：综合实践活动课程的教师并非仅是担任综合实践活动课程教学的某一位教师，而是所有参与到课程实施及发展中的人和力量。专家学者带给教师新的知识，这些"外来知识"在资源整合过程中不仅促进了教师"教学概念"（conception of teaching）的形成，而且强化了教师在课程及教学设计中的实践能力。教师同伴互助也成为一种需要，一种可能，一种必然。

（三）研究性教学

岗位研修资源开发，具体落实于综合实践活动课程开发过程中学习需求的满足。由于综合实践活动课程教学注重"过程"，从活动主题开发到活动策划、活动指导、活动表达，再到活动反思，各个环节都会产生岗位学习需求。针对这些需求，应及时开展学习、研究和交流活动，这对教师成长及解决实践中的问题至关重要（见图5-5）。尤其是在组织、指导学生活动的过程中，由于综合实践活动课程实施的复杂性特点，课程实施往往并非一帆风顺，需要教师克服困难、协调沟通、整合资源。这个过程要求教师不能按部就班，而是要创造性地解决问题，养成教师坚定的课程信念，生长形成实践智慧。

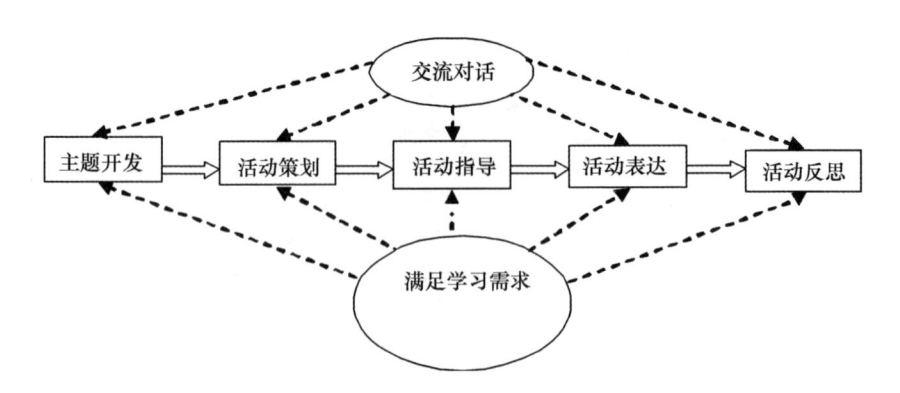

图5-5 综合实践活动课程教师岗位学习需求

譬如，就如何"开发活动主题"环节学习而论，针对活动主题大而空的问题，教学研究人员可以进行现场诊断，采用一对一教师叙事方式，共同讨论活动主题来源，细化准确表达活动主题，帮助教师学习活动主题开发的知识。再如，活动表达环节，既是综合实践活动课程教学的重要环节，也是教师指导学生活动的成果体现。针对"活动表达"环节教师学习需要，一些学校及时聘请大学教授进行现场指导，用"过程"思路展示主题活动全过程的资讯，发出家长、学生和教师的声音，突出学生的主体地位，同时体现教师的指导作用。

学校还可以有计划地让教师卷入综合实践活动课程实施小课题研究中，有意识地训练教师探究能力，培养教师的探究精神，促进综合实践活动课程教学过程的有效实现。可以设计以"岗位研修班"为核心的小课题研究网，促使教师开展小课题集群研究（见图5-6）。小课题研究基于综合实践活动课程教师教学岗位需要，由岗位研修人员自主申报，岗位研修班组织论证，并展开研究和交流活动。小课题与学校课题在"学校教育哲学"上保持一致，你中有我，我中有你，便于资源利用和系统管理。

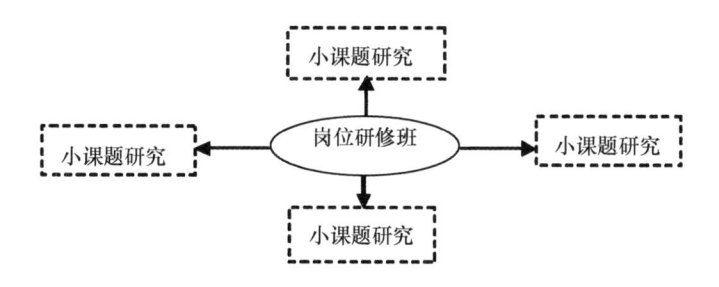

图5-6 以岗位研修班为核心的综合实践活动课程实施小课题集群

学校小课题研究可以来自两个领域。一是学校承担综合实践活动课程实施课题的分解和细化，教师根据自身经验和兴趣选择或自主确立；二是直接来源于综合实践活动课程实施需要，一个活动主题探究就是一个小课题。前者在学校总课题引领下展开研究，扩展教师的研究视野，后者立足主题活动探究，服务于活动开发过程。

（四）系统反思

反思是教师研究性教学的重要途径，也是岗位研修的前提和基础，是教师形成个人理论从而获得成长的必经管道。岗位研修运行过程每一个环节的展开都需要在教师的反思中达至预期的效果。外界力量对岗位研修需求的诊断、研修资源的配置在某种程度上就是打开教师教学反思的视窗，研究性教学、系统表达活动的结果则是为教师提供持续教学反思和自我反思的平台。实际上，很多学校在自身的论坛或教学研讨会上，都会高频率地反复借用"反思"这个词汇来讲述他们的每一次成长中的"故事"，表达他们的成长"心得"，认为教师成长就需要教师始终保持对教育教学的激情和敏思，以研究者的眼光观察、了解和发现身边富有教育意义的教学事件，换句话说，就是需要教师自觉地、有意识地、坚持不懈地进行教学反思。[1]

从教师"反思习惯"的直接表现形式及效果来看，经过一次完整的主题活动过程之后，教师对课程教学过程进行系统反思，形成反思文本，包括对活动主题的选择性反思、对教师活动的指导性反思、对活动展示的反思、对活动偶发事件的处理性反思、对活动的回馈性反思等，这些反思文本对新的课程教学行动以及教师的学习有着重要意义。这些反思性文本，通过在学校校刊、"叙事沙龙"、专题网站上及时发表出来，有助于老师"个人知识"的公开和与人分享，将会在极大程度上激发教师开发综合实践活动课程的兴趣和热情。

第一轮综合实践活动课程实施行动经由系统反思形成综合实践活动课程实施个案，这些个案以文本或展板形式被系统地记载下来，就是一种很好的由教师自己创造的"校本课程资源"，也是教师主动学

---

[1] NY校刊《岗位研修通讯》，第1期，2005年。

习的"地图"。教师可以进一步以此为载体或路径，让自身、同伴或同伴学校观摩学习，从而起到良好的辐射作用，形成整合资源—促进学习—形成个案—交流分享—借鉴学习—积极行动的良性循环。教师还可以有效借鉴前一轮课程教学行动中的经验，有效开发综合实践活动课程，并汲取教训，避免重蹈覆辙。

三 岗位研修的保障

每个教师的成长都是个体与外部世界相互作用的过程，诸多因素推动和阻碍着教师岗位研修成长过程。

（一）经验、兴趣和责任心

教师有兴趣，是其主动卷入研修活动的前提，而教师的责任心更是教师高品质卷入研修活动的重要保障。许多教师在谈到综合实践活动课程教师应有的素质时，特别提到教师的兴趣和责任心十分重要，一致认为教师热爱综合实践活动这门课程，对综合实践活动课程有浓厚的兴趣，具有探究的精神，是综合实践活动课程教师的基本素养。责任心是综合实践活动课程教师非常重要的一项素质。"兴趣"不仅指教师内在的喜好，还指教师自身获得发展的动机，是激励教师综合实践活动课程实施的不竭动力。

（二）专业引领

专业引领在"资源人"整合中发挥着重要作用。相关专家结合教学中出现的实际问题所进行的专业指导，对教师成长产生了重要影响。在确定综合实践活动课程内容、过程、方式、评估工具时，学校邀请相关专家来对教师进行辅导，往往很有成效。实践证明，基于案例分析的专家讲座，对于提升综合实践活动课程的教学品质，促进教师的专业成长最有实效，有助于提高教师的反思能力，也引领着教师利用和开发家长资源。教师参加基于案例分析的研讨活动，就会觉得专家"同自己站在一起"，专家并不遥远，自己遇到的问题真的有价值，会找到一种"研究的感觉"。这种感觉会激发教师不断探索的热情。

（三）人文管理

教师在综合实践活动课程实施初期普遍感到困惑和迷茫，在实际工作中也深感困难重重。在这种心理状态下，不要说开展综合实践活动课程教学了，就连最低水准的实施都无法得到保障。教师在综合实践活动课程实施过程中所遇到的问题难以解决，尤其是遭到家长的投诉，其原因自然有很多，但最为根本的可能是仍然没有从内心深处认同综合实践活动这门课程的价值，对自己的教学能力缺乏信心。在这种情况下学校不能责怪教师，也不能硬性强迫教师拿出教学成果，而是要通过组织教师从事理论学习，给予教师信心、鼓励，并提供一些必要的支持，给教师基于人性的关怀，这种关怀会产生很明显的效果，让教师感觉是校长的宽容和鼓励给了他们信心和能量。

（四）自我理解和自我更新意识

多数学者在研究教师成长的影响因素时，发现了教师的个人特质这一因素。如王建军指出，教师个人的生活背景、对教育问题已有的观念和取向、在个人专业发展问题上的态度和动机水准等既是教师专业发展的现实基础，又从根本上影响着教师个人的发展轨迹。[①] Hargreaves & Fullan（1992）将教师发展归为三种理解，其中一种是教师发展即自我理解（teacher development as self-understanding）。这种观点认为，教师发展不但要变革教师的行为，而且要变革教师这个人；教师发展最重要的是自我理解，即对个人的和实践的知识的反思。[②] 一般来说，教师对自我的理解是基于个人在生活与工作中逐步形成的对自己生命之意义和未来之发展的认识。这种认识一旦形成，就会从根本上引导教师的行为。如已进入某一发展阶段的教师因业绩平平而对

[①] 王建军：《课程变革与教师专业发展》，四川教育出版社2004年版，第91页。

[②] A. Hargreaves & M. Fullan (1992), "Introduction," In A. Hargreaves & M. Fullan (Eds.), *Understanding Teacher Development*, London: Cassell & New York, N. Y.: Teachers College Press.

自己缺乏正确的定位,或者是因对职业的倦怠而对自己产生较低的期望,处于这一阶段的教师极易从教学表层看待客观的教育教学规律,抑或是绝望于某些教学工作中的困难而对岗位研修或任何教育变革缺乏信心。与岗位研修中主动寻求发展这一群体相反,一部分教师属于被动成长型,他们是成长速度较慢的一个群体。如有些教师多数时候只是简单地"迎合"学校的岗位研修活动,而缺乏对自己课堂教学实践主动变革及对自己的职业发展进行规划的意识。这部分教师如果不主动卷入岗位研修活动中,则可能在今后的专业发展活动中掉队。

(五) 时间、精力投入度

目前,教师工作繁忙是普遍认可的事实。导致教师工作繁忙的因素有很多,其中一些因素甚至与教学工作缺乏直接联系。因此,教师除参加岗位研修活动外,还涉及学校工作所衍生出的其他活动,这些都是在教学任务之外利用业余时间来做的事情,从某种程度上说,这是一个额外的负担。与此同时,综合实践活动课程教师的工作量确实比较大,一方面他们要完成其他学科的教学任务,另一方面还要忙于综合实践活动课程资源开发、组织和指导学生开展学习活动、与家长进行沟通等工作,此外,还要做学校的事务性工作。这在客观上使教师迫不得已压缩参与岗位研修的时间和精力,以保障按时完成所承担的任务。

(六) 自由发展空间

Darling-Hammond & McLaughlin(1996)在研究教育政策能否支持教师学习和教师变革时,提出了这些问题:是否为教师学习提供了丰富、多元的机会?是否为教师学习创造了一种安全的环境?是否重新调整校内的时间、空间、资源以让新模式教学得以实施?[①] 白益民(2002)指出,教师需要也渴望有选择权。当他们能够选择学习哪些内容、以何种方式学习时,他们会更加期望参与专业发展并将其转化

---

① 转引自 M. W. Mclaughlin & I. Oberman (Eds.), *Teacher Learning: New Policies, New Practices*, New York and London: Teachers College Press, 1996.

为教学实践。① 教师教育的对象是成人，一方面应遵循成人的学习特点，另一方面应遵循教育的基本规律。研修内容应分层设计，就像教育学生那样做到因材施教，让岗位研修进一步针对教师的经验和兴趣。这样，教师自由发展空间在综合实践活动课程开发过程中得到释放，研修方式走向多元，教师选择余地就会不断得到扩展。为此，学校还有很多事情要做。

（七）阅读跟进

由于综合实践活动课程是一种跨学科的实践性课程，其"跨学科"和"实践性"成为综合实践活动课程实施的最大困难。教师在岗位研修过程中最容易感到的是"知识不够用""动手能力跟不上需要"，在指导学生的过程中"感觉非常吃力"。毕竟，我国教师职前培养普遍采用的是"分科教学"，教育一线最需要的"多能一专"教师人才随着"中师"的升格而逐渐消失。即使大学有双专业制度，也很少有师范生能够学习。因此，这进一步说明要使教师具有跨学科素养，强化在职教育十分关键。针对职前教育的弊端，围绕综合实践活动课程实施对跨学科知识的紧迫需要，教师需要树立终身学习的理念，有目的有计划地"恶补"相关知识，并在自身的岗位实践活动中大胆运用和总结。由于综合实践活动课程实施的复杂性，教师需要"充电"的学科领域知识面宽，可以在专家和同事的帮助下为自己开列书单，从最需要阅读的书开始，坚持阅读，并定期举办读书交流会，谈体会，讲心得。首先，教师需要阅读关于科学研究方法的书，因为探究学习是综合实践活动课程实施的最基本的活动方式。教师要指导学生探究的方法，至少访谈法、问卷调查法、观察法这些基本的方法需要掌握。其次，关于活动设计、时间管理、知识管理、安全科学、课程规划等方面的知识也显得比较迫切，否则难以指导学生完成活动方案并有效实施。再次，沟通技巧、危机应对、心理治疗也必不

---

① 白益民：《教师的自我更新：背景、机制与建议》，《华东师范大学学报》（教育科学版）2002年第12期。

可少，课程资源的开发和有效利用，离不开有效的沟通。对学生在活动过程中出现的一些偶发事件如何妥善及时处理，也需要教师具有相应的知识基础。最后，教师还需要学会关注即时信息，主动参加学术交流活动，充分利用网络信息资源，注重即时性阅读，以把握最新发展动态。

第六节 综合实践活动课程教师指导共同体建设

综合实践活动课程是跨学科的实践性课程，这一规定决定着综合实践活动课程实施有别于学科课程实施，单一的教师指导难以很好地完成综合实践活动课程的使命。

一 教师指导共同体建设的依据：为什么

（一）综合实践活动课程教师指导的特殊性

教师间互相合作、共同学习，彼此信任、齐力发展的学校文化，以及教师具备专业协作知识、技能和素质，是学校能够称得上专业学习共同体的共同优势。[1] 就教师指导的目的而论，学科课程教学中的教师指导侧重于促进学生对知识的记忆、理解、运用等，注重形成学生对学科知识的深入理解和系统建构。因此，学科课程教学对教师个体素质要求更多地体现在教师学科知识和学科教学学术上，精深和系统是学科教学对教师的期望。相比之下，综合实践活动课程教师指导则侧重于方法、过程、情感、态度、能力等方面，在学生的问题解决过程中完成，较多地体现出教师与学生"主体间"的对话与合作。由于学生问题复杂多元，很多问题仅仅依靠某一学科教师难以得到解决，甚至需要借助家长、行业专家的帮助，才能满足学生在活动过程中的种种需求。所以，综合实践活动课程教学过程往往伴随着不同阶

---

[1] Markku Antinluoma1, Liisa Ilomaki1, Pekka Lahti-Nuuttila & Auli Toom, "Schools as Professional Learning Communities," *Journal of Education and Learning*, 2018, pp. 76–91.

段活动的不同要求而需要不同的指导者，有一些人可能没有教师资格证书，但他们却实实在在地发挥着指导作用，而且往往起着学校教师难以替代的作用。

（二）合作指导有利于协同教学

有着多种来源的综合实践活动指导教师，可以很好地弥补单个教师之不足，应集中不同来源的指导教师的经验，有效完成"合作指导"，实现"协同教学"。因此，不能把"综合实践活动"课程的指导权只赋予某一学科的教师或班主任，或专门从事"综合实践活动"课程指导的教师，而应通过有效的方式将所有教师的智慧集中起来，对"综合实践活动"课程进行协同指导。这是"综合实践活动"课程整体性的内在要求。① 甚至综合实践活动课程教师指导需要采取一体化的合作体制……包含横向与纵向两个方面。横向的合作指导主要体现在校内与校外人员之间、学年教师之间、学科教师之间的有机合作上，纵向的合作指导体现在异学年、异学科教师之间的合作上。这两种合作指导形式通过集体、小组、个别指导，充分调动学校、家庭和社会人员参与学生多样化学习活动课程的指导，以充分发挥不同人才的优势和个性特征。②

从本书第一章综合实践活动课程实施的影响因素分析中就可以发现，就综合实践活动课程实施环境或物理空间来看，应跨越教室与学校，走向社会和大自然，倡导世界即教室，社会即教材，大自然就是活动资源。20世纪90年代以前，教学被视为教师个体的事，教师被隔离在一间间孤立的教室里，凭借教师个人经验与才能，在分科教学领域内"各自为政"。20世纪90年代以后，这种认识的局限性日益突出，教学不仅仅是个体的，也是同伴教师一起做的"事"，更是社会和国家高度重视的"事业"。伴随着信息技术的进步，这种事业的"大众性"和"地球村"特性也越来越明显。于是教师发展不再是个

---

① 张华：《论"综合实践活动"课程的本质》，《全球教育展望》2001年第8期。
② 熊梅：《浅谈综合实践活动课程实施的样态特征》，《中国教育学刊》2001年第3期。

体的发展了,"专业社群"和"学习社群"这类概念被人们提出来。专业社群更强调教师作为专业者的角色以及外部环境的支持,而学习社群则更注重以学习为导向建立共享的价值系统,由这两个概念发展而来的教师专业学习社群,更强调专业人员在社群中所进行的学习,以促进其专业发展与成长。这实际上也是对教师专业发展组织建设的系统思考。因此,传统的单一学科型教师难以应对综合实践活动课程实施环境与空间转化中的复杂性。或者在综合实践活动课程实施空间与环境的转化过程中,由于不同的活动场景、活动资源的处理和应对策略、方法、方式之不同,需要不同的"专业"人士介入转化现场,才能有效地实施对学生活动的指导。只有不同领域的专业人士介入活动过程,才有利于学生有效地利用各种场景中的资源和条件。毕竟,这些场景对于学校教师而言是生疏、陌生的,他们或许花费很长时间也不一定懂得如何使用。

(三) 建设共建共享的课程文化

综合实践活动课程实施常态化和制度化,在深层次上还同学校课程文化有关。课程文化影响教师对综合实践活动课程的认同、理解和信任。反过来,如果着力打造综合实践活动课程教师指导共同体,有助于共同课程信念的建立,进而对促进课程文化有着积极的影响。所以,教师指导共同体既在课程共建共享的文化中建立,也在课程文化的影响中促进教师共同体更加紧密地合作,指导共同体一旦形成,就会从更深层次升华教师对于综合实践活动课程的信念。课程信念一旦形成,教师在综合实践活动过程中该做什么,坚持做什么,如何坚持做这些问题都会在共同体运行过程中"自动"地得到回答。

二 综合实践活动课程教师指导共同体的特点及构成:是什么

(一) 指导共同体的特点

指导共同体(community),是指在综合实践活动过程中,为学生提供活动课程学习支持与专业引导的群体,包括学校教师、社会及家庭相关专业人士。共同体与专业社群有相似之处，专业学习社群提出者霍德（Hord，1997）所强调的支持性和共享领导、共享的价值和愿景、合作性学习及应用、分享实务、支持性条件五项特征[①]，有助于我们理解综合实践活动课程教师指导共同体的特点。第一，在综合实践活动课程教师共同体里，没有行政管理意义上的领导者，教师凭借自身的学术判断与行业经验在学生活动课程学习中发挥着影响力。第二，综合实践活动课程教师之间共同拥有引领学生深度投入活动，协同促进学生多方面能力发展的愿望。第三，教师之间的交流、讨论是合作而非竞争性的，教师通过合作性的互动来共同提高解决学生实践活动过程中的问题。第四，教师指导共同体在具体的活动过程中的协作，是围绕解决学生所遇到的实际问题、克服学生活动中所产生的需要而相互分享建议、经验、思想及情感的"共事"，这是综合实践活动课程教师指导共同体特殊性的具体体现。第五，综合实践活动课程教师指导共同体需要的支持性条件体现在校长积极支持、家长认同与投入、社会理解与参与、学校制度激励等方面。

（二）指导共同体的构成

就共同体构成来源而言，学科教学活动课程教师指导共同体更多地带有"同质性"，来自同一学科的教师组成"科组""年级组"，一起开展教学研究活动。

在实际的学科教学活动中，由于教学任务分工及师生比的限制，往往是教师唱"独角戏"，一个老师上课成为常态。这种情况开始在一些小学低年级段的"全科"实验班有所改变，但这种改变仍然是零星的，不具有普遍性。综合实践活动课程教师指导共同体的构成更多地体现出"异质性"，主题活动过程所涉及的不同学科的教师、教研员、行业专家、家长、院校学者都可以在不同阶段以不同的方式参与进来，由此构成一个开放、异质的互动群体。指导者来源不同，却

---

① S. Hord, "Professional Learning Communities: What Are They and Why Are They Important?", *Issues about Change*, 1997, 6 (1): 1-8

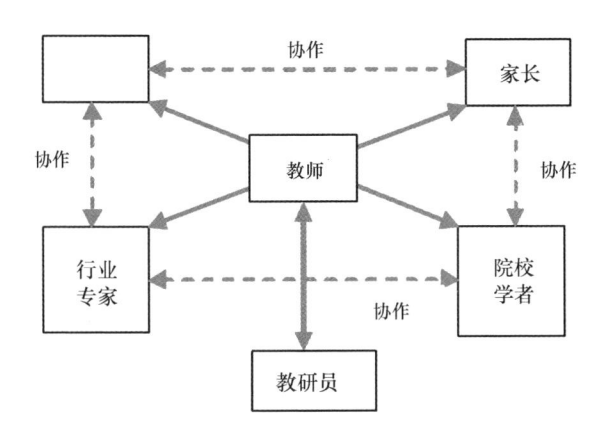

图 5-7 综合实践活动课程教师指导共同体的构成

目标一致，共同促进学生活动的顺利开展。在指导责任与任务的划分上，学校指导教师承担着更多的主体责任。家长、行业人士以及科研院校专家透过教师沟通这一桥梁彼此联系、互相合作，为综合实践活动课程指导这一共同的"事业"尽职尽责。

三 活动课程指导共同体建构举措：怎么建

综合实践活动课程教师指导共同体，实质上是一种学习型组织。一方面共同体成员发挥各自所长，指导解决学生活动过程中的问题，另一方面在解决问题的过程中学习新的知识。根据彼得·圣吉的学习型组织理论，综合实践活动课程教师共同体建构中需要做到：其一，自我更新，共同体成员需要具有自我超越意识，要有不断提升自己的专业能力的诉求。其二，用发展的眼光看世界。时代千变万化，学生也处在不断变化和发展的过程中，不能以一成不变的眼光看世界、看他人以及在活动中发展着的学生，以开放的胸怀与眼光接纳对方的意见与想法。其三，基于共同愿景，注重团队合作。学生综合实践活动过程中所遇到的问题，往往不是单一学科知识所能解决的，问题的产生也往往带有一定的突发性，集体的力量，群体智慧，有助于活动的顺利开展。其四，系统思考。共同体成员要学会系统思考，把握构建教师指导共同体之于学生活动的意义与价值，明白这是促进活动指导任务顺利完成的重要保障，也是促进自身发展的重要途径。在指导共同体建构的具体过程中，需要注意以下三点。

（一）确保指导教师基数

确保综合实践活动课程教师基本数量，这是《中小学综合实践活动课程指导纲要》强调要坚持建立专兼职相结合、相对稳定的指导教师队伍的底线。如果学校综合实践活动课程教师数量不足，活动课程指导共同体就缺乏核心，这又如何联动校外行业人士、家长、专家？在过去近20年里，综合实践活动课程实施面临的最严重问题就是教师缺位，大多数学校完全依靠兼职教师指导综合实践活动，其结果必然是淡化其课程地位，使课程沦落到"可有可无"的境地。从逻辑上讲，如果依靠兼职教师就能够有效实施的课程，的确没有太多必要独立设置。更何况，兼职教师队伍也会为学校整个人事管理带来诸多负担，如果学校花很多时间应对课程教学之外的烦琐事务，还有多少时间可用到课程教学研究上呢？有些规模很大的学校也只有一位教师担任综合实践活动课程指导教师，大多数教师"事不关己"都不愿意配合，最终使综合实践活动课程教师成为"独行侠"。也有的学校成立了研究性学习课程领导小组，规定所有任课教师都要参与学生活动的指导，但是这些教师并没有给予学生实质性的指导。①《中小学综合实践活动课程指导纲要》要求，原则上每所学校应至少配备1名专任教师负责指导学生开展综合实践活动，组织其他学科教师开展校本教研活动。这应该是综合实践活动课程共同体建设的"底线"要求。失去了这个底线，就无法积极争取家长、校外活动场所、指导教师、社区人才资源等有关社会力量的支持，无法形成指导共同体，协同指导学生综合实践活动的开展。此外，区域教育行政部门也需要为中小学配备至少一位综合实践活动课程教研员，否则学校综合实践活动课程教研活动的开展会难以为继。

---

① 刘玲：《综合实践活动课程：对几个关键问题的思考》，《中小学管理》2011年第8期。

(二) 强化合作文化

综合实践活动课程教师指导共同体建设需要强化合作文化,这是教师协同指导的前提。"教师的合作文化是教师之间齐心协力、同舟共济的表现,是基于教师之间开放民主、相互信赖、相互支持所形成的一种关系形式;它忽视了教学观念中细微的差异,忽视了教师工作之间的不协调,取而代之的是包容与分享。"[①] 作为指导共同体的每一位成员,理应互相尊重、理解、友爱、信任、民主、平等,透过协商和讨论、沟通决定行动策略,切忌一言堂,以自我为中心。"每一个人都是学校的主人公,校长、教师、学生彼此倾听对话,互相尊重,构建一种共建共生共享的学校文化。"[②] 学校校长需要为文化重建提供支持,为教师赋权增能,积极倡导集体协作,强调校长、教师、学生、社会行业人士、专家之间的课程协商;学校、家庭、社会因综合实践活动课程有效实施而共生共荣。只有当学校与家庭、社区亲密如一体,[③] 综合实践活动课程教师指导共同体才能良性运作,发挥应有的作用。

(三) 创新制度

创新制度是综合实践活动课程教师指导共同体的重要保障。如前所述,我国师范大学并没有设置综合实践活动课程教师培养专业,专任教师极度缺乏且流动性极大,兼职教师指导学生活动的态度和能力参差不齐。[④] 指导教师的成长渴望教师培训进行制度创新,采用行动研究的方式,透过活动,指导问题的解决,提高共同体成员活动指导能力;组建综合实践活动课程教研联盟,围绕综合实践活动课程相关知识、难点问题等展开研讨;成立综合实践活动课程专业协会,围绕

[①] 时长江、陈仁涛、罗许成:《专业学习共同体与教师合作文化》,《教育发展研究》2007 年第 22 期。

[②] 李臣之、黄芸芸:《学习共同体建构中的教师领导》,《课程教学研究》2019 年第 8 期。

[③] 李臣之:《综合实践活动课程实施:现实复杂性及其取向》,《课程·教材·教法》2002 年第 11 期。

[④] 刘玲:《综合实践活动课程师资建设:困境与突破》,《中小学管理》2012 年第 6 期。

综合实践活动指导过程中的关键问题,进行定期研修。

(四) 共同体与个体共生共荣

学校综合实践活动教师发展,自然需要个体自修,这样才能在"共同体"组织中发展得更快更好。一方面,IPAC 的实施不是教师的"独奏",而是共同体成员包括学生在内一起演奏的"交响乐",不是独唱,而是合唱。一些"合唱"本领需要在"合唱"中养成,诸如活动协调、组织,资源开发和利用能力,合作分享、应急处理能力等,只有在群体中,而且是在有差异且有着共同愿景的共同体中,才能得到很好地滋养。更何况,综合实践活动课程的实施倡导团体指导与协同教学。不能把"综合实践活动"课程的指导权只赋予某一学科的教师或班主任,或专门从事"综合实践活动"课程指导的教师,而应通过有效的方式将所有教师的智慧集中起来,对"综合实践活动"课程进行协同指导。这是"综合实践活动"课程的整体性内在要求。[①] 所以,建构共同体,大家一起指导学生活动,应该是学校综合实践活动课程教师和指导共同体建构双向成长的重要途径。

[①] 张华:《论"综合实践活动"课程的本质》,《全球教育展望》2001 年第 8 期。

参考文献

蔡清田：《课程发展与设计的关键DNA：核心素养》，台北：五南图书出版公司2012年版。

崔允漷：《综合实践活动案例专家点评》（小学卷），辽海出版社2003年版。

侯玉兰、唐忠新：《社区志愿服务理论与实务》，中国社会出版社2009年版。

黄政杰：《多元社会课程取向》，台北：师大书苑1995年版。

黄政杰：《课程设计》，台北：东华书局股份有限公司1991年版。

霍益萍：《国外及港台研究性学习资料选编》，广西教育出版社2001年版。

江山野主编：《简明国际教育百科全书·课程》，教育科学出版社1991年版。

金昌海、潘洪建：《食品科学与工程专业教学法》，中国轻工业出版社2017年版。

靳玉乐：《新课程改革的理念与创新》，人民教育出版社2003年版。

卡林·诺尔—塞蒂纳：《制造知识：建构主义与科学的与境性》，东方出版社2001年版。

李臣之：《综合实践活动课程开发》，人民教育出版社2003年版。

——，《综合实践活动课程实施指引》，海天出版社2002年版。

李臣之、郭晓明、和学新、张家军：《西方课程思潮研究》，台北：

五南图书出版公司 2017 年版。

李雁冰：《课程评价论》，上海教育出版社 2002 年版。

李圆会：《日本的综合学习实践》，台北：师大书苑 2003 年版。

李子建、黄显华：《课程：范式、取向和设计》，香港中文大学出版社 1994 年版。

联合国教科文组织编：《反思教育：向"全球共同利益"的理念转变》，联合国教科文组织总部中文科译，教育科学出版社 2017 年版。

廖哲勋、田慧生：《课程新论》，北京教育科学出版社 2003 年版。

林崇德：《21 世纪学生发展核心素养研究》，北京师范大学出版社 2016 年版。

麦克·扬：《未来的课程》，谢维和等译，华东师范大学出版社 2003 年版。

欧用生：《课程理论与实施》，台北：学富文化事业有限公司 2006 年版。

潘洪建：《活动学习教学策略》，北京师范大学出版社 2010 年版。

——，《有效学习与教学》，北京师范大学出版社 2013 年版。

——，《中学综合实践活动指导》，高等教育出版社 2011 年版。

施良方：《课程理论：课程的基础、原理与问题》，教育科学出版社 1996 年版。

田慧生：《综合实践活动课程的理论探索与实践反思》，教育科学出版社 2007 年版。

王建军：《课程变革与教师专业发展》，四川教育出版社 2004 年版。

温建芳、胡立峰主编：《小学综合实践活动课程开发与案例》，上海交通大学出版社 2003 年版。

夏雪梅：《项目化学习设计：学习素养视觉下的国际与本土实践》，教育科学出版社 2018 年版。

徐勇、龚孝华：《新课程的评价改革》，首都师范大学出版社 2001

年版。

杨俊鸿：《素养导向课程与教学》，台北：高等教育文化事业有限公司 2018 年版。

叶澜、陈玉坤等：《课程改革与课程评价》，教育科学出版社 2002 年版。

曾庆伟：《中小学综合实践活动案例与专家点评》，山东人民出版社 2005 年版。

张传燧：《综合实践活动课程论》，广东教育出版社 2004 年版。

钟启泉：《课程设计基础》，山东教育出版社 1998 年版。

朱永新、袁振国、马国川：《人工智能与未来教育》，山西教育出版社 2018 年版。

［日］佐藤学：《课程论评》，东京：世织书房 1996 年版。

［美］玛格丽特·赫尼等：《设计·制作·游戏：培养下一代 STEM 创新者》，上海科技教育出版社 2015 年版。

［美］约翰·杜威：《民主主义与教育》，王承绪译，人民教育出版社 1990 年版。

［英］华莱士：《马来群岛自然科学考察》，张庆来等译，中国青年出版社 2013 年版。

［英］马林诺夫斯基：《文化论》，费孝通译，华夏出版社 2002 年版。

白宏太、田征：《到广阔的世界中去学习——教育部中小学"研学旅行"试点工作调查》，《人民教育》2014 年第 2 期。

白益民：《教师的自我更新：背景、机制与建议》，《华东师范大学学报》（教育科学版）2002 年第 12 期。

陈焕章：《从日本的职业体验课程看职业活动的开发》，《计算机教与学》2005 年第 4 期。

陈军、丁戈：《职业生涯教育与人的全面发展》，《当代青年研究》2005 年第 12 期。

崔允漷：《课程实施的新取向：基于课程标准的教学》，《教育研究》

2009 年第 1 期。

丁运超：《研学旅行：一门新的综合实践活动课程》，《中国德育》2014 年第 9 期。

方小芳、李臣之：《Second life 应用于综合实践活动的可能与局限》，《教育研究与评论·技术教育》2010 年第 2 期。

冯新瑞、田慧生：《区域推进：综合实践活动课程有效实施的重要策略》，《教育研究》2015 年第 11 期。

冯新瑞：《发展性评价在综合实践活动中的运用》，《基础教育课程》2014 年第 1 期。

郭元祥：《论实践教育》，《课程·教材·教法》2012 年第 1 期。

——，《综合实践活动呼唤教师的有效指导》，《教育科学研究》2006 年第 8 期。

——，《综合实践活动课程的基本规定》，《当代教育科学》2003 年第 4 期。

胡江倩：《欧美日本中小学社区服务与社会实践活动比较及启示》，《洛阳师范学院学报》2001 年第 4 期。

黄甫全：《大课程论初探》，《课程·教材·教法》2000 年第 5 期。

黄清、童顺平：《综合实践活动课程纵向衔接初探——以小学综合实践活动设计为例》，《当代教育论坛》2011 年第 1 期。

吉标、吴霞：《课程实施：理解、对话与意义建构：一种建构取向的课程实施观》，《西南师范大学学报》2005 年第 1 期。

康莹：《北京市中小学生职业体验活动情况调研报告》，《现代职业教育》2016 年第 33 期。

李臣之：《课程实施的意义与本质》，《课程·教材·教法》2001 年第 11 期。

——，《综合实践活动课程教学过程论》，《课程·教材·教法》2006 年第 8 期。

——，《综合实践活动课程实施：现实复杂性及其取向》，《课程·教材・教法》，2002 年第 11 期。

——，《活动课程评价初探》，《课程·教材·教法》1997 年第 7 期。

李臣之、黄芸芸：《学习共同体建构中的教师领导》，《课程教学研究》2019 年第 8 期。

李臣之、纪海吉：《综合实践活动课程内容校本建构：地方文化的视觉》，《课程·教材·教法》2018 年第 4 期。

李臣之、王虹、董志香：《地方文化的课程价值刍议》，《教育科学研究》2014 年第 9 期。

李丰：《儿童的职业体验与生涯辅导》，《人民教育》2010 年第 17 期。

李芒：《论综合实践活动课程与教师的教学能力》，《教育研究》2002 年第 3 期。

李树培：《综合实践活动课程核心素养与评价探析》，《全球教育展望》2016 年第 7 期。

李子建、尹弘飙：《后现代视野中的课程实施》，《华东师范大学学报》（教育科学版）2003 年第 3 期。

刘玲：《综合实践活动：什么样的活动是好的活动》，《教育科学研究》2012 年第 2 期。

——，《综合实践活动课程：对几个关键问题的思考》，《中小学管理》2011 年第 8 期。

——，《综合实践活动课程师资建设：困境与突破》，《中小学管理》2012 年第 6 期。

刘晓、黄卓君：《青少年儿童职业启蒙教育：内涵、内容与实施策略》，《中国职业技术教育》2016 年第 23 期。

柳习浪：《正确把握"四个关系"，着力推动课程形态变革——〈中小学综合实践活动课程指导纲要〉解读》，《课程·教材·教法》2018 年第 11 期。

卢浩、杨海燕：《美国中小学"服务学习"课程：内涵、方案、实施及评价》，《外国教育研究》2005 年第 1 期。

马云鹏：《小学数学课程实施的个案研究》，《课程·教材·教法》2000 年第 4 期。

欧用生：《台湾农村小学校本课程改革的省思——追求农村小校的核心价值》，《西南大学学报》（社会科学版）2010 年第 3 期。

潘洪建：《〈中小学综合实践活动课程指导纲要〉的创新、问题与改进》，《当代教育与文化》2018 年第 2 期。

潘荣辉：《以创造活动为载体的劳技新课程建构与探索》，《教育理论与实践》2014 年第 26 期。

钱新建：《综合实践活动表现性评价的认识、开发与运用》，《课程·教材·教法》2015 年第 5 期。

施良方：《课程理论：课程的基础、原理与问题》，教育科学出版社 1996 年版。

时长江、陈仁涛、罗许成：《专业学习共同体与教师合作文化》，《教育发展研究》2007 年第 22 期。

史静寰、王文：《以学为本，提高质量，内涵发展：中国大学生学情研究的学术涵义与政策价值》，《华东师范大学学报》（教育科学版）2018 年第 4 期。

舒迟：《研学旅行之文化考察课程探索》，《中国德育》2016 年第 12 期。

唐晓勇、张桂萍：《基于网络平台的综合实践活动的实践与探索》，《中国电化教育》2006 年第 4 期。

田慧生：《综合实践活动的性质、特点与课程定位》，《人民教育》2001 年第 1 期。

田娟、孙振东：《跨学科教学的误区及理性回归》，《中国教育学刊》2019 年第 4 期。

童顺平、杨李娜：《综合实践活动融合项目评价的意义、体系及实践》，《教育测量与评价》2011 年第 1 期。

万平：《小学职业体验教育的课程化设计与实施》，《教学与管理》

2017 年第 26 期。

万伟：《综合实践活动课程关键能力的培养与表现性评价》，《课程·教材·教法》2014 年第 2 期。

王平：《小学职业启蒙教育活动课程的设计与开发》，《中国德育》2012 年第 1 期。

王小明：《表现性评价：一种高级学习的评价方法》，《全球教育展望》2003 年第 11 期。

夏雪梅、崔允漷：《学校课程实施过程互动理论模型的建构》，《教育发展研究》2013 年第 24 期。

熊梅：《浅谈综合实践活动课程实施的样态特征》，《中国教育学刊》2001 年第 3 期。

徐长发：《发展劳动技术教育的意义和途径》，《教育研究》2002 年第 12 期。

徐继存：《综合实践活动的性质与特点》，《当代教育科学》2015 年第 1 期。

薛晗、李臣之：《综合实践活动教师信念的价值及培育》，《教学与管理》2019 年第 8 期。

杨雪梅：《论综合实践活动课对教师教学能力的新要求》，《国家教育行政学院学报》2005 年第 8 期。

殷世东：《普通高中社会实践教育常态化开展探索》，《现代教育科学》2008 年第 8 期。

——，《社会实践与人身心和谐发展》，《东北师大学报》（哲学社会科学版）2011 年第 3 期。

殷世东、龚宝成：《综合实践活动课程旨归：身心和谐发展》，《中国教育学刊》2008 年第 8 期。

尹弘飚、李子建：《再论课程实施取向》，《高等教育研究》2005 年第 1 期。

于慧颖：《深化劳动技术教育课程改革的思考》，《教育研究》2001 年第 12 期。

张华：《跨学科学习：真义辨析与实践路径》，《中小学管理》2017 年第 11 期。

——，《论"综合实践活动"课程的本质》，《全球教育展望》2001 年第 8 期。

——，《论课程实施的含义与基本取向》，《外国教育资料》1999 年第 2 期。

——，《让儿童自由探究生活——兼论综合实践活动课程的本质》，《全球教育展望》2007 年第 4 期。

——，《体现时代精神的综合实践活动课程：理念与实践》，《人民教育》2017 年第 22 期。

——，《综合实践活动课程：理念与框架》，《教育发展研究》2001 年第 1 期。

——，《综合实践活动课程的问题与意义》，《教育发展研究》2005 年第 1 期。

——，《走向生活 走向创造》，《中小学管理》2017 年第 12 期。

张华、仲建维：《综合实践活动课程设计框架研究》，《全球教育展望》2008 年第 2 期。

张立栋、武杰：《开展科学考察活动 培养学生创新能力》，《山东教育科研》2001 年第 6 期。

张连彬：《卡伦湖农林基地参观考察活动课设计》，《长春教育学院学报》2002 年第 4 期。

张娜：《联合国教科文组织的核心素养研究及其启示》，《教育导刊》2015 年第 7 期。

张增田、靳玉乐：《论解释学视域中的课程实施》，《比较教育研究》2004 年第 6 期。

赵玉如：《中小学社区服务和社会实践活动中的准备》，《现代教育论坛》2008 年第 2 期。

钟林凤、谭净：《研学旅行的价值与体系构建》，《教学与管理》2017年第11期。

钟启泉、安桂清：《综合实践活动课程：实质、潜力与问题》，《北京大学教育评论》2003年第3期。

钟启泉：《"核心素养"赋予基础教育以新时代的内涵》，《上海教育科研》2016年第2期。

——，《综合实践活动：涵义、价值及其误区》，《教育研究》2002年第6期。

周玲玉：《职业体验活动：性质、价值与实施》，《当代教育评论》2018年第7辑。

邹开煌：《综合实践活动课程对中小学教师的素质要求》，《福建教育学院学报》2002年第6期。

M. Fullan, A. Pomfret, "Research on Curriculum and Instruction Implementation," *Review of Educational Research*, 1977, 47 (2): 335.

Fullan, M. *Change Forces: Probing the Depth of Educational Reform*. New York: Falmer Press, 1993.

Hargreaves, A. & Fullan, M. (Eds.). *Understanding Teacher Development*. London: Cassell & New York, N. Y.: Teachers College Press, 1992.

Hord, S. "Professional Learning Communities: What Are They and Why Are They Important?" *Issues about Change*, 1997, 6 (1): 1–8.

R. Lehming, Kane, M. *Improving Schools: Using What We Know*. Beverly Hills: Sage Publications, 1981.

Markku Antinluoma1, Liisa Ilomaki1, Pekka Lahti-Nuuttila & Auli Toom. "Schools as Professional Learning Communities," *Journal of Education and Learning*, 2018: 76–91.

Mclaughlin, M. W. & I. Oberman (Eds.). *Teacher Learning: New Policies, New Practices*. New York and London: Teachers College

Press, 1996.

Taylor, M. W. "Replacing the 'Teacher-proof' Curriculum with the 'Curriculum-proof' Teacher: Toward More Effective Interactions with Mathematics Textbooks." *Journal of Curriculum Studies*, 2013, (3): 295 – 321.

后　　记

本书是国家社会科学基金教育学2019年度国家一般课题"粤港澳大湾区中小学国家认同教育课程共生研究"、深圳市教育科学重大招标课题"综合实践活动课程区域推广研究"的阶段性成果。也是继《综合实践活动课程开发》《综合实践活动课程教学论》两本书之后对综合实践活动课程教学进一步深化研究的成果。在撰写时笔者注意到了可读性和可操作性，把理论与实践融为一体，便于广大理论工作者和一线教师阅读和借鉴。各章节分工如下：

李臣之　第一章、第二章第1—4节、第五章第4—6节。

潘洪建　第二章第五节、第三章、第四章、第五章第1—3节。

最后由李臣之完成统稿工作。课程与教学论研究生纪海吉、阮沁汐、邓智虎参与了问卷调查与分析工作，黄芸芸、阮沁汐作为首批读者，校正了语言文字，使行文更加通畅。

本书的出版得到课题组成员及行动研究学校的大力支持，特别是一线的学校领导、老师和学生为我们提供了问卷调查的机会和鲜活案例，增加了本书的可读性、实践性素材，在此一并表示感谢！

李臣之　潘洪建
2019年9月10日